民法与劳动法之协同联动

The Synergistic Linkage between Civil Law and Labor Law

郑晓珊 著

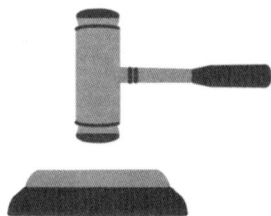

暨南大学出版社
JINAN UNIVERSITY PRESS

中国·广州

图书在版编目（CIP）数据

民法与劳动法之协同联动/郑晓珊著 . —广州：暨南大学出版社，2023.6
ISBN 978-7-5668-3740-0

Ⅰ.①民… Ⅱ.①郑… Ⅲ.①民法—研究—中国②劳动法—研究—中国
Ⅳ.①D923.04②D922.504

中国国家版本馆 CIP 数据核字（2023）第 114923 号

民法与劳动法之协同联动
MINFA YU LAODONGFA ZHI XIETONG LIANDONG
著　者：郑晓珊

出 版 人：张晋升
责任编辑：曾鑫华　彭琳惠
责任校对：孙劭贤
责任印制：周一丹　郑玉婷

出版发行：暨南大学出版社（511443）
电　　话：总编室（8620）37332601
　　　　　营销部（8620）37332680　37332681　37332682　37332683
传　　真：（8620）37332660（办公室）　37332684（营销部）
网　　址：http://www.jnupress.com
排　　版：广州市广知园教育科技有限公司
印　　刷：广州市金骏彩色印务有限公司
开　　本：787mm×960mm　1/16
印　　张：16.25
字　　数：250 千
版　　次：2023 年 6 月第 1 版
印　　次：2023 年 6 月第 1 次
定　　价：59.80 元

（暨大版图书如有印装质量问题，请与出版社总编室联系调换）

前　言

一、研究背景与研究意义

在一国的法律体系中，民法与劳动法本应是具有"近亲"关系的两个分支，二者源出一处，皆在传统私法的根基之上繁衍生息。只是随着工业化步伐的深入，资本的力量愈发强大，传统意义上的平衡渐被打破，国家才不得不介入其间，将具有产业化特征的劳动关系从（民法）雇佣契约的统摄之下渐渐剥离出来，对这一组具有从属性特质的雇佣关系专门进行梳理与调整，在其中注入倾斜式的保护理念，并辅之以强制性的劳动基准和社会化的风险分散机制，直至形成今日的劳动法样态。在此期间，其虽经历千般演变，却始终不可避免地绵延着深厚的私法传承、自治血脉，并蕴藏着浓重的契约基因。

在我国当下的法律格局中，这两种渊源极近的法律部门却被有意地隔绝开来。从立法之初，劳动合同与劳动关系便被整体打包，排除出民法母亲之庇佑范畴，《合同法》不理，《民法典》亦不问。即便是在讨论特殊、弱势群体的倾斜性保护时，《民法典》也会直接选择绕开敏感的"劳动者"措辞，将其从草案稿中一笔勾销，再不提及。两者在司法适用层面，亦是各行其是，互不援引。这种隔绝，对于后发且稚嫩的《劳动法》（特别是《劳动合同法》）而言，常常是非常危险的。

一方面，其立法层面包含大量（源自民法）的直接"借用"性资源，若无法援引其出处，终将酿成一系列困窘乃至漏洞。立法者在建构劳动合同规则时，实则已直接借用其自有知识系统中潜在的民法契约知识，并省略了很多相关背景材料，即把大量概念、理论都暗藏在"一般—特别"规则之中，打算从民法那里直接"拿来"就用。比如，在劳动合同的缔结方面，它就直接省略了完整的缔约规则、缔约过失规则；在效力方面，也未设置限制行为能力人签订劳动合同时的代理规则、效力待定规则；在履行方面，缺少履行障碍规则，还缺少违约金酌减等细节性的技术规则，如此等等，不胜枚举。此时，如果直接切断其与民法之间的体系关联，那么《劳动合同法》中的这些省略，似乎只能变成诸多漏洞，尚需大量修复成本。

另一方面，责任之上的结构性冲突，也在不断冲击着两大法律体系自身的稳定性与合理性。虽然在实定法层面，劳动法项下的各子部门法皆设有民事赔偿的相关条款，将行政（社会法）责任与民事责任衔接一处，但在适用层面，这些条款往往被束之高阁。此中，《最高人民法院关于审理人身损害赔偿案件适用法律若干问题的解释》（下称《解释》）无疑是横亘在二者之间的第一道鸿沟。该文第 3 条（2003 年版本为第 12 条）第 1 款即直言"依法应当参加工伤保险统筹的用人单位的劳动者，因工伤事故遭受人身损害，劳动者或者其近亲属向人民法院起诉请求用人单位承担民事赔偿责任的，告知其按《工伤保险条例》的规定处理"。这一刀切式的线性思维直接封住了在各项部门劳动立法中与工伤保险并行设立的民事赔偿之路，并使以之为内核的《劳动合同法》第88条、《职业病防治法》第52条、《安全生产法》第48条等随之变成一纸空文。①

与此同时，《劳动法》中针对劳动条件所设立的诸多硬性标准、强制义务，亦无法直接连接于劳动者的请求权，即便用人单位违反这些标准、义务，也不会因此而涉入民事责任领域，它只需要向相应的行政主体"领罚"就已经足够了。也就是说，劳动者并不是与这些强制性义务相对应的权利主体，只有国家才是，若国家不主动"出击"，那么劳动者因这些条文所应取得的反射性利益就只能成为一句空话。只能待到事故隐患演变成工伤现实之时，才能根据《工伤保险条例》之规定，申请工伤保险待遇。

但工伤待遇又不是对所有的业务性事故全然敞开的，比如曾经被闹得沸沸扬扬的富士康"跳楼门"事件即是一例。无可否认，富士康式的"十四连跳"乃根源于"工作"，尤其源于强大的业务压力：事发前每月117小时，甚至高达140小时的连续加班，已然远超《劳动法》所规定的加班上限——每月36小时。这种高强度的作业方式长期持续，难免会给劳动者带来巨大的身心压力，而人在长期、强烈的生理和心理压力之下迟早会崩溃，最终造成精神疾病以及源自精神疾病的自杀。② 但无奈的是，面对这震撼式的"过劳—

---

① 这些条款皆规定，劳动者若因劳动条件之故遭受工伤损害，在工伤社会保险之外，如果依照有关民事法律尚有获得赔偿的权利，仍有权向本单位提出赔偿要求。

② 郑晓珊. 日本过劳自杀工伤规制之借镜：从富士康事件谈起 [J]. 中外法学，2013（2）：422-439.

自杀"模型，我们竟找不到一条得以维护劳动者正当权益的法律路径。工伤保险之路因自杀元素的存在而被死死堵住;①而民事赔偿之路，则因《解释》第3条的规定再次指向《工伤保险条例》，兜了一圈，仍是死路。无奈之下，遗属们只能求助媒体，并在舆论的烘托下努力争取尽可能多的"人道补偿"。然而这种补偿背后毕竟没有任何实质性的法律权利来作支撑，给与不给只能听凭雇主的"慈悲之心"，名为补偿，更似施舍。且这种毫无法律支撑的施舍，不单范围与标准难以界定，就连下一"跳"是否仍能受此"恩待"都全属未知。

事实上，即便不看这种以工伤排除姿态超脱到工伤保护之外的自杀情形，现实生活中也总还有其他诸多情形足以拖住工伤保护的后腿，使那些明明源自工作内容或工作环境的危险或伤害，难以得到应有的法律救济。比如因工作压力过大（加班明显超出法律规定时数限制），促发劳动者所固有的心脑血管疾病加速恶化或提前发病，但发病时间在下班之后，或虽发病于工作时间，但从发病到死亡之间的时间间隔已经超过《工伤保险条例》规定的48小时之内②，工伤保险都将鞭长莫及。我们不禁要问，面对这些明显与工作紧密相关，雇主之责难于推脱的人身损害事故，受害者的法益保护与切实救济到底"路在何方"？

本书即立基于前述窘境，力图通过对民法与劳动法这两大法律体系的内部梳理，打通阻隔，探寻通路，尝试在两者之间构建起一种理性的整合与协动。

---

① 依《工伤保险条例》第15条第1款之规定，只有"在工作时间和工作岗位，突发疾病死亡或者在48小时之内经抢救无效死亡"者，方可被视同工伤。

② 依《工伤保险条例》第16条第3款之规定，"自杀或自残的""不得认定为工伤或者视同工伤"。

二、解决问题的基本路径与基本方法

要完成这一宏阔目标，我们必须从根基入手，率先攻克如下两大难题：其一，是在宏观体系层面，合理划定两法整合之角度、协同之空间以及联动之维度。其二，是在微观规范层面，寻得一系列合宜的链接点，并将其作为转承之枢机，在两法间巧妙连接、沟通并传导相应的规范资源，于两法间互通有无，形成理性共享，完成其在细节层面的衔接与协动。

针对前者，本书所采用的乃是典型的追本溯源之法。即先从劳动合同之本质、性质与体系归属入手，其整合之路必须谨守于此。其中，性质决定归属，而归属将主导立法及其体系定位，包括它在纵横双向上的整合可能。因此，我们必先从作为根本问题的"性质"入手，自内而外层层剖析：首先，需深溯内核，以法史为线做基因解码，尤需在"私法—契约"与"公法—政策"两种元素传承的互动中，观察其归属可能及备选进路；其次，比照我国《劳动合同法》生存的外在环境，尤需考虑我国现有的社会（劳资）条件，比较既有各相关单行法之性质、结构、归列可能，以及《民法典》之最终选择，权衡各种归列可能遭遇的体系效益、排异反应、外在阻力及社会冲击，并甄选出最适宜本土环境的进路与模式；最后，详析该模式下需要直面的具体问题，在分工、合作、衔接与过渡之上全面布局。

在实际运用中，我们还需先依具体问题的性质，清晰界分两法作用的范围与方式，若属契约结构下的一般性漏洞，应以民法路径为妥善弥补；若属期限、解雇等典型政策性权衡事项，则必须充分尊重《劳动法》的特殊性，通过《劳动法》的方法（如劳资博弈）谋求出路，绝不能简单套用民法体系而随意改变劳资政策布局。以期在两法之界分与平衡中，实现体系融通与平稳过渡。

针对后者，本书所选用的整合关键与联动枢纽则是债权法之上的雇佣（劳动）合同，尤以该合同项下的安全照顾义务为重。本书以该义务作为贯通两法资源的链接点：一方面，可借其合同义务之身，巧妙绕行侵权责任上的规范阻隔；另一方面，亦可借其附随义务的法定之势，经由诚实信用原则，辗转链接、转译劳动公法（劳动安全卫生法）上的诸般强制性义务（公法义务），再将其输入到劳动合同之中，使之变身成为劳资之间的私际契约义务。若雇主违反前述公法义务，给劳动者之人身、财产造成任何实质性的威胁或损害，则可依违约进路追究其法律责任。

在具体论述之中，本书又进阶将此等链接问题细致梳理为本质、界限与互动三大层次。

在本质层次，我们首先需要深入挖掘并追问：劳动契约与雇佣契约之间到底隐藏着怎样的内部连接？立足于私法契约之上的安全照顾义务，在此处又扮演着什么样的角色？尤其是劳动契约背后的一系列公法义务（以雇主在劳动安全卫生方面的防范、保护之责为核心），到底要如何关联于，甚至转化为纯粹私法意义上的契约义务？以及其中庞杂、空泛的义务结构到底应如何实化、细化，以投入到具体的适用之中？

在界限层次，我们需要以"过失"为中心，深入追问：安全照顾义务的保护边界当如何定位？工伤制度的保护边界又当如何划定？

两者相交之下，各自独立调整的空间有哪些？可予互动的空间又在哪里？

最后，在互动层次，则当再进一步深入追问：每一种处境下的连接当如何实现？互动当如何处理？包括补"缺"的拓展姿态与补"满"的牵制技巧，究竟当如何运用？

面对这些问题，我们虽无法直接从既有的规范体系中找到答案，但可以透过规范，将触角探入民法及劳动法的理念之源、历史之源。从源头反溯，一步步细化，一步步梳理，一步步明晰，以安全照顾义务这一簇"星星之火"，燃尽长久以来横亘于两法之间的断层与隔阂，重塑法律体系内部所应当保有的和谐之态。

郑晓珊

2023 年 3 月

目　录

下编　责任体系之演变与整合

上 编

契约法理之传承与融汇

第一章 历史传承中的私法血脉与公法渗透

劳动契约与劳动立法一样，都是一种现代现象。它的形成与发展一方面受制于近现代契约法理论的演变，另一方面又紧紧联结于因工业发展而带来的生产方式、分工方式的转变，乃至劳资双方的力量对比、团结程度等一系列因素的复杂变化。在其历史轨迹中，包含丰富的直观素材。对这些素材的把握，将有助于我们在实践的深度里理解现有制度体系。

第一节 西方劳动法之契约传承与规制演变

从属性劳动及其规约、法度，在人类的发展史上可谓源远流长。从古希腊开始，关于奴隶劳动的规则即已具雏形。后来，随着社会生活关系的逐渐发展，自由人的有偿劳动关系也开始出现，并依消费借贷①或租赁的规则为之。但直至工业革命之前，这些关于"劳动"的规则，都还没有进入劳动契约法的范畴。它们乃是劳动契约的"史前历程"，属典型的民法范畴。

在这一民法范畴中，其发展又被细分为若干发展阶段：从以契约精神为主导的罗马法时代，走进日耳曼法统治时期的人法规整，随后它又乘着罗马法复兴的东风，重新回归契约精神。直至近现代劳动保护理念的崛起，才逐渐在传统民法契约之中滴入一点"社会主义的油"，将契约精神与劳动保护融合一处，共存共荣。期间，虽有所辗转，但契约精神从未曾远离，一直都是深入其骨髓的法理传承。在此，本书先以史为镜，以史为线，以对现代契约乃至劳动契约理论影响最深的罗马法为其伊始，顺承而下，作简要梳理，进行渐进式剖析。

一、契约精神照耀之下的"雇佣租赁"关系

罗马法上，法律所关心的"劳动"行为主要分为两类：一类是奴隶的劳动；另一类是自由人的劳动。其中，奴隶的劳动又包括为自己的主人劳动和为他人提供劳动两种。当奴隶为自己的主人劳动时，这种劳动关系属于公法范畴，并没有私法上的意义。当奴隶为

---

① 黄越钦. 劳动法新论［M］. 北京：中国政法大学出版社，2002. 古希腊时期，自由人的有偿劳动已经出现于农业、海运等领域，但其实现并不是以自由契约方式，而是以这两种方式：一是一方付出劳动，另一方支付对价，但这种对价并不以货币形式支付，而是以消费借贷的方式受领，然后在一定期间内以劳动清偿，在此期间内，成为对方债奴（Schuldknecht）的一种拟制的法律关系。二是将自己降低到奴隶的地位，将自身借贷给他人（出借自己）。

其他自由人提供劳动时，奴隶的地位相当于法律上的"物"，受物的租赁规则（locatio conductio rei）调整。①

与此同时，自由人的劳务关系也开始显现出契约自由的端倪。罗马法将它分为"自由劳动"（operae liberales）和"非自由劳动"（operae illiberales）两种，前者多指脑力方面的高级劳动，而后者则以体力方面的低端劳动为主。

对于"自由劳动"（高级劳动），如医生、律师、自由人家庭教师的工作，罗马法上应属委托契约规范。对于"非自由劳动"，罗马法则以租赁契约加以规范，也即雇佣租赁（locatio conductio operarum）。它以诚实但非自由的服务为标的②，契约的所有成立要件与发生的法律效果，几乎与"物的租赁"完全一致。③ 这一契约具体表现为："一方向另一方提供自己的劳作，后者向前者支付相应的报酬。"④ 除另有特约外，报酬应于劳务终了时支付。

这时的雇佣租赁，已经具备了现代雇佣关系的一些基本特征：

其一，它已具备关于指示、惩戒权的相应规范，即提供自己劳动的出租人（雇工），有义务按照承租人（雇主）指示或安排提供劳动，前者对后者需履行一定的服从义务，其关系类似于学徒和师傅之间的关系；"允许师傅对学徒进行轻微的惩罚"，只要承租人（雇主）"掌握必要的分寸"。⑤

---

① 盖尤斯在其《法学阶梯》中曾经提到租赁击剑奴隶并支付"辛苦费"的情况。
② 彭梵得. 罗马法教科书［M］. 黄风，译. 北京：中国政法大学出版社，1992.
③ 《法国民法典》至今仍沿用这一模式，将租赁分为物的租赁与劳务租赁两种。
④ 从一定意义上讲，雇佣可以理解为劳务的租赁。在罗马法文献中，它曾被表述为 operas suas locare（出租自己的劳务），似乎缘起于出租自己的奴隶或解放自由人的劳作。参见盖尤斯. 法学阶梯［M］. 黄风，译. 北京：中国政法大学出版社，1996.
⑤ 黄风. 罗马法［M］. 3 版. 北京：中国人民大学出版社，2019：167.

其二，它已具备雇佣契约的人身专属性特征，即"服劳务者，须为受雇人本人，不得由他人代理"，"劳务出租人（雇工）死亡时，其契约即归消灭"。

其三，在风险分配上，提供劳动的出租人（雇工），只对自己的故意（dolus）和过失（culpa）行为承担责任。出租人（雇工）因疾病或其他不可抗力不能给付劳务时，仅丧失报酬请求权，而无损害赔偿义务。其因可归责于承租人（雇主）的事由，致不能服务时，仍有请求承租人（雇主）给付报酬的权利。① 就这一风险分配方案而言，的确已经与现代经营风险之分配方式极为接近了。对此，也有学者主张，罗马法看起来正是通过排斥劳动关系中的人法性质，并将其转化为一种债的关系，以实现改善工薪劳动者社会地位的目的。②

罗马法将雇佣纳入租赁加以规范的这一设计，对后世影响颇深。后来的《法国民法典》依然沿用这一方式，将"雇工与劳动雇佣"编排在第五卷（通常所说的债法）第八编"租赁契约"之下，与"物的租赁""牲畜租赁"并列，成为一章③，是为租赁契约的一种。其条文内容非常简陋，在编排视角上简单将劳动力与"物"或"牲畜"并列，将其视为租赁标的，是一种纯粹客体化的法律处理方式，虽然这种处理方式仍不够"完美"，但它以契约理念梳理雇佣关系，贯彻意思自治、缔约（解约）自由的思想，着实具有其进步意义。

---

① 陈朝璧. 罗马法原理 [M]. 法律出版社，2006. 另参见优士丁尼. 学说汇纂 [M]. 北京：中国政法大学出版社，2014.
② 瓦尔特曼. 德国劳动法 [M]. 沈建锋，译. 北京：法律出版社，2014.
③ 法国民法典 [M]. 罗洁珍，译. 北京：北京大学出版社，2010.

二、转向人法的短暂偏离

公元 5 世纪前后，日耳曼人大举南侵，灭亡西罗马帝国，于帝国旧址之上，建立了若干日耳曼族国家，并以日耳曼法取代了原来的罗马法。两法可谓大相径庭。罗马法严密精致地以意志自由为其指导原理，故纯为个人本位之法律。日耳曼法则朴实粗俗，以身份拘束为立法主旨，故趋向于团体本位。日耳曼法中所有的法律关系，也几乎都以身份为基础，人与人之间的权利义务关系，恒依其个人之身份而决定，受身份拘束，很少有自由意志的存在空间。[①]

在劳动关系层面也是如此。在日耳曼法的研究著作中，关于劳动关系的描述，一般皆列于人的"身份法"目录下，与关于自由人、奴隶（Sklaven）[②]、随从（client）的多种描述混杂在一起[③]，以身份法的奉公关系加以规范。

---

① 李宜琛. 日耳曼法概说［M］. 北京：中国政法大学出版社，2003.

② 日耳曼部族中，经常使用的是"奴仆（Sklaven）"这个词。该词汇很难用 Servi 这个词翻译为"奴隶"，他们仅仅是作为雇工或者半自由人被对待，这是与当时以及后来的困难生活环境相适应的。这些论述曾经在基督教德意志帝国法律中有记载，将他们同罗马的奴隶作出严格的区分：这里的奴隶指的是服务者（servus）、仆人（ancilla），或者战俘。参见维瑟尔. 欧洲法律史：从古希腊到《里斯本条约》［M］. 刘国良，译. 北京：中央编译出版社，2016.

③ 李秀清. 日耳曼法研究［M］. 北京：商务印书馆，2005. 参见此书第三章"社会等级的划分及演化"之章节安排。

　　这种劳动关系，具有深厚的采邑制与附庸制的色彩。① 它常常以人格者相互间"人的连锁关系"为基础而建立，与主从间的忠勤关系、身份上的上下等级关系结合在一起。② 其中，劳动的提供方，一般是自由民，或处于自由人与奴隶之间的中间等级（半自由人）。③ 他们可以寻求庇护人（类似雇主）的保护，并被庇护人接纳。这个选择可能是完全自由的，也可能是在解放奴隶时所强加的。依附者或随从可以从庇护人那里获得土地和其他财产，但他们只有这些财产的管理权，而没有处分权。作为回报，随从自然要为主人提供服务（劳动）。从当时的法律规定来看，随从具有终止这种服务关系的自由，也具有重新寻找一个新的庇护人的自由，即仍具有雇佣自由的一定空间。但如果随从因为某些原因没能得到庇护人的同意而擅自离开，那么他必须把已经得到的财产归还给庇护人，并将其保有土地期间所获得的收益的一半交给庇护人。④ 两者之间，随从对领主需要持守信任和尊重，并且他将不能对领主有任何物质上或道德上的损害，同时，随从将获得领主的保护和生计。⑤

　　在这一时期，作为社会劳动（尤其是农业劳动）关系之主要形态的主从关系，甚至已经在一定程度上超越了亲属和血缘的维系。在这种关系之中，劳动与身份几乎始终捆绑在一起，强烈的人身约束性与

---

　　① 采邑制是指拥有采邑的人从领主那里得到某块土地或职位，为了回报又必须为领主提供某种事先商议好的义务。附庸制则是指一定土地上的随从与他的领主之间的一种忠诚关系，这种关系通过忠诚誓言而得到巩固。到 8、9 世纪前后，这种关系已具有明显的封建化倾向。参见李秀清. 日耳曼法研究 [M]. 北京：商务印书馆，2005.
　　② 黄越钦. 劳动法新论 [M]. 北京：中国政法大学出版社，2002.
　　③ 如解放奴，这些人拥有有限的自由。
　　④ 李秀清. 日耳曼法研究 [M]. 北京：商务印书馆，2005.
　　⑤ CALISSE C. A history of Italian law [M]. South Hackensack, NJ: Rothman Reprints, 1969.

彼此之间的忠诚义务，成为这一时期劳动关系的最鲜明特质。

这种以忠勤为特征的主从（劳动）关系，一直维持到近代欧洲，仍具有相当强大的立法影响力。直到1794年的普鲁士普通法中，奴婢契约仍然被规定在"亲属法"中。继承日耳曼法思想的英国法，最初也将劳动契约规定在主从间的身份法契约中，与婚姻亲子关系共同属于"私人关系中的权利（rights in private relations）"。① 就连近代早期，盛行于工商业的《行会条例》中，关于伙计与学徒的规定也保留了强烈的家庭关系色彩，即伙计和学徒一般都住在师傅家中，被视为家庭之一员，因而亦保留了很强的人身拘束性。

如果说罗马法中关于雇佣租赁的契约性规范，是将劳动从人身束缚（奴隶从属性）中剥离出来的一大创举，那么日耳曼法则正相反，它"再一次把劳动与身份捆绑在一起"，以主从关系加以定义，以忠勤义务加以维系。雇佣不再是罗马法上那种单纯的债权关系，而是将强烈的身份色彩带入债法之中，而形成的一种特殊的身份性"劳动契约"。现代劳动合同中，那些关于当事人双方之间的忠实义务的内容，关于雇主安全照顾义务（日本法上称为安全配虑义务）的内容，以及劳动合同领域对于人法要素的一再强调，大多源于此。

三、罗马法的复兴与契约精神的回归

（一）罗马法复兴与"租赁契约"模型的归来

至中世纪晚期，尤其是13世纪以后，随着生产的发展、商业的

---

① 黄越钦. 劳动法新论 [M]. 北京：中国政法大学出版社，2002.

复苏，城市（Stadt）开始勃兴。对于这种勃兴，国家往往予以鼓励，并给予市民种种特权，例如迁居都市的非自由人，即可脱离其领主的羁绊。这些政策为工商业发展释放了大量的自由劳动力。

经济与城市的发展，带来了法律思想的转变：分散、简陋、以身份为拘束的日耳曼法已无法适应资本主义发展的需求，一种挣脱团体主义束缚，趋向个人自由，追求法制统一的趋势开始形成。及至15、16世纪，以个人主义为本位的罗马法迎来了一次复兴。

在这一复兴的影响下，罗马法的雇佣租赁观念开始取代日耳曼法的主从关系，成为日耳曼普通法的基本结构。1804年的《法国民法典》亦把"租赁"作为规范劳动关系的基本模型，将其列在"民法—债编—租赁契约"之下，足可见当时罗马法复兴的强大魅力。

以租赁关系解析劳动契约的基本思想一直维持到19世纪前后。温德沙伊德在其潘德克顿教科书中亦始终坚持这一观点。只是在租赁契约的内里，它却明显残存着日耳曼法中的诸多身份法因素。这些内容使得它在整体形象上已经开始不同于典型的"物的租赁"，而颇具"复合性"色彩。

（二）"雇佣契约"的兴起

18、19世纪前后，随着工业革命的兴起与近代资本主义的发展，劳动关系本身又发生了一系列的巨变：欧洲大部分农村和城市的制造业，都掌握在拥有生产工具并雇佣他人使用它的资产阶级手中。纺织布匹的工人仍旧将自己的劳动与棉毛纤维混杂在一起，他们却不借此而拥有产品。他们只是与雇主们签订契约，把自己的（仅有的）劳动力当作商品卖给雇主而已。① 这一种契约关系，在法律上具有两大进步意义：

其一，相较于罗马法上的租赁契约而言，它将"人的劳动"与纯粹作为客体的"物"区分开来，突出人格的至上地位。体现在立法层面，即是一种新的契约类型——"雇佣契约"的产生。1811 年《奥地利民法典》第 1151 条即列明"关于劳务给付之有偿契约"的规定，1896 年《德国民法典》、1911 年《瑞士债法典》中也都有关于"雇佣契约"的独立章节。

其二，相较于古代法时期，它强化人的理性、自由意志，尤其是缔约自由，而进一步弱化"劳动关系"之上的身份要素。这一变化与 17、18 世纪前后风起云涌的启蒙运动、"天赋人权""自由平等"的启蒙思想一脉相承。于是，法律上产生了"全然自由对等的人格者间之契约关系"。"劳动"契约亦遵循此道，直接被认为是两个人格者之间所订立的，旨在交换劳务与报酬的纯粹的债权契约。即劳动关系中的"身份性"因素被再一次清算，并彻底扫地出门。至此，劳动契约实现了全面的债权化——其缔结是自由的，解除也是自由的，在劳动力的价格（工资）与劳动条件之上，都存在广泛的约定自由。此时，国家的目的仅限于"执行契约"②，而非矫正契约。事实上，在这一时期（自由资本主义时期），国家的任何干预都极易遭到强烈的反弹，正如霍姆斯所言，如果"国家干预是一种恶，那么它在哪儿都不能变成善"，在雇佣契约层面亦然。只是，他们都

---

① 泰格. 法律与资本主义兴起［M］. 纪琨，译. 上海：上海辞书出版社，2014.

② STANLEY A D. From bondage to contract: wage labor, marriage, and the market in the age of slave emancipation[M]. Cambridge: Cambridge University Press, 1998.

未能预见，资本主义及其法律并非最高和最后的形式，而只是终会过去的历史阶段。①

四、逐渐渗入契约构造的现代保护理念

(一) 现代保护理念的逐步渗透

如果说一直延续到 19 世纪 70 年代前后的这一场从"身份"到"契约"的劳动关系变革运动，是由新兴资产阶级主导而推进的劳动力解放运动，那么接下来这一阶段的"身份性"回归，则彻底是由工人阶级及其组织（工会）的力量来完成的。前者为新兴的资本主义工厂提供充足的工人，以维持其运转与发展。而后者则旨在改善和提高工人的劳动条件，争取并保障工人的基本权益。其每一步的前进，都离不开工人组织艰苦卓绝的斗争！

在完全打破"身份"的束缚之后，19 世纪主流的劳动契约形态，乃是建立在劳资双方"全面"平等协商、"全面"自由合意的基础之上的纯粹债权契约。但这种工人与雇主之间所谓的"平等"与"自由"合意，"只是因为法律在纸面上规定双方处于平等地位而已。至于不同的阶级地位给予一方的权力，以及这一权力加诸另一方的压迫，即双方实际的经济地位，则是与法律毫不相干的。而在劳动契约有效期间，只要任何一方没有明白表示抛弃自己的权利，双方仍然被认为是权利平等的。至于经济地位迫使工人甚至把最后

---

① 泰格 . 法律与资本主义兴起 [M]. 纪琨，译 . 上海：上海辞书出版社，2014.

一点表面上的平等权利也抛弃掉，这仍然与法律毫不相干"①。

也就是说，这种平等与自由，只是一种"不食人间烟火"的法律假设，一落入"凡间"，瞬时即破。尤其是处于 19 世纪中后期，资本主义开始快速走向成熟的帝国主义阶段之后，资本和生产资料的高度集中，使得劳资双方的力量对比更为悬殊。在雇主方强大的经济优势下，劳动者对于劳动条件以及劳动报酬的谈判空间都极为狭小，甚至被挤压殆尽。劳动契约的基本内容，几乎都是由雇主单方决定的。所谓的契约自由，早就沦落成资本压榨劳动的一大工具。一无所有的工人，只能在"平等"契约的神话下，忍受愈来愈糟糕的工作条件：1893 年以前，英国铁路工人平均每天都要工作 12 小时以上，有时甚至工作 20 小时；商业职员（包括少年店员）每周工作 75 小时到 90 小时。在美国，四分之一的工人每天工作 11 小时到 13 小时。各地小工业和家庭工业的工作时间则更长。②

工厂主们并不重视安全技术，尤其是在传统侵权法原则将工业风险分配给劳动者方自行承担的大背景下，他们更没有改善安全技术的意愿与动力。随着机器的普及与工业化的推进，工伤事故以惊人的速度暴增。1890 年，每 300 名铁路工人中就有一名因公而亡；货运铁路司闸员岗位的工亡率更高，每年都有百分之一的司闸员因公丧生。③ 非事故的死亡率则更高，据估计，在参与火车日常操作的铁路

① 中共中央马克思恩格斯列宁斯大林著作编译局. 马克思恩格斯选集：第四卷[M]. 北京：人民出版社，1972.

② 扎格拉京. 国际工人运动：历史和理论问题 [M]. 王自杭，译. 北京：中国工人出版社，1984.

③ ALDRICH M. Safety first: technology, labor, and business in the building of American work safety, 1870-1939[M]. Baltimore: Johns Hopkihs University Press, 1997.

工人中，每一年的工伤率都不会低于42%。① 除此之外，他们还要面对污浊狭窄的工作场所、有毒有害的工作环境，甚至是如影随形的职业病威胁……在这些最为危险的行业中，还有大量的雇佣者是妇女和儿童。

在恶劣的工作条件与巨大的工业压力下，工人们开始组织起来，一起反抗雇主们的剥削。羽翼日益丰满的工会，开始通过联合与斗争，逐渐对政治与立法实施影响，以在更广更深的层面上获得话语权，改善工人的工作生活条件。尤其是当工会会员得到了选举权时，当局也不得不作出某些让步。② 1867年至1875年，英国工联组织向议会施压，迫使议会废除了将积极罢工行为（如工人纠察）视为犯罪的《主仆法》和《共谋与财产保护法》。被废除的《主仆法》被全新的《企业主和工人条例》取而代之。集体合同的原则首次在该法中得到承认。1906年，《劳资争议法》出台，又更进了一步，完全豁免了工会在劳资纠纷中的侵权行为。

与此同时，工厂法也得到相应的发展。它们还为妇女和儿童设计了必要的保护性规定，限制劳动者工作日的长度，禁止以产品支付工资，有些地方对计件工资额实施监督。但各个国家对劳动者作出的让步范围还是有很大不同的。这大多跟各国的工会发展与工会力量的差别紧密相关。

工会运动的发展，还推动了企业民主管理的发展。1891年，德

① Minnesota Bureau of Labor Statistics. Second biennial report of the Bureau of Labor Statistics of the State of Minnesota, 1889-1890[M]. London: Forgotten Books, 2019.

② 胡特. 英国工会运动简史［M］. 朱立人，蔡汉敖，译. 北京：世界知识社，1954.

国《劳动保护法》颁布，在《工伤条例》中加入了一个可以在企业中设立劳动者委员会的条文。1918 年，《团体协议条例》颁布，它赋予团体协议直接且强制的效力。同年，《劳动时间条例》颁布，为劳动者带来了期盼已久的八小时工作制。正如马克思所指出的，当局所作出的每一个让步，都是由于"外来的压力"而被迫作出的。①在一定意义上说，这都是劳资斗争的恢宏成果。

"二战"以后，德国又陆续颁布了《团体协议法》《安全生产法》《劳动时间法》《照顾时间法》《工资继续支付法》《最低劳动条件法》《解雇保护法》《最低工资法》等一系列劳动保护立法。这些立法各有各的背景，也各有各的斗争经历，但其内里的实质是同一的——皆是国家以公法形式对劳动契约内容进行的直接干预。特别是在劳动条件、安全卫生及解约自由上，给雇主带上种种"紧箍咒"，使民法之上雇主原本享有的宽泛的契约自由，在这些领域中大打折扣。一旦劳动契约中的具体约定低于法定条款，该约定将归于无效。

这种干预模式，普遍存在于欧洲各国。在不同的国家，它们的规制程度、劳动契约的内容及其履行所带来的影响却不尽相同。这往往跟各国劳动者的组织力度与活动强度紧密相关。

同时，这些公法性干预，也给劳动契约带来了另一重凌驾于契约自治之上的法律性质——一种全新的"身份"性质，即"劳动者"之"身份"。法律给予具有这种特殊身份的缔约主体以特殊的倾斜性保护，并以此来弥补他们与雇主之间实际实力上的不均衡、

---

① 中共中央马克思恩格斯列宁斯大林著作编译局. 马克思恩格斯全集：第 34 卷 [M]. 北京：人民出版社，2008.

不平等，并达到一种新的、更具现实意义（相较于民法中的自由、平等而言）的主体平等、契约自由。

在诸多单行保护性立法的共同作用下，现代化的"劳动契约"的基本格局逐渐成形。在这一格局上，主要有三种力量：其一，是作为劳动契约之基础的"契约性"力量。它主要是来自民法（典）的相关规定。其二，是对劳动契约条件的公法性规制。它主要来自各个单行的劳动保护类法律法规。它限定了劳动契约中的最低劳动条件，如果契约约定低于这一限度，则当然无效。其三，是劳资双方通过集体谈判所订立之团体协约的力量，即以组织起来的劳动者团体的强大力量，来弥补单个劳动者在个别劳动契约协商中的弱势。如此三者相互结合，相互作用，共同构建起现代劳动契约的西方模型。

（二）民法—契约：始终是劳动契约法的基础与核心

在"民法—契约"模型中，民法始终是劳动契约法的基础与核心。民法典在劳动契约的订立及解释之上，占据了最为核心的地位。在欧洲各国，人们普遍认为劳动关系乃是建立在私法性合同之上的一种法律关系①，是一种特殊的债的关系②。作为债的关系，必先受制于债法（民法）及其一般原则。

在《德国民法典》上，它主要规定于第 611～630 条的"雇佣合同和类似的合同"之中，该节规定全面地描述了雇佣合同的类型、基础特性、报酬及其确定依据与支付时间、合同风险负担、雇主的

---

① 公务员、法官、士兵不是劳动者，他们处于受特别法调整的公法性的服务关系中。
② 瓦尔特曼. 德国劳动法［M］. 沈建锋，译. 北京：法律出版社，2014.

照顾保护义务及其强制性、雇佣关系终止的情形、预告期间与损害赔偿，以及终止后的证明发放义务。其中一些内容，比如第 622 条，还是专门根据劳动合同的特殊性而设立的。

在《瑞士债法典》上，它从一节上升为一章，名字也从"雇佣契约"演变成"劳动契约"，位列于债法第二分编"各种契约"之下。① 在该章中，不仅规定了个别劳动契约，还规定了集体劳动契约和标准劳动契约的诸多内容。就个别劳动契约而言，还不仅包含了双方权利、义务等传统的债权性内容，还涵盖了很多强制性规定，比如关于加班、工资确保、休息休假、社会保障金缴纳、劳动关系的通知终止及其权利滥用限制的规定等，可谓是"民法社会化"的一大典范。

《荷兰民法典》则不仅将"劳动合同"单独列为一章，还将"集体劳动合同"也单独列为一章，并列在劳动合同之后，一起作为第七编"有名合同"项下的重要内容。《意大利民法典》又更进一步，索性直接将"劳动"定为独立一编，与物权、债权并列而行。

从以上欧洲主要国家的民法典设计中，我们便不难看出它们对于劳动契约的基础性定位——债法契约的一种。虽然在民商合一与民商分立的国家中，"劳动契约"的具体定位有高有低，其作为民事关系的一种加以规定的基础性质却从未被动摇过。

---

① 1971 年《瑞士债法典》进行了重大修正，此次修正的重点在其第十章，将其原规定的"雇佣契约"改为"劳动契约"。"此一重大修正在'民法社会化'的发展上具有划时代的意义，盖雇佣契约系以个人主义为基则的有关劳务给付之法律，而劳动契约则系以社会为出发点对劳动关系之规范，两者间无论质、量上皆有很大区别。"参见黄越钦. 从雇佣契约到劳动契约：瑞士债法第十章修正之意义 [J]. 政大法律评论, 1981 (24)：141-143.

在这一定位的基础之上，我们需要注意的是，关于劳动契约之上的法律争议，法律的适用绝不仅仅限于"雇佣契约"项下的若干规定。它同时涉及债法的一般原理，甚至民法总则的一般性规定，以及民法系统下错综复杂的请求权基础关系。就比如关于劳动合同中一般劳动条件（即合同条件并不是经由缔约双方单个协商确立的，而是由雇主通过格式劳动合同确立的）的使用，我们就需要借助民法上关于"一般交易条件"（即格式合同）的规定来加以理解。① 在德国法上，应根据《德国民法典》第 305 条以下进行控制。而关于雇主的释明义务，以及有关义务违反将导致的法律责任②，则需根据《德国民法典》第 280 条第 1 款、第 241 条第 2 款、第 311 条第 2 款来加以处理，还可以进一步考虑《德国民法典》第 119 条第 2 款、第 123 条等规定的撤销权。如此等等，不胜枚举。

从瓦尔特曼的《德国劳动法》中，我们可以看到，这种援引绝非偶尔出现，而是处理劳动合同纠纷时的一种最为基本的"找法"模式。也就是说，在解析劳动契约的法律结构、处理劳动契约的法律纠纷时，我们仍必须遵循一般债权契约的基本原理。首先要把它当作契约来加以思考，而后才考虑其作为劳动契约的不同特性。

第二节　我国劳动法之契约传承与规制演变

我国的劳动契约立法起步虽晚、发展虽迟，但其发展节奏相当

---

① 在德国法上，基于债法现代化的要求，从 2002 年 1 月 1 日起，《德国劳动法》中通过一般交易条件进行合同建构时，也应根据《德国民法典》第 305 条以下进行控制。

② 就此对雇主的请求权基础仍适用《德国民法典》第 619a 条。

紧凑，几乎在短短二三十年间，完整经历了西方世界从身份到契约，再从契约到身份，这长达数百年的一整个发展循环。

一、计划经济下的"公家人"身份时代

中华人民共和国成立之初，新政府面对通货膨胀、财政赤字、城市失业人口剧增、投机倒把严重的局面，首先通过统一全国财经工作解决市场失序的问题，其次又取消自由劳动力市场，逐步确立了"统包统筹"的固定工制度，在解决失业危机的同时，建立起劳动力统一调配的中央集权。[①] 1956 年，伴随着对手工业和资本主义工商业的社会主义改造完成，私有产权在我国基本被消灭殆尽，国营和集体经济成为国民经济的主导。此时，由国家对资本和劳动力实行重要控制，即"经济在很大程度上是由中央国家机器的再分配干预来加以整合的"，固定工制度进一步稳固，市场的作用仅被限定在某些边缘性领域。[②]

"文革"期间，固定工制度继续强化，集体所有制甚至开始向全民所有制转变，企业与职工之间也早已不再仅仅是简单的劳动契约关系，而是一种更为复杂的职工对企业的全方位依附。在这一阶段中，国家行政权力通过对经济组织（企业）和个人活动的控制，来达到完成生产资料社会主义改造和实现国家工业化的双重政治目标，并由此形成典型的"单位制"。这种"单位制"的特点如下：

---

① 渠敬东，傅春晖，闻翔. 组织变革和体制治理：企业中的劳动关系 ［M］. 北京：中国社会科学出版社，2015.

② 塞勒尼等. 社会主义经济体制 ［M］//新古典社会学的想象力. 吕鹏，刘建洲，王颖，等译. 北京：社会科学文献出版社，2010：3.

其一，各个单位都是"功能合一"的，"任何单位都同时具有政治的、社会的以及自身专业分工的多种功能"，每个单位都像是一个自给自足的王国，可以向它的职工提供从幼儿园到丧葬的各种社会福利，甚至可以"包办"职工的"一生"。而国营职工的含义，也远远超出"劳动契约一方当事人"的内涵，而具有鲜明的单位（国家）人的色彩，即是一种典型的身份象征，而非契约主体；职工与单位之间的关系也更类似一种行政上的隶属，而非契约关系。①

其二，是"生产要素主体之间的非契约关系"，也就是说，单位并不是建立在契约关系之上的经营主体。

其三，是"资源的不可流动性"，即资源的调动不是由于市场关系，而是受到再分配权利的控制②，劳动者的流入与流出也是由国家再分配权利来控制的。比如新企业的建立、新矿山的开采，其中所需的所有劳动力资源，都是由行政调配来直接完成的。

在行政"做完一切"的整体格局之下，劳动契约自无用武之地。所谓劳动者所代表的乃是一种典型的国家职工身份。

二、劳动合同制改革之初的"自由契约"时代

进入 20 世纪 80 年代，随着经济体制改革的开展与深入，原有

---

① 单位制下的企业是经济与政治相互嵌套的组织，是整体社会运行逻辑在经济组织中的延伸，并且由于"企业办社会"的普遍存在，使得单位更加成为一种"社会整合"的载体，成为城市治理体制中最基本的单元。参见李猛，周飞舟，李康．单位：制度化组织的内部机制［J］．（香港）中国社会科学季刊，1996，16（5）：135-167.

② 路风．单位：一种特殊的社会组织形式［J］．中国社会科学，1989（1）：71-88；路风．中国单位制度的起源和形成［J］．（香港）中国社会科学季刊，1993（4）：66-87.

的劳动关系作为改革的重要一环，也开始出现松动，并由此展开新一轮的劳动合同化尝试。

劳动合同制的实施从根本上改变了国家与工人之间的关系。实现这一变革的关键点就在 1986 年。这一年，国务院同时推出了包括《国营企业实行劳动合同制暂行规定》在内的四部劳动法规①，明确允许国营企业公开招聘工人，且所有新招人员都要与企业签订劳动合同，允许企业辞退违纪职工，同时建立失业保险制度。这四部法规同天颁布，实质上是将用人自主权双手交给了企业，让企业可以自主选择用人、辞人，以合同制保障"用"与"辞"的自由，同时设立失业保险，时刻准备"收拾残局"，为企业的"自由"兜底。1991 年，中央又进一步提出，"要实行优化劳动组合和全员劳动合同制"。②

就积极的一面，全员劳动合同制的推行在整个劳动机制改革，尤其是劳动力生产要素化、流动化的过程中扮演了极为重要的角色。这个从固定到流动的过程，会释放出巨大的能量，推动整个经济体系的市场化进程。但就消极的一面，我们也必须看到这种改革给劳动者群体所带来的剧痛——几乎与全面劳动合同制同时发生的两件大事分别是国企改制和非公有制经济飞速发展。作为背景，它们深刻地影响着劳动合同化的方向与实效：

首先，国企改革的方向是建立现代企业制度，使企业对工人、工资的分配与生产管理拥有更大的自主权。虽然这些自主权是国家

---

① 其他三部法规分别为：《国营企业招用工人暂行规定》《国营企业辞退违纪职工暂行规定》和《国营企业职工待业保险暂行规定》。

② 参见国务院前总理李鹏在 1991 年 9 月中央工作会议上的讲话。详见劳动部劳动力管理和就业司 . 全员劳动合同制工作指南 ［M］. 北京：中国劳动出版社，1992.

赋予的，但事实上真正享有这些权力的是企业的领导层。因此，全国企业内部的权力平衡已经向管理者倾斜，工人则处于相对不利地位①，二者之间的差距不断扩大。在这种倾斜的背景下，劳动合同制的全面推行又在侧面助长了工人的不利地位，工人们只能被迫接受各种不利条件，或者被"减员"增效、下岗、失业。在所有的政策规制都倾斜向企业一方（着力于为其打造自主权）的时候，所谓的劳动合同制，甚至整个劳动法规制都偏离了现代劳动立法的时代方向，偏离了对劳动者给予倾斜保护的目的与本旨，沦为国企改革大潮的"花瓶"。

其次，非公有制经济的飞速发展，在为劳动合同制的增量发展带来新的契机的同时，也一并带来了劳动条件急剧下降的强烈冲击，甚至恶果。这种下行性冲击的原因是复杂的：一是，由于法律层面缺少对劳动合同内容的强制性要求，常常在"合同签订"环节就已经让劳动者陷入泥潭。很多时候，企业与工人签订的劳动合同实质上仅仅规定了企业对工人的要求，对于工人的权益则只字未提，甚至屡屡出现"工伤概不负责"等纯免责性条款。二是，各地政府的劳动监管、劳动执法不力，甚至大多数时候"睁一只眼、闭一只眼"，以低法治状态"放水养鱼"，求得 GDP 的美观。虽然国家层面早已规定非公有制企业用人时应当与职工签订劳动合同，但实态中的合同签订比例一直非常低，很多企业干脆只实行"厂规厂纪"，根本不与工人签订劳动合同。广东省总工会于 1993 年公布的随机抽样调查显示，有 39% 的工人并没有与企业签订劳动合同。在一没合同

---

① 岳经纶. 转型期的中国劳动问题与劳动政策［M］. 上海：东方出版中心，2011.

约束，二没行政保护的"恶劣环境"下，劳动者的应有权益经常得不到任何保障，甚至乱象丛生。

其一，超时工作是普遍现象。1993年的一项调查显示，有85%的私营企业雇员每天工作8小时以上，通常都是12小时。① 外资企业更甚，根据《中国劳动报》（1993）一组"来自外企的报道"记载，外资企业平均每天工作时间是10小时，有时甚至达到12~16小时，特殊情况下甚至达到24小时。其二，企业克扣、拖欠工资的状况屡见不鲜。其三，恶劣的工作条件也是另一个常见问题。很多企业缺少必要的安全设备，也没有为工人提供医疗或工伤保险。工人在过度拥挤、酷热、充斥有毒有害物质甚至令人窒息的工作场所劳动，搜身、殴打与性侵犯时有发生。②

此外，大规模的农民工涌入，更使劳动者群体的整体状态雪上加霜。他们通常被随时雇佣且随时解雇，企业从来不负担前期教育培训投入和后期养老保护等社会责任，甚至连工伤损害都要由劳动者自行负责。

随之而来的，便是劳动争议剧增、劳资斗争升级。1994年4月，有官方报道披露，劳资纠纷的数量自1992年以来正在以每年50%以

---

① 常凯，赵健杰. 劳动关系·劳动者·劳权：当代中国的劳动问题 [M]. 北京：中国劳动出版社，1995.

② 岳经纶. 转型期的中国劳动问题与劳动政策 [M]. 上海：东方出版中心，2011.

上的速度递增。① 在 1994 年中，河北、湖南、黑龙江以及辽宁等省每周大约发生一至两起群体性劳动争议。1993 年，深圳发生了 1100 起劳动争议、罢工与停工事件，其中 90% 发生在外资企业。②

以上乱象，皆源于劳动法治的缺位：首先，20 世纪 80 年代，我国一直未制定一部全国性的劳动立法，而更倾向于以劳动法规、政策作为主要的劳动规制工具。③ 这种状况一直维持到 90 年代前半段，整个中国的劳动"法治"几乎都是由各级政策（而非法律）来支撑的。④ 但政策并非立法，绝大多数政策也远达不到立法所要求的规范性、严谨性，尤其是在当时的法规、政策中，到处充斥着大量宣传性用语，言辞笼统，权利、义务不甚明晰，还经常缺少足以确保其有效实施的具体规定，尤其是责任（落实）性规定。再加之法规、政策的执行者多为政府机构和企业而非法院，具体实效可想而知。

---

① 1993 年，全国劳动争议仲裁委员会一共受理了 12358 宗劳动争议案件，比前一年增加了 52.6%，涉及工人数达 34794 人，比上一年增长了 99.8%。另外根据 20 个省份搜集的数据，1994 年第一季度劳动争议案件激增至 3104 宗，同比增长 66.4%（参见冯庆同. 1994—1995 年的中国职工［M］//江流. 1994—1995 年中国社会形式分析与预测. 北京：社会科学出版社，1995：294-308）。除此之外，还有数以千计的劳动争议并未进入仲裁程序。

② 岳经纶. 转型期的中国劳动问题与劳动政策［M］. 上海：东方出版中心，2011.

③ 制定全国性劳动立法的动议始于 1979 年。早在 1983 年，国务院起草的第一稿《劳动法（草案）》即已出炉，并提交全国人大审议。但全国人大认为，由于经济体制改革，尤其是劳动制度改革、国企改革尚在进行之中，立法条件还不成熟，因此未能进入人大的立法议程。详见：NGOK K L. The formulation process of the labor law of the People's Republic of China: a garbage can model analysis[D].香港：香港城市大学，1998.

④ 这种格局的形成是多元的：其一，中国劳动体制在经济体制改革时期正在经历重大变革，而急促变革的状况并不适合立法；其二，行政法规、政策比法律规定更为灵活，能尽可能为地方政府及其他政策行动者，特别是企业带来更多的策略空间；其三，这种相对灵活的政策实践使得中央政府可以迅速调整政策，以应对迅速变化的社会经济状况。参见岳经纶. 转型期的中国劳动问题与劳动政策［M］. 上海：东方出版中心，2011.

直到 90 年代中期，政策治理的弊端已无法掩盖，各种矛盾集中爆发，群体性劳资争议此起彼伏。

三、走向宽松限定的《劳动法》时代

以上乱象，问题的积聚，很快得到了党和政府的高度重视。1993 年 11 月，十四届三中全会召开，会议通过《中共中央关于建立社会主义市场经济体制若干问题的决定》，其中很重要的一点，就是要求立法机关制订详细的立法计划，并加快立法步伐。在这种政治背景下，全中国的整体立法工作开始进入加速轨道，出现了前所未有的立法高潮。《中华人民共和国劳动法》（简称《劳动法》）立法正好处于这波高潮之中。作为规范劳动力市场行为与界定劳动关系双方权利、义务与责任的重要基础性法律，《劳动法》已被列为迫切需要制定的法律之一。立法进程紧锣密鼓，1993 年首次进入立法机关立法议程的《劳动法（草案）》，次年 7 月就在全国人大常委会上高票通过。

《劳动法》是我国第一部全面性的综合劳动立法，共十三章，107 条，专门为保护劳动者的合法权益，调整劳动关系，建立和维护适应社会主义市场经济的劳动制度，促进经济发展和社会进步而制定。在中国的劳动关系的法律规范史上，它具有开创性意义：

首先，它终结了以所有制区分劳动政策的时代，力图在劳动合同制度的基础上使不同企业的工人得到平等的对待。

其次，它首次以市场经济体制改革为背景，建立起一套以"个体劳动合同、集体协商制度、劳动争议处理机制"为支柱的全新的劳动体制。其中，"个人—集体"双层合同制为劳资双方在合同与立法的框架下相互作用而构筑了一个重要的、现代化的制度安排；而以"工会—政府—雇主"为支撑的三方（劳动关系）结构，则为劳资争议的解决提供了一个相对合理且符合国际潮流的基本模式。

再次，在劳动合同领域，它突出强调雇主负有签订劳动合同的义务，并首次明确劳动合同的期限分类、必备条款、无效、终止、解除、限制解除的相关情形与法律责任，使运行已久的劳动合同制终能步入法律轨道。

最后，考虑到市场经济改革带来的劳动关系复杂性，《劳动法》格外强调劳动保护的重要性。在借鉴国际条约与他国经验的基础上，它确立起一整套强制性的最低劳动标准，且在一些关键性标准的制定上，正尝试逐步与国际劳工标准接轨。这些标准包括每天工作 8 小时，每周工作 44 小时（1995 年 3 月由国务院规定缩短至 40 小时），每日加班不得超过 3 小时，每月加班不得超过 36 小时，每周至少休息 1 日，等等。除此之外，它还特别关注对女工和未成年工的保护。

总而言之，《劳动法》的颁布代表了中国政府为建立适合市场经济的较为完善的劳动关系所作出的第一次努力。它为中国的劳动法治发展开启了一个全新的时代，一个从"无法"到"有法"的时代，是从纯自由契约走向具有（底线）规范、限制色彩之劳动契约的开始。但客观地说，它也残存着诸多的不足之处，因为 20 世纪 90 年代中期，仍处于改革路上的中国政府还面临着太多的牵绊和束缚，总"试图在旧的计划经济和市场力量之间维持一种微妙而脆弱的平衡"。①

四、保护、限定与契约精神并存的《劳动合同法》时代

《劳动法》开启了劳动关系立法规制的大门，但在转型期的特殊历史背景下，它仍脱不开那一时代的烙印，运行实效并不理想。

首先，虽然在条文层面，《劳动法》已将签订劳动合同列为劳资双方的法定义务，但这一义务在落实之中困难重重，实际签约率一直不高。② 很多劳动关系都是由双方的口头协议来维持的。一旦遇到纠纷，这些口头协议往往很难在仲裁、诉讼环节中得到应有的承认与保护。

其次，《劳动法》虽然制定了一套相当"现代化"的劳动标准，可作为劳动合同条款的兜底性要求，这些标准的实际执行效果却不容乐观。劳动执法不力，又变相助长了企业主群体违规操作的势头。因此，立法标准虽高，但大多难以落地。

再次，《劳动法》本身在条文设计上仍存在诸多不足，比如对固定期限（尤其是短期）劳动合同的签订与续订并未加任何限制，对于合同期满后的自然终止，也并未课以经济补偿金的支付要求，这无疑直接"引导"企业尽量与劳动者签订短期（一年甚至三个月

---

① JOSEPHS H K. Labor law in a "socialist market economy": the case of China [J]. Columbia journal of transnational law, 1995, 33(3)：559-581.

② 虽然在城镇国有企业、集体企业和外资企业中，超过99%的劳动者都与雇主签订了劳动合同（参见工人日报，2004-12-29），但在民营企业，尤其是农民工中，劳动合同的签订率持续维持在低位，直到2005年底，农民工的劳动合同签订率仍只有58.3%（参见人民日报，2006-03-28）。

的）劳动合同，且可反复续签，在合同期满后直接无责解脱，毫无成本。另外，试用期的规定不完善也是一个典型的漏洞。《劳动法》中只规定试用期的最长限制是 6 个月，但对试用期的工资、福利标准只字未提，也没有对试用期的使用前提作出具体限制。因此，很多企业直接以试用期为突破口，先以低工资、低待遇使用工人 6 个月，期限结束之时径直解雇，同样不用负担任何法律后果。由此，雇用保障也在一定程度上变为空话。

最后，集体合同和集体争议处理机制也未能"依法"进入良性运转，这在非公有制企业体现得尤为明显。实践中，非公有制企业的雇主本身大多就对集体合同抱有很强的抵触情绪，毕竟这种合同原本就旨在限制雇主在劳动条件拟定与控制上的自由。在工人力量分散且薄弱的大背景下，空谈"集体合同制"显然是不现实的，想要借由劳资双方的均衡力量来化解利益争议，形成劳资协商机制，也只能是一种"虚设"的向往①，落地之路仍任重道远。

在以上种种限制之下，《劳动法》颁布的实效远不如预期，并未从根本上化解劳动关系上根深蒂固的诸多体制性问题。结果是劳资冲突继续升级。1995—2008 年的 13 年中，劳动争议案件数量跃升了 21 倍，达到 69.3 万件。同时，集体劳动争议大幅度增长，仅 2008 年一年，集体争议案件高达 2.2 万件，涉及职工 50 余万人。② 这表明劳动争议的集体化，已经成为中国劳动争议问题的一个重要特点。

为化解以上重重难题，立法者又再进一步重磅推出了高保护标

---

① 石美遐. 中国加入 WTO 后的劳动关系走向 [M]//常凯. 全球化背景下的劳资关系与劳工政策. 北京：中国工人出版社，2003：59-71.

② 王智嵬，赵继伦，于桂兰. 我国劳动争议案件数量增长的状况与原因 [J]. 山东大学学报（哲学社会科学版），2020（5）：63-73.

准的《中华人民共和国劳动合同法》（简称《劳动合同法》）。总体而言，《劳动合同法》与《劳动法》两者在理念上一脉相承，皆旨在保护劳动者。但在同一理念的指引之下，《劳动合同法》显然走得更远、更坚定、更有力！其主要变革体现在以下几点：

其一，将书面劳动合同义务化、责任化、强制化，用人单位若不与劳动者签订书面合同，将面临严厉而实际的法律后果。针对这一点，该法设计了严谨的惩罚步骤：首先，是第 10 条规定"建立劳动关系，应当订立书面劳动合同"且"应当自用工之日起一个月内订立书面劳动合同"。然后以第 82 条的经济责任为兜底，强调"用人单位自用工之日起超过一个月不满一年未与劳动者订立书面劳动合同的，应当向劳动者每月支付二倍的工资"。若仍不签约，则再加重砝码，适用第 14 条无固定期限劳动合同的法律类推，即"用人单位自用工之日起满一年不与劳动者订立书面劳动合同的，视为用人单位与劳动者已订立无固定期限劳动合同"，用无固定期限劳动合同的类推适用，来增加雇主解雇的成本与难度，以督促雇主及时签约。

其二，强化雇佣稳定，严格限制固定期限（尤其是短期）劳动合同的反复使用，引导用人单位与劳动者订立长期或无固定期限劳动合同。在第 14 条中，该法首先列举了应当订立固定期限劳动合同的若干情形，即"（一）劳动者在该用人单位连续工作满十年的；（二）用人单位初次实行劳动合同制度或者国有企业改制重新订立劳动合同时，劳动者在该用人单位连续工作满十年且距法定退休年龄不足十年的；（三）连续订立二次固定期限劳动合同，且劳动者没有本法第三十九条和第四十条第一项、第二项规定的情形，续订劳动合同的"，若存在前述情形，"劳动者提出或者同意续订、订立劳动合同的，除劳动者提出订立固定期限劳动合同外，应当订立无固定期限劳动合同"。也就是说，固定期限劳动合同的签订，一不得超过十年，二不得超过两次，如果企业想要长期使用劳动者，就不得不与其签订无固定期限合同。"用人单位违反本法规定不与劳动者订立无固定期限劳动合同的，自应当订立无固定期限劳动合同之日起向劳动者每月支付二倍的工资。"即用工资罚则与期限限制两头并进，引导企业将雇佣期间长期化，推进雇佣稳定与雇佣保障的发展。

其三，强化解雇限制，尤其是通过提高劳动合同解除与终止的成本来加强雇佣稳定、雇佣保护。一方面，《劳动合同法》填补了十多年来，劳动合同终止领域毫无补偿、保护的漏洞①，规定劳动合同依法终止（包括因合同期满，用人单位被依法宣告破产，用人单位被吊销营业执照、责令关闭、撤销或者用人单位决定提前解散而导致的合同终止）之时，用人单位同样必须向劳动者支付经济补偿。②另一方面，该法还专门针对雇主的违法解雇行为，设计了双倍工资的经济赔偿之责，以示警诫。

其四，填补了《劳动法》下关于试用期的若干法律漏洞，全面保护劳动者在这一特殊期间内的应有权益。《劳动法》仅规定了试用期的最长限制（6个月），对这一期间内劳动者的工作待遇、条件、具体期限限制、解雇限制等各项权益都未加提及。《劳动法》颁行的

---

① 这一漏洞带来了劳动合同期限的乱用，雇主常常用短期期限直接替代解雇行为，以逃避经济补偿。

② 事实上，与期限有关的几项雇佣保障措施本身即可构成一条完整的连环扣。其一，是劳动合同的期限设置；其二，是合同期满终止后的经济补偿；其三，是两次续签及连续雇佣十年之后的无固定期限合同强制；其四，是违反该强制所带来的经济赔偿。这四项规定结合起来，环环相扣，共同促进劳动合同的长期化、稳定化。

13 年后，《劳动合同法》终于填补了这一空白：首先，《劳动合同法》根据合同期限的不同，对试用期的长度作出明确而具体的限制，"劳动合同期限三个月以上不满一年的，试用期不得超过一个月；劳动合同期限一年以上不满三年的，试用期不得超过二个月；三年以上固定期限和无固定期限的劳动合同，试用期不得超过六个月。以完成一定工作任务为期限的劳动合同或者劳动合同期限不满三个月的，不得约定试用期"。同时明确"同一用人单位与同一劳动者只能约定一次试用期"。续签合同，不得重复规定试用期。其次，该法还明确了试用期相对于合同履行期的"非独立性"，即"试用期包含在劳动合同期限内。劳动合同仅约定试用期的，试用期不成立，该期限为劳动合同期限"。再次，《劳动合同法》还规定了试用期工资待遇的底线，即"不得低于本单位相同岗位最低档工资或者劳动合同约定工资的百分之八十，并不得低于用人单位所在地的最低工资标准"。最后，它还将解雇保护延伸到试用期内，强调这段时间内的解雇行为同样必须具备法定理由，"除劳动者有本法第三十九条和第四十条第一项、第二项规定的情形外，用人单位不得解除劳动合同。用人单位在试用期解除劳动合同的，应当向劳动者说明理由"。

除此之外，《劳动合同法》还专门针对劳动者方的"违约金"上限、单位恶意欠薪的赔偿金计算、劳动派遣员工的劳动合同期限下限、用工单位与派遣单位的连带责任等内容，作出了相对明确的规定，以促进对劳动者权益的全面保护。

就整体而言，《劳动合同法》的这些进步、变革都是非常讲究"度"的：即便有以上诸多限制、保护，作为其根本的契约属性也并没有因此而受到丝毫动摇；即便再强调雇佣稳定、解雇保护，也从来没有忽略劳动力市场本身的流动性需求，没有忽略当事人双方在契约缔结、解除以及期限选择之上所应享有的广泛自由，更没有回到"终身雇佣"的计划经济轨道或行政管理路径。也就是说，就根本而言，劳动合同仍然是合同，在劳动合同的立法与解释中，仍必须坚持契约立法、契约解释的基本原则与基本方法，秉承契约精神！只不过，在契约的框架之下，它同时兼有对劳动者给予倾斜保护的特殊使命。当然，这一使命本身与契约之上的平等、自由并不矛盾，而是内在协调、合而为一的。毕竟在大资本时代，没有对劳动者的倾斜保护，就不可能有劳资之间的真正平等，更不可能有建立于平等之上的契约自由！所谓的倾斜保护，只是弥补单个劳动者在面对庞大的企业（资本力量）之时，个体谈判能力的弱小与不足，在最低限度上补足这个差距，以促进实质平等的实现。

由此，《劳动合同法》兼具契约法与（劳动者）身份法的双重性质：

契约法理，多体现于立法文本的前半部分，尤其是第二、三、四章关于劳动合同的订立、履行、变更、解除以及终止，这三章条文在结构及机理上大抵仍遵循契约之道，与契约法的基本结构（即1999年《合同法》第二至六章及2020年《民法典》合同编第二至八章的构成）并无太大出入。差别之处仅在其必要条件下对雇主的地位性优势给予适度限制，尤其是在最低劳动条件及解约条件上作出适度限制。

劳动者之身份法，则多体现于立法文本的后半部分，尤其是第五章特别规定中关于集体合同的规定，以及第六、七两章关于监督检查与法律责任的诸多规定。其中，第五章旨在以集体协商、集体谈判的形式，弥补单个劳动者在谈判实力上的不足，用合法的、组织的力量去制衡资本的强大控制力，用团体的形式彰显劳动者的特殊身份，再用"有利原则"实现对劳动者的特殊保护。第六、七两章则更多体现于公权力机构（劳动行政部门）对用人单位（雇主）的监督职责，以及对其违法、违约情形的具体惩处，这两章（尤其是第六章）具有很强的公法性质，旨在通过行政执法之后盾，确保立法所赋予劳动者的诸多身份性"特权"（如雇佣稳定、解雇限制、集体合同限制等属人性权益）能够顺利实现。

第二章　双重基因之本质性结合与互动式变迁

在前文的"历史维度"里，我们可以隐约看到劳动契约法内里的双重基因：一是以"契约—自治"为中心的私法基因；二是以"保护—限制"为脉络的公法基因。二者相互渗透，彼此纠缠，互动且互补，共同形成了劳动契约法独具特色的双重性质。此时，这两种性质因素并非全然并列，而是在历史与现实的交织作用下形成"主—次"角色之分，各国皆以其"主导基因"为内核，规划劳动契约立法的体系定位，即"性质"决定"定位"。

第一节　劳动契约法的双重基因

本节将着重阐述劳动契约法中"私法—公法"之双重性质的形成与互动，解析其中孰为"主角"，孰为"配角"，并在理性分工的基础之上，探讨强硬的公法因素要如何转化、如何融入柔韧灵活的契约结构。

一、"私法—契约" 基因

(一) 历史传承与历史的选择

各国劳动合同法中的契约基因与契约结构源自其历史的传承，实为历史之选择。在历史的脉络中，我们可以看到：不管是西方还是东方，不管是欧美还是中国，劳动契约的"源头"都始于契约。历经千年演进、"朝代"更迭，它虽在仪式上、内容上作出诸多改变，以应时势，但其"源于契约，归于契约"的本性始终不改（见图 2-1）。

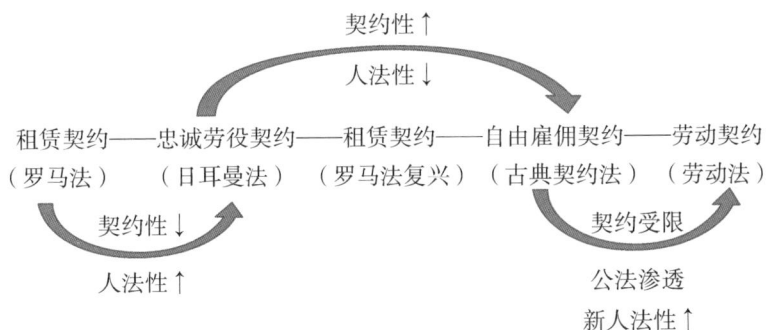

契约性↑
人法性↓

租赁契约——忠诚劳役契约——租赁契约——自由雇佣契约——劳动契约
（罗马法）　　（日耳曼法）　（罗马法复兴）　（古典契约法）　（劳动法）

契约性↓　　　　　　　　　　　　　　　　契约受限
人法性↑　　　　　　　　　　　　　　　　公法渗透
　　　　　　　　　　　　　　　　　　　新人法性↑

图 2-1　劳动契约的发展轨迹示意图

在整个演进历程中，我们可以看到，不同时代的有偿劳动契约分别呈现出不同程度的契约性质与人身性质，二者此起彼伏，互为牵制。就契约因素而言，其在源自罗马法（及其近代复兴）的租赁契约与古典主义的自由雇佣契约中，表现为最强，有着近乎"完美"的形式平等、自由协商、意思自治。随着近现代公法理念的融入，在劳动契约时代，自治因素又呈现出受限之势，但契约模式仍完整传承，法定基准之上亦保留广泛的契约自由，私法属性依旧强韧。

与此同时，我国劳动契约的发展也同样经历了"契约（私法）—身份—契约—身份（公法）"这种此起彼伏式的互动。尤其是在1978年后的40多年中，这种互动与演变体现得更为集中，也更为明显。1978年改革开放前，我国的劳动（人事）关系已经具备了相当成熟的公法性质，劳动关系由国家统分统包，单位与个人之间的关系完全是依行政命令，而非"市场—契约"的方式确立，二者之间的权利和义务也远远超出"劳动关系"的范畴，而具有强烈的"行政—身份"属性。如果没有意外情况，所有的"劳动（人事）关系"都是终身制的，而且这个国家"职工"的身份还具有超越个人"终身"的"世袭"效应，即可以由子女替班、承继。

1978年开始的劳动合同制试验，实际上是一次典型的自上而下的劳动关系体制改革——在旧的行政体制、（职工）身份制度中引入具有鲜明市场性质的"合同"机制，并逐渐运用"合同"机制本身的私法优势，如缔约自由、解约自由、平等协商、意思自治等，来替代计划经济下"终身制"劳动关系，将劳动力从"固定工"的状态中释放出来，并最终使其成为可以自由流动的市场要素①，让市场（那只看不见的手）来引导资源（劳动力）的有效配置②，并以市场的法律——私法来

---

① 从本质上看，这一步棋跟农村里已然盛行的包产到户具有异曲同工之效。同时，它也是整个乡村改革的"接盘侠"，乡村改革后期出现的大量剩余劳动力，同样要通过"市场—契约"的方式进入到新的劳动关系之中，靠城市的劳动力市场来予以吸收。

② 这一步棋，是党中央在改革开放伊始就已经计划好，并稳步推进、付诸实施的。从经济体制改革几十年的整体历程来看，它绝非像当初学者们所判断的那样，仅仅是国企改革的副产品，而是比国企改革更强大、更长远的一步。国企改革只是一个短暂的过程，而劳动力市场的开掘、建设却是市场经济体制里经久不衰的核心要素。

作为其规制基础。在这一时期，逐渐占据主导的劳动合同关系①，跟债法上的其他合同并没有什么本质上的差别，法律对缔约双方之间的"意思自治"，甚至公平与否大多并不过问，因此像"工伤概不负责"这样的劳动合同条款才可以盛极一时。

到20世纪90年代中期，全私法模式带来的问题与危机逐渐扩大并浮出水面。为化解危机，具有倾斜保护性质的《劳动法》首先出台，当问题仍无法根除之时，强化规制的《劳动合同法》随之面世。二者在"私法—契约"的模式之上，追加了对用人单位权力滥用（如解雇滥用、试用期条款滥用）的诸多限制和对劳动者保护的最低基准，以充分保障劳动者的合法权益。但这些规制仍是附加在契约结构之上的，其合同化改革的内核并没有因此而动摇，更没有因公权的介入而重回"终身制"的计划时代。只是经由这种介入，使劳动合同制度本身呈现出更加贴合实际需求的复合性质，详见图2-2。

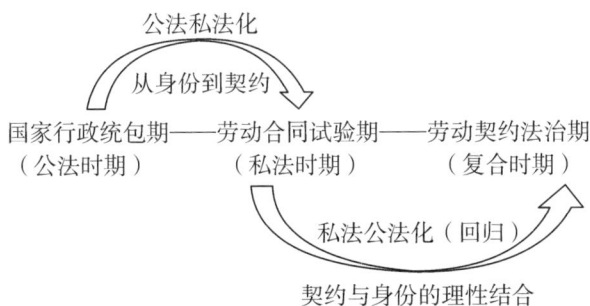

公法私法化

从身份到契约

国家行政统包期——劳动合同试验期——劳动契约法治期
（公法时期）　　　（私法时期）　　　（复合时期）

私法公法化（回归）

契约与身份的理性结合

图 2-2　我国劳动合同制的发展轨迹示意图

① 在国企之中，原有的固定工形式仍然存在，只是采用"老人老办法，新人新办法"的双轨模式。

（二）私法基因与契约结构

在这种复合性质中，私法因素仍占据强有力的核心地位：

其一，就本质而言，劳动合同仍属私法（私人）合同，其缔约双方（雇主与劳动者）之间也更多体现为私际关系，私法原则与私法规则仍有适用于此的广泛空间。德国、瑞士、意大利、日本等国皆将劳动合同归入民法范畴，或在民法典中独立成编①，或归入特别债法并作为其重要组成部分②，其与基于公法而形成的"劳动—身份"关系（如公务员、法官、士兵等）截然不同。

其二，在"权利—义务—责任—救济"这一整体脉络之上，劳动契约立法的私法性质也相当强烈。就内容而言，劳动契约乃是"劳动者受雇主（用人单位）雇用从事劳动，并由雇主向劳动者支付工资，根据劳动者与雇主双方合意而成立的契约"③，其约定多为缔约双方相互之间的权利（私权）与义务，相关立法自然也多为明确前述权利—义务结构，以及违反义务之后需要负担的法律责任。从我国《劳动合同法》第七章的相关规定观之，这些"法律责任"多属"损害—赔偿"的私法范畴，少数规定涉及惩罚性赔偿，如第82条用人单位长时间未与劳动者订立书面劳动合同时应支付双倍工资的规定，以及第85条对用人单位拖欠工资、加班费、经济补偿金时，应按照一定比例（按应付金额百分之五十以上百分之一百以下）

---

① 如《意大利民法典》《瑞士债法典》。

② 如《德国劳动法》，参见瓦尔特曼. 德国劳动法［M］. 沈建锋，译. 北京：法律出版社，2014.

③ 参见《日本劳动契约法》第6条。

向劳动者承担的惩罚性赔偿金。但究其实质，仍属合同相对人双方之间的关系，并未超出传统私法的领域。① 与之相对应的，劳动契约法的实现最终也必然以私法的方式为主，大多依靠当事人自身来推动双方纷争的解决程序，即通过"不告不理"的"劳动仲裁—民事诉讼"来加以实现②，而极少像《安全生产法》《就业促进法》那样倚靠强制性的公权式"监督—处罚"来获得实现。

其三，民法契约中的基本精神、基本价值，如"合法、公平、平等自愿、协商一致、诚实信用"③ 也完整保留于劳动契约的立法之中，作为"订立劳动合同的基本原则"而存在。④ 民法之中的契约自由，也同样蕴藏其中。这种"自由"在不同的国家会呈现出不同的程度，比如在奉行"随意雇佣"（随意解雇）的美国，契约自由所受的限制极小，而在大陆法系国家，则限制较多。即便是在劳动规制极为严格的德国，合同自由也仍然是其劳动法的指导原则。首先，这种自由体现在个人可以自由地选择他所喜欢的职业和工作，可以自由地决定是否订立、与谁订立以及何时终止其劳动合同。⑤ 这

---

① 在这一点上，它与同处于劳动法语义之下的劳动保护法、劳动力市场法等具有较大差别，后者的公法性更为强烈，法律责任也大多涉及严厉的行政处罚。如我国《职业病防治法》《安全生产法》中，更多采用"警告""限期改正""罚款""责令停建、关闭""降级、撤职或者开除处分"以及"刑事责任"等表述，而《就业促进法》则更进一步，几乎每个条文都直接以"国家"或"各级人民政府"作为主语开头，直接规定"各级政府"负有促进就业的具体"职责"。

② 《日本劳动契约法》则将私法性进行得更加彻底，将公法上的罚则与行政装置全部排除出去，仅以"纯然的民法"姿态出现。参见荒木尚志，菅野和夫，山川隆一. 詳説労働契約法 [M]. 東京：弘文堂，2008.

③ 参见我国《合同法》第3、4、5、6条。

④ 参见我国《劳动合同法》第3条。

⑤ 魏斯，施米特. 德国劳动法与劳资关系 [M]. 倪斐，译. 北京：商务印书馆，2012.

一自由受到严格的宪法保护。其次，这种自由还意味着雇主可以自由选择他所想要订立合同的对象，只要这种选择不违反平等待遇原则的有关规定。再次，这种自由还蕴含着禁止强制劳动之意，强制劳动只能适用于被法院判决剥夺其人身自由的罪犯。最后，这种自由还包括缔约双方在权利、义务确定之上的意思自治。虽然站在对劳动者倾斜保护的视角上，相关立法已经在权利配置之时，对缔约者的意思自治作出了种种限制，比如双方约定不能违反最低工资的要求，不能违反解雇限制的要求，等等，但在这些限制之上，缔约双方仍具有非常广泛的自由空间。因为立法所限定的毕竟只是一个缔约正当的"底线"（确保劳动者生命安全与人性尊严的底线），底线"以上"皆为自由空间，该空间中，劳动条件的最终确定仍有赖于双方之间的协商一致、平等自愿。

其四，在立法技术上，《劳动合同法》也普遍沿用《合同法》（1999）的模式与体例，在章节甚至条文的具体安排上，都与《合同法》具有极高的相似性。比如在整体结构上，两者皆以合同"订立—履行—变更—终止—责任"的动态过程为线，分布各章。其中，《合同法》总则在一般规定之下分设各章，顺次为：合同的订立、合同的效力、合同的履行、合同的变更和转让、合同的权利义务终止以及违约责任。对于以上结构，《劳动合同法》几乎全面照搬，同样在总则之下顺次分设劳动合同的订立（兼具有合同效力的相关内容）、劳动合同的履行和变更、劳动合同的解除和终止，以及法律责任（范围略广于违约责任）各章。此外，在具体条文的设计上，《劳动合同法》对民法的承继之处也非常多，比如第26条劳动合同无效的相关情形，即是从《民法通则》第58条第3款关于民事法律行为无效的情形，以及《合同法》第 40 条关于格式条款无效的情形中直接析出、组合而成的。毕竟劳动合同大部分都是在雇主预先拟定的统一劳动规则的基础上（一般劳动条件），通过格式合同的形式确立的。事实上，当面对这种情形之时，德国债法现代化同样也是根据《德国民法典》第 305 条以下关于一般交易条款的规则进行控制的。①

二、"公法—身份"基因

除私法属性外，劳动合同法中还蕴藏着深刻的"公法—政策"基因。在很多时候，它可能直接就是劳动政策的法律化。其中，既包括经济政策，也包括社会政策。前者多注重效率与发展，以适应国际竞争之需求；而后者则更为注重稳定与和谐，以避免劳资冲突，创建共赢格局。事实上，前一任务的实现，同样需要以后一任务为前提及后盾。没有稳定，何谈发展。因此，"稳定"始终为劳动合同立法之核心目标。② 毕竟，个体劳动关系跟婚姻关系一样，都是整个社会系统中最为基础的原子性社会关系，它的稳定将直接涉及社会层面的安定团结。而劳资政策及其法律化又是国家化解冲突、维护稳定的重要手段。③ 特别是在经济剧烈波动、劳资关系趋于紧张之时，这一手段会变得更为敏感，一着不慎极易激化矛盾。而"最初

---

① 瓦尔特曼. 德国劳动法［M］. 沈建锋，译. 北京：法律出版社，2014.
② 参见我国《劳动合同法》第 1 条及《日本劳动契约法》第 1 条之规定。
③ 巨英. 二战后英国劳资关系的政治分析［M］. 武汉：湖北人民出版社，2010.

反对雇主的罢工又往往极易演变成政治罢工"①，甚至成为执政党下台的导火索。石油危机时期，1974 年在罢工声讨中下台的英国保守党政府，以及 1979 年工党政府即是前车之鉴。

此外，需注意的是，作为政治工具的劳动立法，从来都不只是简单的、中性化的"公法干预"，资本主义国家也很少"主动"出手维护劳工利益。在百余年的世界劳动关系史上，绝大多数积极、有力的劳动立法都发生在汹涌澎湃的工人运动之后，是工会施压的产物，而大多数消极的劳动立法之后，则尾随着大规模的罢工、抗议。② 为避免劳资双方在零和博弈下走向直接冲突③，政府作为"第三种力量"④，作为唯一能改变劳资关系体系规则的行动者⑤，必须在双方之间作必要的协调、平衡，在充分沟通、磋商、谈判的基础上，谋求部分共识，而后再以该共识为基础，形成法案。这些法案及其中的倾斜保护规范多为劳资斗争的"战果"，代表着双方博弈的"停战线"。⑥ 在很多时候，它们甚至直接就是团体协议的法律化身。⑦ 在此，就算是立法者也很难凭一己之愿主动作出改变。

---

① MARSH D, LOCKSLEY G. Labour: the dominant force in British politics? [M] // MARSH D. Pressure politics: interest groups in Britain. London: Junction books, 1983: 53-83.

② 详见美国工人运动与劳动立法对照时间轴。巴德. 劳动关系：寻求平衡 [M]. 于桂兰，于米，于楠，等译. 3 版. 北京：机械工业出版社，2013：80.

③ 即"非合作"博弈，因劳资双方在各自最大化利益上存在直接冲突，而产生劳资关系上的冲突与摩擦，该冲突是具有天然性的。

④ LILJA K. Michael Poole: industrial relations. origins and patterns of national diversity. Routledge & Kegan Paul, London 1986[J]. Acta sociologica, 1986, 29(4)：368-369.

⑤ CROUCH C. The politics of industrial relations[M]. Manchester: Manchester University Press, 1979.

⑥ Christoph Degenhart 语，转引自林佳和. 劳动关系的公益与私益冲突 [M]//政治大学法学院劳动法与社会法中心. 劳动、社会与法. 台北：元照出版公司，2011：58.

⑦ 特雷乌. 意大利劳动法与劳资关系 [M]. 刘艺工，刘吉明，译. 北京：商务印书馆，2012. 劳动立法常常是在政府与工会、雇主间非正式的讨价还价中形成的。

在这种立法博弈中，劳资力量对比，尤其是工会的组织状态通常是最具影响力的因素。[①] 工会强大者，立法对劳动者的倾斜保护往往积极而强烈，解雇限制贯彻始终，比如德国；而在工会组织率低至 6.5% 的美国[②]，则仍能坚持 19 世纪式的自由雇佣，所有企图限制雇主权利的法案最终几乎都会被"掰掉利齿"，如《统一解雇法案》一样"温良无害"。当然，倾斜保护的具体程度，通常还会与执政党的政治纲领、意识形态密切相关。[③] 至于其保护手段，则多集中于以下几点。

（一）劳动条件之保障

现代国家中，具体劳动条件的确定可涉及"宏观—中观—微观"三个层次。其中前两个阶段的公法或准公法性规制，最终将通过法定"位阶"、法定方法次第渗透到微观层次——个别劳动契约，并形成对契约自治的公法限制。

宏观者，是具有公法性质的劳动保护法、劳动基准法在立法（单行法）层面为劳动条件圈定的最低标准，这是任何劳动契约都不可逾越的法定"红线"。在横向上，这道"红线"已基本覆盖劳动条件、安全防护的方方面面，包括最长工作时间、最低工资、休息休假、加班限制、女工与童工的特殊保护以及关于安全生产的各种

---

① HOWLETT M. Studying public policy: policy cycles and policy subsystems[M]. Oxford: Oxford University Press, 2009.

② DATA C P S D. Labor force statistics from the current population survey [R]. U.S. Bureau of Labor Statistics, 2009.

③ 比如历史上的英国工党便是亲工会、亲管制的，其执政期间往往倾向于出台积极进取型劳动法案，而保守党则更热衷于压制工会、降低保护并奉行自治，以协助资本，促进营利等。

规定，旨在以法定标准，实现对劳动者生存权①、健康权②、个人尊严以及劳动力再生产的基本保障，缓和劳资之间因过分剥削而形成的紧张，促进企业内部的安定和谐，进而促进整个社会关系乃至政权体系的稳定发展。

在纵向上，这道"红线"的效力则会渗透劳动契约"订立—履行—变更—终止"的全过程：首先，在订立环节，它为双方约定（契约自治）圈定"合法性"的外围边界，所有与其冲突（低于法定标准）的劳动合同约定，皆为违法，并因此而无效；同时，它将弥补劳动契约本身的不完整性，在契约未行提及之处，直接以法定标准弥补之。③ 其次，在履行环节，它还将成为雇主指挥、命令权限之上的"紧箍咒"，对于违反法定（安全卫生）标准的雇主指令，劳动者有权拒绝执行，并由雇主方承担受领迟延的法律后果。再次，在劳动合同的变更，尤其涉及规章制度等企业层面的整体性变更之时，公法基准也同样是把关的重点，所有的变更行为以及因此而引发的"变更解雇"（终止）都将面临合法性与正当性的严格检视。最后，劳动合同的终止事由，则更是全然法定。所有超出法定事由之外的解雇决定皆属违法。

更为重要的是，这种公法的介入还为劳动契约带来了超出"劳—资"之间私法关系的公权监管，即其违法责任的追究不再依赖当

---

① 如最低工资之设置旨在保障劳动者的基本生存或体面生存。

② 如对最高加班时间的法律限制、女职工的"三期"保护、职业病防护以及其他各项安全生产规制。

③ 我国《劳动合同法》第18条规定：劳动合同对劳动报酬和劳动条件等标准约定不明确，引发争议的，用人单位与劳动者可以重新协商；协商不成的，适用集体合同规定；没有集体合同或者集体合同未规定劳动报酬的，实行同工同酬；没有集体合同或者集体合同未规定劳动条件等标准的，适用国家有关规定。

事人自行启动的司法或准司法程序，而以强大的公权监督作为后盾，由劳动监管部门主动出击，监督企业的守法情况，追究雇主的违法责任，进而导向行政处罚（而非民事赔偿）之路。

中观者，为宏观底线之上，借由集体合同形成第二条"红线"。这条"红线"的意义在于通过集体讨价还价，均衡单个劳动者在缔结劳动合同时的"结构性劣势"，让劳资双方能够以势均力敌的姿态完成对工资条件和劳动条件的谈判。[①] 在大陆法国家，这种集体合同属于私主体在其自治范围内创设的客观法律规范，对受其约束的劳资双方具有直接的强制效力。[②] 因此集体合同在其强制有效的范围内优先于私人自治建构——劳动合同，在两者之间依"有利原则"[③]确定具体的劳动条件。当集体合同违反法定基准之时，同样按前述"有利原则"处理，并形成"法律—集体合同—劳动合同"依次下行的强制性位阶。

此时，处于"位阶"最末端的个别劳动合同（微观层次），以及常与其处于同一层级的劳动规则[④]，只能在法律与集体合同两条"红线"框定的范围内约定具体劳动条件，低于任何一条"红线"的具体约定都将沦为无效，且该无效条款将直接由相应的"上位"

---

① 瓦尔特曼．德国劳动法［M］．沈建锋，译．北京：法律出版社，2014.

② 参见德国《团体协议法》第 1 条第 1 款、第 4 条第 1 款。

③ 根据该原则，个别劳动合同只能作出比集体合同更有利于劳动者的约定（参见《德国劳动协议法》第 4 条第 3 款第二种情况，我国《劳动合同法》第 55 条之规定），否则将直接适用集体合同的规定。但实践中，是否"有利"并不容易查明。因为集体合同往往是劳资双方利益博弈甚至利益交换的结果，一方为了获得某一事项上更为"有利"的条件，往往会放弃其他方面的具体利益来做交易。因而具体判断是否"有利"时，裁断者并不能只看其中之一，而要涉及复杂的综合考量。

④ 劳动规则作为雇主对本企业整体工作秩序的规制，本不属于微观层面，但它在劳动合同的讨论框架下，常被作为劳动合同之附件，形成对合同约定的补充，因而本书将其归入与个别劳动合同相同的层次，即准微观层次。

条款予以替代。

（二）雇佣稳定之保障

强行法上的雇佣稳定保障，主要涉及合同期限、解雇保护与灵活用工三个维度。三者并无通用范式，皆依各国国情而定。比如在期限上，绝大部分欧洲国家都要求劳动合同需以无固定期限为原则，订立固定期限劳动合同者，必须符合极为严格的法定要求——需具备特殊事由，并谨守续签次数、续签期限之限等。但在美国，期限自由盛行至今。

解雇限制亦是如此。在德国、法国等国，雇主若要合法解雇员工，往往需要经历实体与程序的双重审查：首先，在实体方面，雇主的解雇决定必须具备特定的解雇原因，且该原因必须达到一定的分量、程度，才能使解雇决定正当化。如德国《解雇保护法》即要求企业拟解雇劳动者必须存在"人身、行为方面的原因以及在企业中继续雇佣有悖于重大的经营需求"。在具体判断是否存在这些事由（即具体化前述不特定法律概念）之时，德国联邦劳动法院还进一步在实践中逐渐确立起"最后手段"[①]"预测原则"[②]"利益衡量"[③] 三大原则，最后把关解雇行为的正当性。其次，除具备实体原因外，雇主的解雇决定还必须遵循严格的法定程序要求，当涉及大规模裁员时，该程序将变得更为复杂，还可能涉及向相应的公权力机关报

[①] "最后手段"要求雇主在作出解雇决定之前，应当首先尝试通过其他措施，如换岗或培训等适当措施来"挽救"劳动关系，避免解雇结果。只有达到确无雇佣可能性时，才可以考虑解雇。

[②] 解雇原因必须指向于劳动关系无法继续存在，即必须是未来导向的。

[③] 即将劳动者维持工作的利益与雇主解除劳动关系的利益进行权衡。

批或备案等特殊环节。即便是单个劳动合同的解除，也可能涉及换岗或培训等前置手段与程序，且必须具备足够长的通知期限，任何一环程序上的"缺省"都可能直接导致解雇决定本身的"不当"甚至违法，雇主需要恢复雇佣①或支付高额的经济赔偿。事实上，即便解雇行为合法，雇主通常也需要向劳动者支付价格不菲的经济补偿，这种补偿也在成本方面起到了一定的控制（抑制）作用，让雇主仔细权衡，三思而后行。最后，还需要强调的是，前述解雇的实体（理由）和程序要求，反过来还将受制于劳动合同的类型。如在欧洲各国，解雇（劳动合同解除）事实上只能适用于无固定期限劳动合同。在固定期限劳动合同之上，并未设置解雇之余地，只能按照合同的期限约定如期终止。若要提前终止合同，雇主通常需要支付剩余期限的全额工资，在经济层面无异于合同已经履行完毕。总体而言，在德国、法国等欧洲国家，解雇的法律"成本"相当高昂。

　　然而，在工会力量薄弱的美国，雇主则不必为此担心。金融危机中，奉行随意解雇的美国，失业率曾持续两年急速飙升（而德国、日本等国则平稳得多），撕裂的中产阶层迅速与社会底层结合，形成结构性"新穷人"群体，共同发动了颇具"颜色革命"气质的"占领华尔街"运动。当然，在工会组织率极低的美国，这种缺乏明确政治目标的社会运动通常成不了大器②，但在工会入会率超过90%的中国，劳资双方的谈判能力与社会行动力则完全不同。因此，从某种意义上说，解雇限制也是经济波动期里的社会稳定器，先稳定

---

① 因为解雇过程大多已在不同程度上破坏了劳动关系双方之间的良性互动，所以即便是立法层面有相关安排的国家，在实践中恢复雇佣的判决也并不多见。

② 熊易寒. 集权化市场、弹性积累与劳工政治的转型 [J]. 复旦政治学评论，2016（1）：113-130.

职工才能稳定社会、稳定民心、稳定大局。毕竟，将人固定在特定的工作岗位上，让其持守特定的社会角色、职业角色，保持"有事可做"，远比直接给予其经济补偿、社会救济却流荡在外更具稳定功效。此时，就业的稳定价值是很难用经济分析来简单衡量的，更难以用私法上的主体平等、契约自由来妄加"整合"。此即劳动（合同）法之社会政策面向。

为防止前述社会效应被雇主以劳动派遣等非正式用工形式不当规避，立法者还必须在自由与管制之间谨慎权衡，对特殊用工形式作出适度规制。首先，这些规制包括对派遣机构运营资质上的强行法要求，比如我国《劳动合同法》第57条即规定经营劳务派遣业务，必须向劳动行政部门依法申请行政许可，其注册资本不得少于人民币二百万元，必须有与开展业务相适应的固定的经营场所和设施，有符合法律、行政法规规定的劳务派遣管理制度，以及法律、行政法规规定的其他条件。其次，该规制还包括对派遣岗位的法定限制，比如我国《劳动合同法》第66条即明确规定，劳务派遣用工是补充形式，只能在临时性、辅助性或者替代性的工作岗位上实施。再次，它还可能会涉及对连续派遣的特殊限制，比如德国与日本，即对连续派遣的岗位与次数，作出了非常明确的法律限定。另外，该制约还将包括基于"同工同酬""平等待遇"原则而产生的经济性、结构性制约，派遣工同样应当具有加入工会来维护自身权益的权利。最后，立法还在工伤赔偿上用"连带责任"牢牢捆绑住派遣单位与用工单位，使用工单位无法通过派遣形式规避正规用工所带来的责任包袱，亦无法通过内部约定排除这种"连带"。

（三）其他公法任务的渗透

除前述关于劳动条件与雇佣稳定的公法性介入外，劳动契约法还承载着诸多宪法性原则与权利的落实。前者譬如反对就业歧视的"平等原则"，就算是在奉行"随意雇佣"的美国，涉及就业歧视的雇佣与解雇行为也常常会给雇主带来巨额的经济赔偿。后者则涉及宪法之上的生存权、工作权、劳动权等，所有这些权利都必须透过劳动契约与劳动行为来获得实现。此外，与劳动关系紧密衔接的诸多社会性权利，如工伤、医疗、养老、生育、失业等社会保险关系的建立与缴费也必附随于劳动契约，以从给付义务或附随义务的形式获得实现。

第二节　民法社会化与劳动契约法之私法归宿

一、定性中的私法与公法之争

从最低劳动条件的公法规制与团体协约规制，到对雇佣稳定（解雇限制）的诸多立法保护，再到劳动者基本权利，尤其是各种社会权的合同性转化……在"劳动与资本之社会权力关系"的动态发展主轴上，劳动立法所肩负的诸多"（社会）保护功能"及"秩序稳定功能"最终都会在不同程度上渗透到劳动合同的订立与履行之中，并使其在契约自治之外，兼具愈发鲜明的政策性与身份性，并最终呈现出不同于古典契约（民法雇佣契约）的混合性质。以致有学者直言：劳动契约法乃是以提供劳务的劳动者其"人"为中心而展开的法律体系，并因此而区别于市民法上"以雇用人对劳务之'所有'及对劳动者之'支配'为中心"而形成的雇佣契约，并与其渐行渐远。①

此时，越来越受到学界关注的一个问题乃是：在此种"公法+私法"（"契约+人格"）的混合性质中，到底谁才是主导性因素？——到底是以契约底蕴包容公法因素，还是公法入主全然侵吞契约之领地？若定位于后者，那么观察者很可能直接预言"契约的死亡"②；若环顾前者，则将迎来"契约的重生"。两种预言各有其理，且皆属事实，并无谁对谁错，只是从不同的角度观察契约法理的演变与传承而已。

事实上，所谓"死亡"与"重生"所指称的主体——"契约"本身，在两种表述中并非指向同一概念。前者"死亡"所指的乃是盛行于19世纪的"古典"或"纯粹"契约理论，"死亡"所隐喻的本就是发生在这一理论之上的时代性变革③，是以形式主义、客观主义为代表的纯粹意义上的"契约自由"的死亡。而"重生"者，则是以关系契约为代表的新型契约理论，是现代化进程中，发生在契约理论之上的一种实质性蜕变。

---

① 黄越钦. 劳动法新论［M］. 北京：中国政法大学出版社，2002.

② GILMORE G. The death of contract［M］. Columbus: Ohio State University Press, 1995. 在该书中，Gilmore 指出："契约和上帝一样，已经死了！"

③ 星野英一. 現代における契約［M］//岩波講座：現代法 8. 東京：岩波書店，1965.

二、"契约的死亡"：古典契约所面临的结构性冲击

（一）古典契约及其特殊的时代特征

事实上，在 20 世纪的后半段，发生在劳动契约之上的公法性渗透绝非什么偶然性突变，而恰恰是一种大势所趋。这种趋势最终将盛行一时的古典契约理论带入死亡的深渊。

这套被指"死亡"的契约理论大抵成形于 19 世纪，曾伴随自由资本主义的发展而逐渐走向辉煌。在这段时期中，契约的发展一度被视为社会进步的典型特征，正如梅因在其著名的《古代法》一书中所描述的："我们今日的社会和以前历代社会之间所存在的主要不同之点，乃在于契约在社会中所占范围的大小"，这乃是"一眼看去就能获得普遍赞同"的关于那个时代的"一般命题"。[①] 在这一命题之下，契约被推到了时代的顶峰，甚至呈现出某种凌驾于立法之上的发展态势。此时，"立法几乎已经承认其自身无法赶上人类社会发现、发明以及财富积累的步伐，哪怕是在最为落后的社会中，法律也越来越趋向于一种纯粹的表层（surface-stratum），表层之下有一种不停变换着的契约性规定的集合，若不是为了强迫人们遵守少数几条基本原则，或惩罚那些背信弃义之人，法律很少会干预这些规定"[②]。

在这一时代背景之下，占据主导地位的古典契约法必然具有很

---

①　MAINE H S. Ancient law: its connection with the early history of society, and its relation to modern ideas [M]. London: John Murray, 1861.

②　MAINE H S, Ancient law: its connection with the early history of society, and its relation to modern ideas [M]. London: John Murray, 1861.

强的现实主义精神，它并不需要很多细致琐碎的具体规定，也不需要凭借社会政策来限制个人的自治与市场的自由。这时的"古典"契约法，大体归属于抽象关系的范畴，并不会对契约中具体的人与事作细节性的指导，既不要求谁买谁卖，也无法告诉你买什么、卖什么，乃是剪除掉所有人和物的具体特质后，最终在与协议有关的法律中所保留下来的抽象概念。它与当时盛行的自由市场大致契合，巧妙地迎合着 19 世纪自由资本主义经济的崛起与发展，因为这种经济类型也是抽象的，而不是琐碎而具体的。同时，它与盛行于 19 世纪的"自由放任哲学"之间亦有着密切的历史渊源。① 这种抽象化的理论框架与现实世界之间并没有多少深厚的联系，也不需随着现实世界的变化而变化。②

若从理论模型观之，这时的古典契约法与自由主义的经济乃具异曲同工之效，二者皆将其当事人视为个体经济单位，它们在理论上都享有完全的自主权和自由决定权。③ 作为一种尊重个人安排的体制，契约法的自然结论就是自由主义的预设：个人拥有权利。④ 这一将契约义务看作自我设定的契约自由理论，也正是自由主义的恰当推论。⑤ 此时，"对于每一个人来说，若非处于无能力的特殊状态之下，他就应有权以他所选择的方式、条件处分自己的财产；他所实施的交易是否明智、谨慎，是否赚钱或是别的什么，应是当事人自

---

① ATIYAH P S. An introduction to the law of contract [M]. 2nd ed. Oxford: Clarendon Press, 1971.

② FRIED C. Contract as promise[M]. Beijin: Peking University Press, 1981.

③ FRIEDMAN L M. Contract law in America: a social and economic case study [M]. Madison: University of Wisconsin Press, 1965.

④ DWORKIN R. Taking rights seriously[M]. Cambridge: Harvard University Press, 1977.

⑤ FRIED C. Contract as promise[M]. Beijing: Peking University Press, 1981.

己需要思考的东西，而不是需要衡平法院来费心的问题"①。这样的观点在当时乃属主流。②

在这一主流之下，古典契约法的客观主义、形式主义表露无遗，甚至可以完全忽视内心意思，而将契约的全部法理一并定位于"形式的、外在的"东西之上。③ 此时的古典契约法正在不断地向人们宣示着它所引以为豪的时代特征。④ 长期以来，这些特征在某种程度上一直被人们认为是超越时代限制契约的本质，甚至是与生俱来的契约本质。这种观点的影响直至今日，仍留有余温。

（二）古典契约的理论基础及其局限

1. 经济人假设与古典契约的"理想化"

麦克尼尔将契约分为类独立契约（as-if-discrete contract）和关系性契约（relational contract）两大类。古典契约理论大多倾向于前者，它更愿意选择跳出现实社会与商业实践，而更多地专注于象牙塔式的抽象，以独立交易为潜在范式。它将人从复杂的社会背景中完全剥离出来，仅以原子化的个人为定义契约的缔结者，并强调他们作为经济人的纯粹理性。在亚当·斯密眼中，这种"经济人"乃

---

① STORY J. Commentaries on equity jurisprudence [M] . Clark, NJ: The Lawbook Exchange, Ltd. , 2006: 172.

② CHITTY J. A practical treatise on the the law of contracts, not under seal [M] . New York: Garland Pub., 1826: 7.

③ HOLMES O W. The common law [M] . New York: Dover Publications Inc., 1991.

④ 事实上，就算契约法本身在很多国家的历史都可以追溯到中世纪甚至更早，但绝大部分有关契约的一般规则仍是在 18 到 19 世纪发展或精心设计出来的。至少，英美契约理论乃是一个较为"近代"的创造。ATIYAH P S. An introduction to the law of contract [M]. 2nd ed. Oxford: Clarendon Press , 1971; FARNSWORTH E A. Legal remedies for breach of contract [J]. Columbia law review, 1970, 70(7) : 1145-1216.

是全然自利的：

> 我们每天所需的食料和饮料，不是出自屠户、酿酒家或烙面师的恩惠，而是出于他们自利的打算。我们不说唤起他们利他心的话，而说唤起他们利己心的话。我们不说自己有需要，而说对他们有利。
>
> ——亚当·斯密《国民财富的性质与原因的研究》（上卷）

并且，这些自利的主体，被认为是具有完全理性的，他们会综合考虑市场的情况、自身的条件以及需求去理性地作出判断，使自己的行为尽可能地符合自身利益最大化之所需。此时：

> 每个个人都努力使其生产物的价值达到最高程度……他通常既不打算促进公共的利益，也不知道他自己是在什么程度上促进那种利益，他只是盘算自己的安全；由于他管理产业的方式目的在于使其生产物的价值达到最大程度，他所盘算的也只是他自己的利益。在这场合，像在其他许多场合一样，他受着一只看不见的手的指导，去尽力达到一个并非他本意想要达到的目的。也并不因为事非出于本意，就对社会有害。他追求自己的利益，往往使他能比在真正出于本意的情况下更有效地促进社会利益。"
>
> ——亚当·斯密《国民财富的性质与原因的研究》（下卷）

即这种单纯地追求自身利益最大化的行为，会自然而然地促进社会利益、公共利益的形成与发展。这一切看起来都是那么的顺理成章，且最终将符合所有人的利益。既然如此，那么古典形式的契约法与契约理论当然就无可厚非了——它赋予了当事人几乎毫无限制的契约自由与缔约权利①，并与侵权截然分离。② 这种自由的赋予，在反对封建主义的人身依附、人身支配与奴役性质方面具有典型的进步性意义，尤其是它所推崇的独立、自主、平等、竞争等理念，更是引领新时代的思想先驱。但当这种进步价值走到某一个极端，以致专注于不受约束的自主与自由意志时，就难免陷入另一个危险区域。

在这个区域里，我们只能纯然地淡化掉人与人之间所有的不同。除了缔约之外，他们之间必须全无牵绊，他们以经济人的完全理性与自由意志订立契约。此时每一个契约都是一个独立的合意，并单纯以合意为基础，由合意来担当唯一的权利义务源泉，所有的契约责任亦绝不越出雷池半步。因为除自由意志外，他们不会受到任何其他社会规则的约束。这就形成了典型的独立式契约，也就是古典契约法背后所默示的契约类型。

在这种契约类型中，缔约双方既无需考虑过去的交易历史，也不用谋划未来可能进行的持续合作，它只是一种简单的经济交换。在契约成功缔结之前，当事人之间不会有任何先前的义务。③ 首先，这种契约往往具有较短的持续期，甚至是即时性的，缔约双方皆是"速进速出"（clear in, clear out）。其次，缔约主体之间没有任何先在的关系，乃是典型的"完美市场上陌生人之间的交易"④，因而契

---

① SLAWSON W D. Binding promises: the late 20th-century reformation of contract law[M]. Princeton: Princeton University Press, 1996.

② DIMATTEO L A. Equitable law of contracts: standards and principles[M]. New York: Transnational Publishers Inc. , 2001.

③ GOLDBERG V P. Toward an expanded economic theory of contract [J] . Journal of economic issues, 1976, 10(1): 45.

④ EISENBERG M A. Why there is no law of relational contracts[J].Northwestern University law review, 1999, 94(3): 805-822.

约法自然也不会纠结于长期合作关系而要求当事人去做任何有益的积极配合。再次，这种契约也必须具有高度的确定性，必须以当事人可以精确计算且易于量化的东西作为交换标的。因为只有具有高度确定性的契约才能够被执行。"理论上，它是完美无缺的，在实际上，除了不可预见的偶然事件外，它可以包罗万象。"① 但一旦遇到了"不可预见"的偶然事件，它就很容易被逼入窘境：毕竟它只具有两种简单的形式——存在合意/不存在合意，只是一个完全并封闭的智识结构，这一结构没有为其他世界提供出口，在面对关键问题时常常沉默处之，而无法给出妥帖的答案。② 最后，它还是高度抽象并具有高度同质性的，并不会因主体或交易类型的不同而采用不同的治理机制。这种简单的抽象模型使人将交易与周边和社会语境完全分离开来，忽视了当事人的身份和关系，同时忽视了合意以外可能广泛存在着可能带来契约责任的渊源，即当事人之间的团结、信任、合理期待、公平和附随义务等，诸如以前的交易经历、当事人之间关系的发展，以及特定的商业惯例等。

这几乎是一个完全不顾生活实际而被纯粹埋没在象牙塔里的契约模型。诚然，对于那些短期甚至即时契约而言，合意可能为当事人义务之确定提供较为充分的基础。但随着契约关系的持续、契约复杂性的增加，尤其是在我们对未来信息的把握程度非常有限的当代背景下，被牢牢钉死的"合意"很难完全应对契约存续的漫长时期里可能发生的若干事态。如果把"人"和契约都从他们所赖以生

---

① 麦克尼尔. 新社会契约论 [M]. 雷喜宁，潘勤，译. 北京：中国政法大学出版社，1994.

② MACNEILI R. Reflections on relational contract theory after a neo-classical seminar, in implicit dimensions of contract-discrete, relational and network contracts [M] . Oxford: Hart Publishing, 2003.

存的社会背景中独立出来，这个"合意"的实际价值也同样会大打折扣。这就像直至 19 世纪中叶，雇佣契约中疯狂流行的风险自担条款一样——它显然是"意思自治"的直接成果。就算是在铁路这样一个高度危险的作业领域，也不例外——"不论是铁路公司的责任，还是受伤之时雇员的法律权利，都只能根据合同进行确定"①。此时"在自由主义者的理念中，自由劳动以自治的私人为主体行使霍伟尔斯所谓的'道德自控'时所达成的合意关系"②。

那些珍视自治的人们支持的是一套不受限制的选择自由程序，而不去考虑个人在作出选择时的实体问题。劳动自由市场因此构成自由派的自由劳动的关键部件，劳动市场让社会关系的合意形成得以制度化。

——里奥·菲克《工人的民主》③

这种"让自治与合意作主"的结果却让雇佣关系中几乎全部的事故风险都落在了在"自由市场"上处于弱势的雇员身上，而强大的雇主则可以全身而退，进而让弱者成为另一种新时代背景下的"奴隶"，且这种打着自由、自治旗号的"奴役"，甚至还披上了一身极具合法性的外衣。可见若仅仅"将合意等同于复杂计划的全部

① 霍维茨. 美国法的变迁 1780—1860［M］. 谢鸿飞，译. 北京：中国政法大学出版社，2004.

② MONTGOMERY D. Beyond equality: labor and the radical republicans, 1862–1872: with a bibliographical afterword[M]. Chicago: University of Illinois Press, 1967.

③ LEON F. Workingmen's democracy: the knights of labor and American politics［M］. Urbana: University of Illinois Press, 1983; 维特. 事故共和国［M］. 田雷，译. 上海：上海三联书店，2013.

范围，那必将是非常愚蠢的事情"①。如果硬要拿这种合意来涵盖所有的契约权利与契约义务，那么或许它只能适用于类似在自动贩卖机上购物等极少数的几个即时性契约。因此，它更像是一个一直孕育在法律人想象的真空之中，难以落地、难以实化的虚幻模型。

2. 自治的边界与古典契约的结构性缺陷

契约本身的不完全性与意思自治的有效边界，注定了单纯以"约定"为核心的古典契约理论终将走向衰亡。古典契约法一向把约定作为契约约束力的法律基础，强调"无约定即无责任"这一理论运作的基础前提是，双方必须把"约定"做得无比细致、无比完美，因为任何超出约定的东西，都可能带来巨大的麻烦，而对方绝不会为此而负责。但这种极端细致与完美的约定，在操作中并不现实。的确，经济人能够预见到所有的可能影响契约的或然事件并决定做什么，但是他们无法签订一个明确的可供执行的契约，因为总有某些关键变量会具有不可证实性。② 这就导致了契约本身的不完全性，这种不完全性乃是有限理性的当然结果。③ 现实中，大多数的长期契约都是不完全的，因为合同不可能罗列出所有未来可能发生的事件，

---

① MACNEIL I R.The new social contract: an inquiry into the modern contractual relations [M].New Haven: Yale University Press, 1980.

② 因此，不完全契约也被认为是契约当事人与第三方这两者之间的信息不对称的结果。HART O, MOORE J. Foundations of incomplete contracts[J]. Review of economic studies, 1999, 66(1): 115-138; MASKIN E, TIROLE J.Unforeseen contingencies, property rights, and incomplete contracts[J]. Review of economic studies, 1999,66(1):83-114.

③ WILLIAMSON O E. The mechanisms of governance[M]. Oxford: Oxford University Press, 1996.

而只能把许多决策和交易留到未来去做。① 雇佣契约即是一个典型。② 此时，在契约不完全性的作用下，缔约双方必然会在事后，努力以更为利己的方式对合同作出解释，进而使整个合同深深陷入事前无效率之投资与事后无效率之纠纷的双重深渊之中。③ 这时，单纯以既有约定为内核的契约法体系，尤其是契约责任体系，根本无法为这一绝境指明一条恰当的出路，相反，它只能将问题推进更为狭小的缝隙之中，深受困锁、难以脱身。这也正是古典契约法不得不直面的第一道难题，也是固有性难题。这一问题若是放在发展较为缓慢，经济、社会变迁不甚明显的前工业时期，也许并不那么棘手，至少不会是如此危言耸听的重大问题。因为缔约双方并不难对未来形成一个相对准确、稳定的预测。但随着两次工业革命的快速推进，以及经济、社会的飞速变迁，超出人们预期之外的变化将越来越多。动荡的背景使契约的不完全性被暴露得更加明显，由此而引发的契约纠纷，也变得越来越"刺眼"，约定理论的短板尽现眼前。如果这一缺陷无法得到妥善的弥补，那么所谓的古典契约法，其理论之兴盛必将是有限的，终如昙花一现。

3. 社会剧变与古典契约所面临的时代挑战

社会环境的急遽转变也会对整个传统法域造成一种强烈的冲击，契约法当然也难以逃脱这一法律进化的必然性命运。试想原本盛行

---

① 博尔顿，德瓦特里庞. 合同理论［M］. 费方域，译. 上海：上海人民出版社，2008.

② SIMON H A. A formal theory of the employment relationship［J］. Econometrica, 1951, 19(3)：293-305.

③ WILLIAMSON O E. Transaction-cost economics: the governance of contractual relations［J］. The journal of law and economics, 1979, 22(2)：233-261.

于自由资本主义经济，坚守"不干预"立场的古典契约法，其本旨乃在于为自由市场上的竞争行为提供一个自由的保障①，因而也更强调私法之上的意思自治。但当零散的手工作坊变成机械化的大工厂，当充分竞争的自由市场走向资本高度集中的垄断经济，当地位平等的买家沦落成弱势的消费者，当受尽剥削的劳动者集结成工会……经济之上的决策权开始更多地以集中性的经济计划的形式，从"看不见的手"转向更加强而有力的"看得见的手"。② 社会的变化、经济的变化，总会在某种程度上渗入法的领域，撼动古典理论所赖以生存的土壤与根基。契约法亦难逃此劫。面对已然步入 20 世纪的福利国家，当这一套古典理论无法再继续服务于新时期所特有的商业利益与社会利益之时，它便开始走上了一条不可逆转的衰竭之路。③ 想要影响计划市场之中的各种决策，就必须使法律运作更具有预见性。④ 为此，法律的应对也在改变。就连在"统一商法典"编撰这样的法典化大潮中，人们都会将论证的焦点集中在立法政策之上。这种转变无疑使以责任限制为典范的古典契约理论陷入更加不利的境地。⑤ 当然，发生在契约法身上的这诸般变化，并不是契约法的内

---

① 当时的契约法，大多通过包容和排除的手段来扩展和限制其适用范围。与其覆盖领域相比，规则本身的变化甚微……因为它本身就是一个残缺不全的法律部门，其内容主要由法律中那些影响经济行为的方面来决定。所以，不同的交易类型都曾进入和退出契约的领域。在 19 世纪早期，随着其他领域的破坏，契约法渐趋庞大，此即契约法的兴盛。

② GALBRAITH J K. The new industrial state[M]. Princeton: Princeton University Press, 2007.

③ STRASSER K A. Contracts many futures after death: unanswered questions of scope and purpose[J]. South Carolina law review, 1980, 32: 501, 509.

④ MILHOLLIN G L. More on the death of contract[J]. Catholic University law review, 1974, 24(1): 29-60.

⑤ HILLMAN R A. Triumph of Gilmore's the death of contract[J]. Northwestern University law review, 1996, 90(1): 1.

在发展导致的，而是公共政策对契约法对象的系统性"掠夺"所造成的……例如劳动法、反托拉斯法、保险法、商业规则和社会福利立法等。这些特殊形态的公共政策的发展，把原本属于契约法范畴的许多交易和境况划归到自己的调整范围之中。① 新的社会环境与社会政策的转型，总会以某种形式渗入契约法之中，为其平添很多不同于以往的全新内容，其中不乏超越传统意义上的形式公平的要求，而追求实质公平的全新倾向。对于传统意义上具有很强刚性的约定理论而言，这种转变几乎是致命的。应对之路只有妥协，或者在妥协中寻得新生，或者在妥协中走向死亡。

契约法所选择的妥协之路在于一种对外力的吸收，即在契约之中引入外生手段的强制干预。干预的方式主要有两种，一种是显性的，一种是隐性的。

其中，显性的干预，主要是以福利国家思想之发展为凭借，采取一系列措施，依法对当事人的缔约自由以及契约内容之自由加以干涉。内田贵教授对此指出，日本《借地借家法》的更新强制，依《分期付款买卖法》等对契约内容的干预即为其例。② 这种干预在雇佣契约领域体现得更为明显。比如晚近立法对雇主方解约自由的限制（解雇保护制度），对社会保险计划的强制加入，对最低工资、最高工时、休息休假的基准性设定，对劳动条件的诸多刚性要求，以及对工伤责任的强制分配（由雇主承担无过错补偿之责）等，皆是对契约内容的强制性干预。在消费契约之中，我们亦可以看到极为类似的强制性干预。这些干预源于缔约双方在契约环境之上的不平

---

① GILMORE G, COLLINS R K L. The death of contract [M]. Columbus: Ohio State University Press, 1974.

② 内田贵. 契约的再生 [M]//梁慧星. 民商法论丛：第三卷. 胡宝海，译. 北京：法律出版社，1995：318.

等，尤其是对于那些本身就具有很强从属性（包括经济从属性与人身从属性）的当代雇佣关系，或者说劳动关系而言，交涉能力上的不均衡。此时，正像卡尔·马克思所言，由于资本主义制度本身所固有的矛盾，不占有任何生产资料的劳动者只能选择服务于这一个或那一个资本家，从一个企业走到另一个企业，但无论走到哪里，都无法彻底摆脱备受剥削的命运，更不可能拥有真正平等的交涉地位。当然，在某些时候，劳动者也可以通过团结在一起的方式来暂时摆脱这种从属性所带来的交涉地位上的不平等，通过工会或集体谈判，与雇主形成对等的交涉能力。但这种方式并不是在所有情况下都当真可行，一则，很多时候"团结"本身的成本就很可观；二则，一旦工人"团结"成功，以激进的方式去争取权益，那么整个社会需要付出的代价亦是巨大的，这也是资本主义政权最为留心提防的"祸患"之一。这时，为缓和劳资双方的具体矛盾，促进整个社会的稳定和谐，执政者总不可能一直袖手旁观，尤其是当他们不得不直面 19 世纪中后期频发的工人运动，与一触即燃的"红色危机"之时。① 作为缓和危机的最后手段，雇佣契约责任（雇主责任）的强制性扩张与劳动保护的社会性立法，必须被提到台前。所谓的意思自治、私法自治必须首先受到这种立法潮流的制约。这也是古典契约自由所面临的最为严峻的考验之一。

当然，亦有学者指出，这种制约及其背后的福利国家论，本身并不构成对自由主义的威胁，因为"福利国家论本身即是自由主义的补充，而不是替代物。对契约之干预可以阐明为福利国家之下的

---

① WICKE J. Soziale Sicherung bei Arbeitsunfällen und Berufskrankheiten: Rechtsvergleichende Untersuchung der deutschen und tschechischen Unfallversicherung [M]. Baden-Baden: Nomos Verlagsgesellschaft, 2000: 92.

家长主义，但毋宁说其目的乃在于实现实质上的意思决定之自由，与私权自治和意思自治之间并不矛盾，如此正当化也是可能的"。因此，古典契约法"崩溃"所提起的问题，与其说是对古典契约模式的妥当性的质疑，还不如说是对以古典契约模式为前提的国家不干预原则应该作何种程度修正的政策问题。干预领域的扩大，在外观上表现为古典契约模式之适用范围的缩小，并且仅此而已。①

与此同时，契约自治所遭遇的另一重挑战，乃是来自司法层面的隐性干预，从司法角度回避契约法制适用。即由法官对当事人基于自己意思而缔结的契约给予司法上的调整，并且承认在欠缺当事人约定（意思）的领域上，存在着广泛的责任。法官们也越来越倾向于回避对古典契约理论的适用，尤其是在所谓的疑难案件之中。甚至在一些一向被认为是支持这一理论的案例之中，研究者也发现了诸多矛盾，以及不同的解释方法。法官们开始呼吁在判例法重述中承认这些新增的责任理论。② 美国法上的"非良心性"法理、"不实表述"法理以及肯定有关情报提供的契约缔结前的注意义务，即是这一干预形式发挥作用的典型，是司法改变以往对契约之消极态度，改采积极应对的典型。但这种积极应对必然会在一定程度上与所谓的契约自由发生抵触。这种契约自由乃是自由主义经济在法律上的直接表现。虽然它与作为契约约束力的哲学理论基础的约定理论（意思理论）并不处于同一层次③，但至少在英美法上，约定理

---

① 内田贵. 契约的再生［M］//梁慧星. 民商法论丛：第三卷. 胡宝海，译. 北京：法律出版社，1995：318.

② HILLMAN R A. Triumph of Gilmore's the death of contract[J]. Northwestern University law review, 1996, 90(1): 1.

③ 星野英一. 契約思想・契約法の歷史と比較法［J］. 岩波講座基本法学，1983，4: 3-79.

论与经济自由主义（契约自由）、功利主义可以被视为一个共同体，三者共同构成一个时代的思潮。① 并且，对契约的干预也不单单体现在对契约自由的制约之上，它还包括超出当事人自治意思之外的义务。所有这些都将形成对传统约定理论的深刻挑战。②

三、"契约的重生"：民法社会化与契约理论的扩容

（一）古典契约的分化与契约谱系的扩张

古典主义的"经济人"假设具有鲜明的时代特色，乃是19世纪放任自由经济学和契约自由兴起影响下的典型产物，而这两项经济学基础又是"适者生存"观念作用下的经典果实。③ 古典主义的"经济人"假设是脱离生活、脱离实际并脱离社会的，单独生存于想象真空里的"人"，这是独立契约模式所必须直面的重大缺陷。与此同时，关系契约理论却着重于把"人"重新放回到"社会之中"，强调人必须是"社会中的人"，是社会分析的最小单位。④

对于"经济人"这样一个假设，其背后就潜藏着一种极不妥当的简化，因为它把世界上所有的"人"都简单地同质化了。他们都具有自利的本性与实现这种自利的完全理性。但现实交易中的人是复杂而多样的：每个人的知识、理性（包括信息的获得与处理能力）

---

① ATIYAH P S . The rise and fall of freedom of contract[M] . Oxford : Clarendon Press , 1985.

② 内田贵 . 契约的再生 ［M]//梁慧星 . 民商法论丛：第三卷 . 胡宝海，译. 北京：法律出版社，1995：318.

③ DIMATTEO L. Equitable law of contracts: standards and principles[M] . New York: Transnational Publishers Inc., 2001.

④ MACNEIL I R. Values in contract: internal and external[J] . Northwestern University law review, 1983, 78127: 340–418.

都是有限的，且多少存在差异。随着市场的发展以及知识、劳动分工的精细化、专业化，这种差异性分化将会变得越来越明显，信息也会越来越不对称，一般人在工业化、知识化的产品面前变得越来越无知。这些无知在具体化之后，就形成了缔约主体的二元分化，形成了生产者与消费者、资本家与劳动者、保险人与被保险人等。分化后的缔约双方，不再是简单意义上同质的经济人，而不同的人群显然具有不大相同的法律保护需求。①

此时，古典契约的形式主义逐渐暴露出其弊端，甚至开始超出了社会容忍的底线。人们已经渐渐感受到这一制度所带来的让人无法接受的不公平后果，"弱者和贫困者，受害者和被剥削者需要法律的保护。人们逐渐地意识到，如果让他们自己订立合同，他们不可避免地将被强有力的合同对方当事人击败"②。就比如劳动契约，它看起来仿佛是由双方自愿缔结的。"但这种契约的缔结之所以被认为出于自愿，只是因为法律在纸面上规定双方处于平等地位而已。至于不同阶级地位给予一方的权力，以及这一权力加于另一方的压迫，即双方的实际经济地位——这是与法律毫不相干的。而在劳动契约有效期间，只要任何一方没有明白表示抛弃自己的权利，双方仍然被认为是权利平等的。至于经济地位迫使工人甚至把最后一点表面上的平等权利也抛弃掉，这仍然与法律毫不相干。"③

这就给一体化的契约法带来了巨大的难题——到底是要维持该一体性而将规范某些主体的法律踢出去单独立法，还是要认真面对

---

① 孙良国. 关系契约理论导论［M］. 北京：科学出版社，2008.

② 阿狄亚. 合同法导论［M］. 赵旭东，何帅领，邓晓霞，译. 北京：法律出版社，2002.

③ 中共中央马克思恩格斯列宁斯大林著作编译局. 马克思恩格斯选集：第四卷［M］. 北京：人民出版社，1995.

实际情况而扩展契约法的范围？古典契约法总是在努力发展出一套能够适用于所有契约类型并覆盖不同实际契约分支的统一的实体法。① 为实现这种大一统，它必须在规则层面制造出一种形式意义上的平等，并抹杀掉主体间现实意义上的不平等。当主体之间的分化超越一定限度，难以再用统一的模式予以涵盖时，契约法必将面临新一轮的分化与解体，曾经属于一般契约法的内容逐渐被分离出来，成为具有独立价值和意义的法律部门。② 而我们在分析私法的发展之际，亦需区分其属法典内部的发展还是法典外部的发展。后者逐渐建立"特别法与临界法形成的第二私法秩序"，并在大陆法国家（尤其是德国）蔓延开来。③ 此时，19 世纪理想中的封闭而统一的私法体系，包括古典意义上的契约法体系，也逐渐随之瓦解。

这种瓦解并不是指契约法本身的消亡，而是契约法变换成另外一种形式存在。在这一新形式里，绝大多数"传统"契约部分，仍被保持在契约法之中，比如买卖契约、租赁契约等。它们形成契约法凝集力量的稳定内核。此时，整个契约法的覆盖图景呈现出一个"递进式"的动态作用谱系，恰似早期批评者施洛斯曼所提出的具象——"鸡蛋里的小鸡"④，而这些"传统"的契约形式构成了鸡蛋的"蛋黄"部分。至于那些在不同程度上呈现出离散姿态的新兴部分或变形部分，则属于"蛋清"部分。这些"蛋清"虽因缔约主体

① BEATSON J, FRIEDMANN D. Introduction: from "classical" to modern contract law [M]// BEATSON J, FRIEDMANN D. Good faith and fault in contract law. Oxford: Clarendon Press, 1995: 7.

② 孙良国. 关系契约理论导论 [M]. 北京：科学出版社, 2008.

③ 林美惠. 民事法的发展及立法：德国契约法的基本理念及发展 [J]. 台大法学论丛, 1999, 28 (3): 337-375.

④ 汤文平. 论预约在法教义学体系中的地位：以类型序列之建构为基础 [J]. 中外法学, 2014, 26 (4): 978-1002.

之分化而带有不同于古典契约的种种特色，甚至在一定意义上失去"主体平等"这一民法机理，但仍保留一定的"合意"基础（尽管合意的作用在这些部分中有所缩减，但它仍然是一种不可缺少的触发机制，而且只要它发挥作用，交换就是由选择所引发的）①，并因而迥异于毫无合意背景的侵权。② 若立足于这一视点，则这些契约形式的新兴或变形部分仍将具有保留在广义契约语义之内的可能性，只是不再作为典型的民事契约而存在，而是像劳动关系那样更多以特别法（如德国）或民法特别篇章（如瑞士、意大利）的姿态作为契约语义的外围范畴，作为一种以合意为内核的重要补充。它们既保有契约的合意因素，又因"平等"的缺失而不可避免地要引入某些公法性质的规制，乃属私法社会化之特色产物。

（二）"合意"地位之撼动与契约责任之膨胀

在"经济人"的完全理性被击破之后，"合意"的决定性地位也会受到相当的撼动。而合意背后，当事人之间特定"关系"的维持则被提到台前。这种维持在合作期间较长的契约中被体现得尤为明显。在这些契约中，当事人会更加注重合作关系的维持，因此在单纯的"合意"之外，会设置更多的开放性条款，并保留更多的自由裁量空间，因为他们并不寄希望于在任何一个单一时刻将整个未来关系全都简单地现时化。毕竟人的理性（预见性）是极其有限的，因此，他们更倾向于根据实际情况的变化，为双方的合作关系之展开作出持续性的调整与组合。

---

① SPEIDE R E. An essay on the reported death and continued vitality of contract [J]. Stanford law review, 1974, 27 : 1177-1182.

② 正是选择和交换的这种结合，使契约避免了被侵权所吞噬、所俘虏。

此时，即便是在传统的民事契约法之上，也仍然会有很多富有价值的东西，并不单单依赖于协议而存在。其中，附随义务的发生即是一个典型。它们源自双方之间的信赖关系，源自古老的诚实信用原则。它们也吸收了很多来自普通法、制定法甚至行政规制之上的义务内容，然而形成这些义务的法律形式本身是规制性的。这些规制性功能对于契约法的侵入几乎是无法避免的。此时，法律不仅会就合意的有效性和具体限度作出必要的规定，还会沿着社会意义上可欲的途径塑造义务。在当事人计划不够周详之时，它甚至还会以主动姿态直接提供大量的契约义务（包括具体内容）。但这些直接产生于法律条款的契约义务，在社会意义上必须具有适当之价值目标。[①] 时至今日，那种"将契约法的主体归结于当事人的意图的方法早已在很大程度上遭到理论界的抛弃。尽管在很多情况下，当事人还是可以偏离法律规则，但契约法之主体部分源自于法律规则这一事实并不会受此影响"[②]。当然，这并不意味着排斥合意，事实上，关系契约理论从来就没有排斥过合意。关系契约以关系作为其理论的核心范畴，将合意纳入并赋予适当的地位，使其发挥应有和实际所有的功能。合意作为当事人各自意志相同部分的交叉，自然与"私人领域"和"私法"紧密相连。关系通过社会中的实际契约以及对实际契约规制状态的观察，将"私人领域"与"公共领域"的"隔离墙"贯通，强调私法的扩张及其与公法的关联。[③]

① BRAUCHER J. Contract versus contractarianism: the regulatory role of contract law[J]. Washington and Lee law review, 1990(47)：697−701.

② 孙良国. 关系契约理论导论 [M]. 北京：科学出版社，2008.

③ 孙良国. 关系契约理论导论 [M]. 北京：科学出版社，2008.

(三) 小结：劳动契约的私法归属

如前所述，在 20 世纪的后半段，民法社会化已然成为一道无法阻逆的时代洪流，契约理论的扩容及 "雇佣契约—劳动契约" 社会化演变，只是这道洪流中的一束水泉①，顺势于洪流，并融合于洪流的整体航向。在这一洪流之中，原本入口狭窄的契约理论被赋予了极强的吸纳功能，将具有较强公法属性的义务性规制（对劳动者身心权益的强制法保护）与格式化规制（对期限、解除等契约自由的适度限制）全员吸纳进更为宽广的新契约理论之中。雇主和雇员之间的劳动契约，即是在这些（公法）规范或法令的框架内——由两者之间的契约设立。② 此时，站在这一特有的视角之上，我们亦可以说它是公法与私法相互融合的特殊产物。这种融合又正是当代私法社会化的一种典型趋势，放置于实力相差悬殊契约主体之间，乃是为了确保法之实效性而被采用的一般手法③，并不会损害劳动契约法本身所特有的私法性质④，只是使它成为兼具劳动法理念与特色的民法特别法而已。⑤

在 "新契约" 的熔炉内，劳动关系的各项核心要素被重新梳理、熔裁，锻造成钢——在原有的契约框架中，注入全新的倾斜保护理念。此时，正如德国劳动法学家奥托·基尔克所指出的那样："企业

---

① 在经济、科技飞速发展的推动下，传统民法及其所确定的三大原则：所有权绝对、契约自由神圣、过错责任，都已被迫作出不同程度的修正。

② 我妻荣．债権各論中卷二（民法講義Ⅴ3）[M]．東京：岩波書店，1962.

③ 这一手法在金融商品交易以及消费者权益保护等相关立法中皆有广泛应用。

④ 土田道夫．労働契約法 [M]．東京：有斐閣，2008.

⑤ 荒木尚志，菅野和夫，山川隆一．詳説労働契約法 [M]．東京：弘文堂，2008；山田辉明．债権各論 中卷 [M]．東京：成文堂，2001.

本身即为私法上的统治团体，一个自然人之人格将整合进入的经济上的有机体"，法律必须"保护（被整个进入的）人格免受残害、保护弱者不被剥削"，必须承担起保护与照顾的义务，才能建立起具有伦理内涵的法律形式。他强调私法必须肩负起这一（社会）任务，"特别是当人格成为被契约所拘束之客体时，一个健康的私法，就必须以该人格之概念为核心"，而这样的问题尤其出现在无法一一确定未来个别劳务内容的雇佣契约中。即私法必须更加保护社会弱者，否则它就不配叫作私法。① 于此理念之下，那些用以保护社会弱者——劳动者的公法性规制，自然被处于强势扩张中的私法结构整体吸纳，作为对契约自治之范围底线而被包容于其中。

第三节　公法因素之契约转化

将劳动契约划归私法范畴的同时，我们还必须为劳动关系中镶嵌的公法义务，尤其是劳动保护性规制，找到适切的衔接桥梁，使其得与契约法理顺畅衔接。在现有的法律体系中，这些公法规制大多以单行立法的形式存在，如我国的《安全生产法》《矿山安全法》《职业病防治法》等（当然，在《劳动法》中也不乏其规定），这些法规主要课予雇主一定的作为义务（如需采取特定的防护措施或配备特定的防护设备），并通过国家的监督、强制、处罚等方式来确保雇主履行这些作为义务，实现对劳动者的保护。它们多数为强行法，

---

① GIERKE O. Der Entwurf eines bürgerlichen Gesetzbuchs und das deutsche Recht [M]. Leipzig: Duncker & Humblot, 2013. 转引自林佳和. 劳动关系的公益与私益冲突 [M]//政治大学法学院劳动法与社会法中心. 劳动、社会与法. 台北：元照出版公司，2011：62.

其适用不能因劳资双方的合意而排除或受限，其公法义务亦将强制地作用于劳动契约之上，并对其内容产生诸多决定性影响。

但鉴于大陆法系"公法—私法"之分立传统，公法性质之规定要想成为私法契约的具体内容，必须具备一定的理论说明，并以之构建起私法转化的具体桥梁。这一桥梁，即公法性劳动保护法规对个别劳动契约所生之效力与作用，大致可分为两个方面：其一，是"反射效力"问题；其二，是"双重效力"问题。

一、公法规制之"反射效力"

（一）"反射效力"的内涵与转化

持"反射效力论"者强调，劳动保护之公法规定，在形态上并不是直接规定雇主与劳动者之间的权利义务关系，而是规定国家与雇主之间的权利义务关系。因此，劳动保护法规定的雇主义务，乃是以国家为权利人的义务，劳动者仅因其为雇主义务履行之对象而受益。即劳动者只是国家公法规定之反射效力的受益人而已。因此，当雇主不依法履行其义务时，其请求权利人应该是国家，而非劳动者；而国家为达成其强制性目的，必附以罚则。"此乃因劳动基准法系国家与雇主间的权利义务关系之规范所使然。"①

此时，这些公法规制对劳动者的反射效力主要包括以下两个方面：一方面，以公法规定形成对劳动契约内容的具体限制。若劳动契约本身或契约内的个别约定违反该公法规定，即属违反强行规定的法律行为而归于无效（参见《劳动合同法》第 26 条第 3 款之规

---

① 陈继盛.劳动基准法在劳工法上之地位［J］.劳工行政，1988，6（2）：26-31.

定）。另一方面，公法规定还可能构成侵权法中所谓"保护他人之法律"。若雇主（可归责地）违反这些规定，则需负担损害赔偿责任。

（二）"反射效力"下劳动者可主张之权利及抗辩

1. 劳动契约之无效

根据我国《劳动合同法》第 26 条第 3 款、《合同法》第 52 条第 5 款、《民法典》第 153 条之规定，"违反法律、行政法规的强制性规定的"劳动合同（民事法律行为）无效（或者部分无效）。违反具有强制效力的劳动保护公法规范，同样可导致合同无效的法律后果。但如果该违法约定只导致劳动合同部分无效，不影响其他部分的效力，那么其他部分仍然有效。对劳动合同的无效或者部分无效有争议的，由劳动争议仲裁机构或者人民法院确认。劳动合同被确认无效，劳动者已付出劳动的，用人单位应当向劳动者支付劳动报酬。劳动报酬的数额，参照本单位相同或者相近岗位劳动者的劳动报酬确定（《劳动合同法》第 27 条、第 28 条）。

2. 劳动者可拒绝提供劳务且雇主陷入受领迟延状态

若劳动契约的部分约定因违反公法强制性规定而无效，那么针对这一无效部分或雇主依据该无效部分所提出的劳务给付请求，劳动者得主张阻却雇主权利之抗辩。[①] 如果劳动者向雇主表明其契约内容或命令、指挥权所涉之内容违反劳动保护法的强制性规定，但雇主并未予以改正，此时劳动者也有权停止其劳务给付。如我国《劳

---

① 这种抗辩并非抗辩权。因拒绝履行的抗辩权乃是以劳动者负有提供劳务之义务为前提的。毕竟只有劳动者负有提供劳务的义务，才会有抗辩而拒绝提供劳务的可能。此观点参见黄程贯. 劳动基准法制公法性质与私法转化 [M]//政治大学法学院劳动法与社会法中心. 劳动、社会与法. 台北：元照出版公司，2011：18.

动法》第 56 条所言"劳动者对用人单位管理人员违章指挥、强令冒险作业，有权拒绝执行"，且该拒绝履行还会使雇主陷入受领迟延状态，劳动者无需补服劳务，雇主却仍需给付工资。[①]

3. 劳动者可主张解除劳动契约（雇主需支付经济补偿）

如果劳动契约之明文约定并未违反劳动保护法规的强制性规定，但在劳动契约的履行过程中，用人单位在具体劳动条件、劳动保护设备、安全卫生措施（如职业病防控措施）的配置与提供上，未能达到前述强行法标准[②]；或者用人单位的规章制度[③]违反前述强行法规定，损害劳动者权益的，劳动者可依照《劳动合同法》第 38 条之规定，主张解除劳动合同，并无需提前预告。如果雇主的违法情形更为严重，如存在以暴力、威胁或者非法限制人身自由的手段强迫劳动者劳动的情况，或者违章指挥、强令冒险作业危及劳动者人身安全的，劳动者可以立即解除劳动合同，不需事先告知用人单位。因前述情形解除劳动合同者，用人单位应向劳动者支付经济补偿（《劳动合同法》第 46 条第 1 款）。

---

① 《劳动合同法》第 32 条亦规定，劳动者拒绝用人单位管理人员违章指挥、强令冒险作业的，不视为违反劳动合同。

② 《劳动合同法》第 38 条第 1 款规定："用人单位未按照劳动合同约定提供劳动保护或者劳动条件的，劳动者可以解除劳动合同。"但劳动条件之确定有着一套非常复杂的系统，劳动合同约定，实际上只是其中之一，且鉴于劳动合同通常为格式合同，很少对具体劳动保护措施作出明确约定，因此，规章制度与法定最低标准，在具体劳动条件的确定上大多发挥着更为直接、有力的作用。而且，劳动保护法规所确定的安全卫生、劳动条件标准，实际上已为用人单位必须遵守的最低标准，即便双方存在约定，也不应低于该标准，否则该约定无效（《劳动合同法》第 26 条第 3 款）。也就是说，在合同履行过程中，雇主方提供的劳动条件若低于该强行法标准，则必比低于双方（合法有效的劳动契约）约定（如果存在此种约定），因此，按照第 38 条第 1 款的规定，"劳动者可以解除劳动合同"。

③ 劳动契约法理之上，用人单位的规章制度通常可被理解为劳动合同的附属部分。

4. 损害赔偿请求权

因违反劳动保护法制强制性规定而导致的损害赔偿主要涉及以下两种情况：

（1）因劳动合同被确认无效而生之损害赔偿请求权。当劳动合同因违反劳动保护法（法律或行政法规）之强制性规定而被确认无效，并给劳动者造成损害时，存在过错的雇主应承担赔偿责任。在此，劳动合同将被视作一种典型的格式合同，其具体内容若违反法律或行政法规强制性规范，即违反劳动保护公法所定之标准，以合同约定降低或免除法定（强制性）雇主义务之时，应推定该格式文本的提供方——雇主具有过失，并由其对无过错方（劳动者）因此而受的损害承担赔偿之责（《劳动合同法》第86条，《合同法》第58条）。

（2）纯依侵权法理而生之损害赔偿请求权。公法性质的劳动保护法规，其目的在于保护劳动者之安全与健康，因此就其性质而言，仍应属于侵权法意义上的"保护他人之法律"。对于违反前述"保护他人之法律"的雇主，我国台湾地区民事立法的处理方式是直接推定其具有过失，所以劳动者可直接按侵权法向雇主主张损害赔偿请求权。这也是公法性质之劳动保护法对民法的"反射效力"之一。[①]这一"反射效力"可能涉及以下两项内容：

其一，因规章制度违反劳动保护公法之强制性规定而生之损害赔偿。劳动合同通常为雇主事先拟定，以供反复、多次使用的格式合同。在这种格式合同中，大多并未对具体劳动条件、安全卫生等事项作出特别详细的规定，这些合同细节的落实，通常会更多依靠

---

① 黄程贯. 劳动基准法制公法性质与私法转化［M］//政治大学法学院劳动法与社会法中心. 劳动、社会与法. 台北：元照出版公司，2011：18.

企业的规章制度（即工作规则，多数由用人单位单方制定）。因此，在劳动法理上，企业的规章制度通常占据着相当重要的法律地位——它往往涉及履行劳动合同的具体标准，也常作为劳动合同的附件而存在。如果作为合同附件理解，那么其违反劳动保护公法之强制性规定，可能将直接造成劳动合同的无效或部分无效，并因此产生对无过错方（劳动者）的损害赔偿。即便不将其视为合同附件，这种涉及劳动者切身利益的规章制度也将涉及违反"保护他人之法律"（存在过错），而给劳动者之生命权、健康权造成损害，雇主应承担损害赔偿之责（《劳动合同法》第 80 条、《侵权责任法》第 2 条）。

其二，因劳动合同履行过程中之违法情形而生之损害赔偿。包括：雇主之指挥命令违反劳动保护法之强制性规定（违章指挥或强令冒险作业），危及劳动者人身安全且给劳动者造成损害的，雇主应承担赔偿责任（《劳动合同法》第 88 条第 2 款）。实际劳动条件、劳动环境违反劳动保护法规定之最低标准（即劳动条件恶劣、环境污染严重），给劳动者身心健康造成损害的，雇主应承担赔偿责任（《劳动合同法》第 88 条第 4 款）。

5. 劳动者并无履行请求权

公法性质之劳动保护法通过民法"违反法律、行政法规的强制性规定的民事法律行为无效"（《民法典》第 153 条）之规定，对劳动关系所生之"反射效力"，局限了劳动者所得主张之权利，仅限于前述之工资请求权、停止工作之权利等，但无论如何并无法导出劳动者直接向雇主请求按照劳动保护公法之要求作出具体作为之请求权，这种请求权唯有在下文所述之"私法转化论"中才有可能实现。

二、公法规制之"双重效力"

(一)"双重效力"内涵与转化原则

如今德国法学通说认为,劳动保护公法中针对雇主所设置的诸多命令与禁止(公法义务),可直接转化成雇主对劳动者所负担的强行法性质的契约义务,前后二者在义务内容上保持一致,变化者仅为义务的履行对象:公法语境下,该对象为国家;而契约(私法)语境下,该对象为契约相对方——劳动者。

然而,劳动保护公法本身并不具备这种特殊的私法(契约义务)转化功能,法律解释也无法创造如上功能——这种转化必须借助民法契约结构中的某些"特殊装置"来完成。在德国法上,这个特殊装置即是《德国民法典》第 241 条第 2 款以及第 618 条所规定的保护义务①,前者是立足于整个债法,具有统摄全局效应的保护义务规定,即"依债务关系内容的不同,债务关系可以使任何一方当事人负有顾及另一方当事人权利、法益及利益的义务";后者则涉及此种义务在雇佣契约中的具体化,即雇佣契约下的雇主安全照顾义务。从法理而论,这种完全利益之保护乃是由诚实信用原则推导而出的②,

---

① 在体例上,德国法中的保护义务直接与给付义务并列,二者共同构成债务人的义务体系(之总和)。其中给付义务通常旨在改变债权人的利益状态,而保护义务则仅仅保护每一位参加到债之关系中的人的现有利益状态。也就是说,保护义务并不指向债务人负担给付的完成,而指向债权人当前法益状况的保护。参见朱岩. 德国新债法条文及官方解释 [M]. 北京:法律出版社,2003.

② 契约履行过程中的各种义务构造,皆以"当事人意思自治"及"诚实信用"这两项为出发点,而完全性利益的保护,正是以诚信原则作为扩张契约规范范围的媒介。参见潮見佳男. 債権総論 [M]. 東京:信山社,1994.

性质上似于我国《合同法》第 60 条所涉之附随义务。①

从评价角度看，这种保护义务乃根植于一种"特别关联"，系由这种"特别关联"衍生而出的、对他人法益范围进行特别干涉的可能性，以及因这种"特别关联"而在当事人之间建立起来的信赖关系。② 当事人之间的关联度越紧密，彼此间所产生的信赖程度越高、干涉可能性越大、行为的危险性越强，保护义务的要求也就越高。③ 将其放置于劳动关系领域，这种保护的强度可想而之：在劳动契约

---

① 对于雇佣（劳动）契约中雇主安全照顾义务（即《德国民法典》第 618 条所涉）的定性，学界一直争论颇多。（1）有主张其为从给付义务的，如日本的宫本健藏教授认为，雇主同时肩负着两项相关的义务，一项是作为从给付义务而存在的安全照顾义务，而另一项则是以附随义务形式存在的保护义务，两者同时并存，不相矛盾（参见宫本健藏. 雇傭、労働契約における安全配慮義務［M］//下森定. 安全配慮義務法理の形成と展開. 東京：日本評論社，1994：193）。（2）有主张其为附随义务的，如梅迪库斯教授、我妻荣教授、平井宜雄教授、高桥真教授等民法学者，以及土田道夫教授、野川忍教授、中窪裕也教授、和田肇教授等劳动法学者［参见 MEDICUS D. Schuldrecht II Besonderer Teil［M］. München：Beck Juristischer Verlag，2002：335；我妻栄. 債権各論中卷二（民法講義 V 3）［M］. 東京：岩波書店，1962；平井宜雄. 民法 IV 債権各論［M］. 東京：青林書院，2002；高橋眞. 安全配慮義務の研究［M］. 東京：成文堂，1992；土田道夫. 労働契約法［M］. 東京：有斐閣，2008；野川忍，山川隆一. 労働契約の理論と実務［M］. 東京：中央経済社，2009；中窪裕也. 労働契約の意義と構造［M］//日本労働法学会. 講座 21 世紀の労働法（4）労働契約. 東京：有斐閣，2000：14；和田肇. 安全（健康）配慮義務論の今日的な課題［J］. 日本労働研究雑誌，2010（601）：37-45］。（3）也有将前两者糅合一处的（参见下森定. 国の安全配慮義務［M］//下森定. 安全配慮義務法理の形成と展開. 東京：日本評論社，1994：240-241. 下森教授认为在雇佣、劳动契约关系中，它同时具有从给付义务与附随义务之双重性质）。（4）也有将其直接定位于劳动合同之本质义务者。该说长期被认为是日本法学界的"通说"，曾受到桑原昌宏、冈村亲宜、林弘子学者的支持［参见刘士国. 安全关照义务论［J］. 法学研究，1999（5）：59］，但近些年已很少见到相关论述。该说主要从保护劳动者生命、健康等重大价值出发，对使用人提出更高层次的义务要求，并借此将安全照顾义务定位于劳动合同上的本质性义务。（5）还有干脆直接将其定位于主给付义务的观点（参见奥田昌道. 債権総論［M］. 増補版. 東京：悠々社，1992）。

② 杜景林. 德国债法总则新论［M］. 北京：法律出版社，2010.

③ FIKENTSCHER W, HEINEMANN A. Schuldrecht［M］.10. Auflage.Boston: De Gruyter, 2006.转引自杜景林. 德国债法总则新论［M］. 北京：法律出版社，2010.

的履行过程中，劳动者大多先是被纳入雇主方的组织机构（企业）当中，其工作环境、工作条件、劳动工具皆是由雇主提供，工作内容、工作方式、工作时间亦多数由雇主决定，劳动者需遵从雇主的命令指挥权而行，并仰赖雇主提供的工资收入维持其基本生活。无论从组织层面（人身隶属性）观之，还是从经济层面（经济依附性）观之，这种关系都深深地刻着从属关系的烙印。这种典型的从属性关系铸就了劳资双方高度紧密的关联——雇主的每一个具有冒险性的工作命令、每一项必要的安全保护措施，都紧密关涉着劳动者的生命安全与身体健康，由此而带来的雇主的保护义务的要求也必然会随之而提高，已然超出一般侵权方面的行为义务①，甚至可以上升至主给付义务的层次。尤其是当通过其加以转化的公法义务内容本身关涉劳动者方的重大切身利益，如为保护劳动者生命安全或身体健康免受重大危害（如职业病防控）之时，这种义务层次的提升将更容易理解。我国《劳动合同法》中，即明显顺延了这一思维，直接将"劳动保护、劳动条件和职业危害防护"列为劳动合同的必备条款，将其上升到与劳动报酬、工作时间、工作内容等最为核心的合同义务相并列的高度（《劳动合同法》第17条第8款），其中不乏将其视为劳动合同之本质义务之意。

在此仍需指出的是，当劳动保护法中的公法义务借由诚实信用原则转为契约义务之时，最终将形成哪种层次的契约义务，仍必须依公法义务本身的内容与情况而定：如果原公法义务涉及重要劳动

---

① 参见朱岩. 德国新债法条文及官方解释 [M]. 北京：法律出版社，2003. 作者指出，在保护义务中，债之关系当事人将受到保护而免受身体侵害或免受不当财产处分。由于此种保护义务不断增强，其超出了一般的侵权方面的行为义务。

条件的提供或明确，如劳动时间、劳动报酬、劳动保护、职业危害防护等，那么它无疑可并入《劳动合同法》第 17 条所列明之劳动合同主要义务的具体化，成为相关给付义务的"兜底"。违反其规定，必然导致该主给付义务的违反。① 如果该公法义务所涉及的仅仅是通知、协助、保密等雇主义务，那么转化而来的契约义务，也自当依其内容而归入《合同法》第 60 条所述之附随义务。违反该义务，亦将构成违约，此时守约方（劳动者）得主张的请求权与前者略有不同。

最后，需要指出的是，这种公法义务的私法转入也有其内在限制，即该公法义务的内容本身必须适合成为契约之内容，即其规范目的必须旨在对个别劳动者权益的直接性保护。② 如果该公法义务只是一种秩序性、组织性规定，即为方便国家机关监管或获取相关资讯而设，此时它并不具备转化成"私法—契约"义务的"双重效力"。③ 若对于前述公法义务的具体性质存在疑义，则应先通过法律解释来探求该公法规定的规范目的。

---

① 当合同约定违背该强制性公法规定时，该约定将归于无效；当合同没有对该部分内容作出明确约定，或虽有约定但约定不明时，则当按照《劳动合同法》第 18 条规定的顺序（双方协商—集体合同—国家规定）逐层探寻，最后仍以"国家规定"之强制法义务作为兜底。因为强制法规定是"底线"型的，违反该规定者必然导致相关契约义务（主给付义务）的违反。

② 该说为德国劳动法学界之通说。参见黄程贯. 劳动基准法制公法性质与私法转化[M]//政治大学法学院劳动法与社会法中心. 劳动、社会与法. 台北：元照出版公司，2011：23.

③ 黄程贯. 劳动基准法制公法性质与私法转化[M]//政治大学法学院劳动法与社会法中心. 劳动、社会与法. 台北：元照出版公司，2011：23.

（二）"双重效力"下劳动者可主张之权利及抗辩

1. 履行请求权

当雇主未妥善履行前述由劳动保护公法转化而来的契约义务之时，劳动者是否享有相应的履行请求权？面对这一问题，德国法与日本法在通说及判例层面存在较大分歧。

日本法的判例和通说皆坚持，由劳动保护公法转化而来的这一契约义务（雇主安全照顾义务），只能是经由诚实信用原则而产生的附随义务（即安全照顾义务）。① 而依照附随义务之法理，并无法推导出履行请求权，劳动者只能在雇主不履行或未妥善履行该义务，并因此而给其造成具体损失时，方得行使损害赔偿请求权。2007 年《日本劳动契约法》中，虽将相关义务写入立法，表明"雇主履行劳动契约时，需为确保劳动者工作中生命、身体之安全而进行必要的注意"。但对于该"注意义务"是否可涉及履行请求，则并未提及。学说层面仍以履行请求权之否定说为主。但近年来，也有越来越多的学者开始批评这一通说，并主张这一义务应作为给付义务予以处理，例如宫本健藏教授主张"在肯认劳动者之就劳请求权，或承认应该保护劳动者身心利益之时，应肯认劳动者享有请求雇主方除去威胁其生命、健康之危险因素的履行请求权"②。

在德国民法中，这一转化义务属《德国民法典》第 618 条之具

---

① 日本法上我妻荣、几代通等民法学者，以及专擅安全照顾义务研究的高桥真教授皆持该观点。

② 宫本健藏. 雇傭、労働契約における安全配慮義務 [M]//下森定. 安全配慮義務法理の形成と展開. 東京: 日本評論社，1994: 192-193; 下森定. 国の安全配慮義務 [M]//下森定. 安全配慮義務法理の形成と展開. 東京: 日本評論社，1994: 245-246; 船越隆司. 民事責任の実体的構造と客観的義務違反の証明問題: ドイツ法の危険領域説と結果債務説を手懸りとしたわが国法の解明: 請求権競合論の前提−1 [J]. 判例時報，1984 (1094): 164-169.

体化，而该条文作为雇佣契约中的保护义务（安全照顾义务），并不简单受制于附随义务（通常不产生履行请求权）的固有限制。① 若雇主未履行或未完全履行该义务，原则上劳动者应享有一种重建符合劳动保护状态之契约上的请求权。② 且这种履行请求权，并不需要以"雇主怠于履行该义务已经切实危害到劳动者之权益"为特定前提③，只要存在该公法义务，且该公法义务适宜转化为契约义务，并且其内容适宜作为履行请求之内容即可。但如果该公法义务内容仅为纯粹的通知，劳动者在"不知"时无从请求，在"已知"时已无请求之必要，则其不适宜作为履行请求权之客体。

另外需要注意的是，这种公法义务之履行请求权应当为劳动者就劳请求权（Beschäftigungsanspruch，即劳动者要求实际履行劳务的请求权）的相关组成部分。如果劳动者没有就劳请求权，理论上不应具有请求雇主履行前述公法转化义务的"履行请求权"。只有劳动者实际提供劳务之时，才有赋予其此等"履行请求权"之必要性与正当性。④

此时，该履行请求权的内容当视公法转化义务之内容而定：①原公法义务若是要求雇主不得为某种行为（禁止性规定—不作为义务），而雇主并未履行该规定，那么劳动者方履行请求权的内容即

① 杜景林，卢谌. 德国民法典全条文注释：上册［M］. 北京：中国政法大学出版社，2015.
② BAG, U. v. 10. 3. 1976, AP Nr. 17 zu §618 BGB und U. v. 21. 5. 1985, AP Nr. 19 zu §618 BGB; Münch Komm/ Lorenz, §618, Rn 6 und 7; Herschel, RdA 1978, 69, 72ff; Löwisch, Arbeitsrecht, §23 III 1; Staudinger/ Oetker, BGB Komm. , §618, Rn, 10 ff; Wlotzke, FS Hilger/ Stumpt, 1983.
③ 黄程贯. 劳动基准法制公法性质与私法转化［M］//政治大学法学院劳动法与社会法中心. 劳动、社会与法. 台北：元照出版公司，2011：24.
④ 水野勝. 就労請求權［M］//蓼沼謙一，横井芳弘. 労働法の争点. 東京：有斐閣，1979：199.

为该雇主之不作为，甚至及于请求雇主除去因其违反不作为义务而引发的后果或状态。②原公法义务若是要求雇主为一定行为（作为义务），那么劳动者之履行请求权即在于请求雇主为该特定作为。③如果原公法内容仅规定了雇主应尽妥善注意、防范特定危险之发生（即仅写明特定的保护目的），却没列明雇主所需作出的具体行为或所应采取的具体措施，此时雇主应于法律允许的范围内，经妥善衡量而采取适当措施。① 如果存在多种可行的防范手段，则应从最小负担之观点来考量请求权之具体内容。即对雇主而言，将经济、技术负担最轻的方式或手段，作为雇主义务之内容。②

《瑞士民法典》则将"革命"进行得更加彻底，直接规定"联邦或者州立法中赋予劳动者和雇主公法义务的关于劳动和职业培训的规范，在可以成为劳动合同内容的情况下，赋予另一方民法上的履行请求权"（第 242 条第 2 款）。根据该条款，当契约当事人不履行相关义务时，首先将触发公法强制，此为公法的直接效应；与此同时，一并产生民法上的履行请求权，此为公法规范的私法转化效力，即"双重效力"之体现。

2. 劳务给付拒绝权与雇主之受领迟延

当雇主不履行或未全面履行前述公法义务之时，劳动者可以拒绝提供劳务。这种拒绝会在该公法义务转化为契约义务时，因其具体义务属性的不同而呈现出不同的法律属性。

（1）如果该公法转化而来的契约义务为给付义务，即当它关涉

---

① 黄程贯. 劳动基准法制公法性质与私法转化［M］//政治大学法学院劳动法与社会法中心. 劳动、社会与法. 台北：元照出版公司，2011：25.

② 宮本健蔵. 雇傭、労働契約における安全配慮義務［M］//下森定. 安全配慮義務法理の形成と展開. 東京：日本評論社，1994：192.

劳动保护、劳动条件和职业危害防护等雇主所应负担的主要义务之时（参见《劳动合同法》第 17 条第 8 款），雇主若怠于履行或未妥善履行，则劳动者可直接履行抗辩权，拒绝提供劳务，且雇主仍需支付工资。即"劳动者拒绝用人单位管理人员违章指挥、强令冒险作业的，不视为违反劳动合同"（《劳动合同法》第 32 条第 1 款）。因为此时，雇主的安全保障义务与劳动者的劳务给付义务恰可形成一对双务合同上的对待给付关系。

（2）如果该公法转化而来的契约义务为履行协助等附随义务，则劳动者的劳务给付拒绝权必须以民法诚实信用原则为基础推导而出。德国法上，通说认为如果雇主怠于履行前述义务，则"劳动者得依《德国民法典》第 273 条（债务履行留置）之规定，有权拒绝履行劳务给付义务"①。但因我国《民法总则》《合同法》《劳动合同法》中均未设置类似规定，因此当雇主未能妥善履行前述附随义务之时，劳动者无法因主张债务给付之留置权而停止提供劳务。但我们仍可从债务人受领迟延法理中寻得支持，即前述公法转化义务（安全照顾义务）可被视为债务人（劳动者）预完成其义务履行（从事劳务）时，所必需的债权人的协助与受领。此时，在债之关系上，债权人与债务人面对给付的实现这一共同目的，形成了应予协助的有机体。在这一有机体的债权机构中，作为由合同内容得出的一个归结……或者根据诚实信用原则判断的结果，基于特别结合关系的债权人应负有对债务人清偿的协助义务（受领义务之外的清偿协助义务）。②如我国《合同法》第 60 条所规定的协助义务（附随

---

① 该条规定："债务人根据与其债务发生的同一法律关系，对债权人有已届清偿期的请求权，以债的关系无其他约定为限，得到履行其应得的给付之前，拒绝履行其债务。"

② 潮見佳男 . 債権総論 [M]. 東京：信山社，1994.

义务）即包括履行协助。劳动合同中，雇主之安全照顾义务理当属于这种"给付所需之债权人行为"。若雇主未妥善履行这些行为：一方面，在劳动者方可构成非可归责于债务人（劳动者）之给付不能；另一方面，在雇主方则可形成债权人受领迟延。① 此时，劳动者只要以言辞提出劳务给付（而无需实际履行劳务），即可令雇主陷入"受领迟延"，"债权人（雇主）自有履行的提供时起，负迟延责任"②，承担债之标的物——"特定劳动时间内劳务给付"随时间流逝而"损毁灭失"的风险。③ 即对于雇主之受领迟延，劳动者无需补服劳务，但债务人（劳动者）的对待给付（工资）请求权并不丧失。④《瑞士债法典》第 324 条亦规定："受雇人因雇佣人过错而不能提供劳务，或者雇佣人因其他原因迟延受领劳务者，雇佣人应向受雇人支付工资，且受雇人不负事后补偿提供劳务的义务。"当然，这一层次的给付拒绝权也是与前文所提及的就劳请求权紧密相连的，劳动者必须享有就劳请求权，才能认定其具有劳务给付拒绝权。

3. 损害赔偿请求权

如果因雇主（可归责地）未为履行或未妥善履行前述公法义务转化而来的契约义务，而给劳动者造成任何人身或财产损失，雇主将面临债务不履行之损害赔偿责任（违约）与侵权损害赔偿责任的

---

① 台湾劳动法学会. 劳动基准法释义：施行二十年之回顾与展望 [M]. 台北：新学林出版股份有限公司，2009.

② 参见《日本民法典》第 413 条之规定。

③ 在种类之债，于受领迟延后，其危险应由债权人负担，但以债务人已就各种类中，选出个别特定之物以供给付，且曾依通常情形，向债权人提出者为限。至在特定之债，自债之关系发生时起，债权人即已就给付物负担危险，倘该给付物嗣后因不可抗力而罹于灭失，不问债权人迟延与否，债务人均免给付义务（参见梅仲协. 民法要义 [M]. 北京：中国政法大学出版社，1998）。

④ 参见德国民法第 615 条及我国台湾地区民法第 487 条。

竞合。在违约责任层面，需依民法规定认定雇主有无可归责性、因果关系、责任范围等。如果在损害的形成或扩大上，劳动者也有过失，则应适用过失相抵。至于举证责任及相关义务的具体化，因学说、判例非常复杂，所以本书将在第五章作详尽论述。至于侵权层面，则与前文"反射效力"中论述相同，此不赘述。

4. 劳动契约解除权

若雇主违反由前述劳动保护公法义务转化而来的契约义务，那么他不仅将涉及违法，还会涉及违约，劳动者完全有可能因此而直接主张解除劳动契约，并无需提前预告。事实上，不管该公法义务最终将转化为给付义务还是契约义务，雇主怠于履行前述义务，都将落入债的不完全履行，并构成违约。如果这种违约行为已然达到"致使不能实现合同目的"的程度，依据合同法理，理当允许债权人（劳动者）解除合同。①

至于因违法而至解约者，理由与"反射效力"并无二致，此不赘述。当然，在"双重效力"理论下，违法之契约约定同样也可以导致契约无效，其运作机理亦与前文"反射效力"相同。

---

① 《合同法》第 94 条第 4 款后段关于"其他违约行为致使不能实现合同目的的"，"当事人可以解除合同"即可理解为承认了不完全履行致使不能实现合同目的当为合同解除的条件。关于不能实现合同目的的理解，详见崔建远．合同一般法定解除条件探微[J]．法律科学（西北政法学院学报），2011，29（6）：121-128. 对于这种解释的合理性，崔建远教授还列出了最高人民法院的司法解释——法释〔2004〕14 号《最高人民法院关于审理建设工程施工合同纠纷案件适用法律问题》的第 9 条作为印证。该条规定发包人若存在：……"（二）提供的主要建筑材料、建筑构配件和设备不符合强制性标准的；（三）不履行合同约定的协助义务的"情形，致使承包人无法施工，且在催告的合理期限内仍未履行相应义务，承包人请求解除建设工程施工合同的，应予支持。其法理与前述劳动契约中雇主怠于履行其安全保护义务极为相似。

结语

综上所述，劳动契约自形成之日起，即一直深藏着"私法—公法"两种性质迥异的法律基因，二者相互竞争，亦相互依托。但就根本而言，其中的"私法—契约"基因仍占据主导，并在民法现代化、社会化的大潮中，不断演变、不断扩张，用更具包容性的新契约法理充分吸纳根源于劳动结构、劳动规制之中的公法性因素，将其转化为自身养分。一方面，它在关系契约的理论构架下，实现契约义务的充分扩张，将倾斜保护理念纳入现代契约法的熔炉之中，促进契约理论的社会化、契约范围的光谱式外拓；另一方面，它又通过"反射效力"与"双重效力"两大"武器"，将劳动保护法中雇主对国家的公法义务转化映射到劳动契约之中，形成雇主对劳动者的契约义务，并在契约机制下，将请求权与抗辩权赋予劳动者，形成完整的私法结构与私法救济。并借此在契约法理下，温和地重整并融汇劳动契约中的（公法—私法）两大基因，使劳动法所肩负的公法性、保护性使命得以在私法进路下获得完美的实现。

第三章　契约精神与劳动关系之整合、协动

第一节　新起点：《民法典》带来的整合契机

一、新一轮的"分""合"之争

近年来，劳动法尤其是劳动合同法之规制柔化频繁衍生政治热点。2014 年底，意大利就曾因放松解雇限制而引发全国性大罢工。2016 年至 2017 年，两届法国政府重蹈覆辙，因修法招致暴风骤雨般的抗议，多轮罢工，波及数百万人，造成极大的社会影响、政治影响与国际关注。

在此般柔化变革热潮中，我国也难免被波及。事实上，早在 2014 年《民法典》编撰工作重启之初，在劳动合同规制到底应否导向民法式自治的大规模争论中，即已暗生出巨大的柔化式变革冲动。其变革中心在于劳动合同之法律性质与结构性定位，尤其是它与民法间的结构性定位。一来，该定位可能直接动摇甚至改写《劳动合同法》的现有格局，带来体系层面、适用层面的诸多剧变；二来，

它也可能间接影响到现有劳动合同规制的整体布局、思路，乃至保护程度，甚至触动整个劳动法部门的规制刚性，即呈隐性柔化。

对此，学界素有"变"与"守"两派观点：前者主张回归民法传承，并以博大精深的民法理论和体系系统梳理、整合劳动合同规则，助其在技术层面获得全面提升，乃属典型的"合流"式主张①；后者则主张持守劳动合同相对于民法体系的高度独立、泾渭分明，持守其社会法定位及劳动法理的强势主导姿态，亦即典型的"分流"式主张。② 二者可谓各有长短。

"变"者主"合"，其技术性、体系性优势突出，却隐含巨大的政策性、现实性隐患：其一，它必须直面民法与劳动法之间强烈的性质偏差与张力冲击——不仅民法中蕴含的平等、自治因子会对现有的劳动合同规制风格形成冲击；反过来，劳动合同中的社会化因子，特别是其政策性、政治性、灵活性，也将在相当程度上冲击民法（立足长久的结构稳定性与政策中立性）的基础风貌。其二，民法机理对劳动法规制的间接柔化，还可能引发劳资阶层之间的新一轮博弈乃至政治敏感。其三，在未及健全、平稳的劳动力市场整体状态之下，贸然适用以高度自由市场、自由劳动政策为基础的民法调整模式，其实际效果与隐性危机亦难以预料。是为激进之路。

"守"者主"分"，其重在保持现有劳资关系平衡、劳动立法刚

---

① 朱广新.论合同法分则的再法典化［J］.华东政法大学学报，2019，22（2）：41-56；郑尚元.雇佣关系调整的法律分界：民法与劳动法调整雇佣类合同关系的制度与理念［J］.中国法学，2005（3）：80-89；谢增毅.民法典编纂与雇佣（劳动）合同规则［J］.中国法学，2016，192（4）：92-110；沈建峰.劳动法作为特别私法：《民法典》制定背景下的劳动法定位［J］.中外法学，2017，29（6）：1506-1525.
② 林嘉.劳动合同若干法律问题研究［J］.法学家，2003（6）：65-72；董保华.雇佣、劳动立法的历史考量与现实分析［J］.法学，2016（5）：13-23.

性，但在面对现行法中既存的诸多政策性、技术性漏洞时，常束手无策。规范层面的立法省略与体系漏洞，主体层面的断裂与重叠，以及责任层面的结构性冲突，皆难凭现有手段获得纾解，更难满足多层次、多类型劳动雇佣关系的复杂需求。是为保守之路。

简而言之，"变"者长于法律技术，求体系周延；而"守"者重在政策平衡，求稳健发展。在两者之间，《民法典》选择了后者，坚持以社会矛盾为首要考量，暂缓技术攻坚，秉承先前由《合同法》《劳动合同法》两法分立创下的单边格局。因此，新法典中并未设计有关劳动或雇佣关系的任何规范，将其全然留白，以劳动立法为整体筹划。在当前的社会、政治环境下，此举明显更有利于保刚性、保大局、保稳定，确系以最小立法成本、最低社会代价，实现最高立法效益之选。至少在应对由劳动力市场变动引发的各种结构性矛盾，比如应对因新冠肺炎疫情可能带来的全球性破产、失业浪潮时①，刚性、铁腕的劳动法进路显然要比柔化的民法模式更为稳健、可靠、有力，不至于像美国一样放任"自由解雇"为岌岌可危的失业率、为急剧爆发的民愤、抗议、骚乱，而是迅速积累海量"人气"，提供强有力的催化与动力。②

同时，《民法典》之留白也并非彻底放弃：其虽未规范，却也未明言排除，它只是留白。技术层面，这种留白可被视为某种程度上的态度保留：在目前学术条件、政策条件尚未成熟的情况下，暂且搁置，放由劳动法与民法各司其职、各行其是；待未来条件、准备

① ILO: More than one in six young people out of work due to COVID-19[R/OL]. (2020-05-27) [2020-06-16]. http://www.ilo.org/global/about-the-ilo/newsroom/news/WCMS _745879/lang--en/index.htm.

② 阎天. 美国工会怎么了？ [J]. 文化纵横，2020（2）：93-102.

成熟，仍可通过法学方法构建两法链接，借民法之力弥补劳动合同规范中的技术性缺陷。这一链接的建构，将成为后法典时代极为重要的劳动法议题。

在此，链接点的选择乃是破解议题的关键，即要寻找一个能全面契合我国实际，理性整合两法资源，扬长避短的具体方法，能在追求技术性、体系性升级的同时，尽量降低借民法理论不当入侵劳动合同规制而形成的冲击与障碍；以有限链接保障并促进劳资关系和劳动力市场平衡、稳定发展。此等选择必须谨守劳动合同法的法律性质与体系归属。其中，性质决定归属，而归属主导立法及其体系定位，包括它在纵横双向上的链接可能。因此，我们必先从作为根本问题的"性质"入手，自内而外层层剖析：首先，需深溯内核，以法史为线作基因解码，尤需在"私法—契约"与"公法—政策"两种元素传承的互动中，观察其归属可能及备选进路；其次，再比照我国《劳动合同法》生存的外在环境，尤需考虑我国现有的社会（劳资）条件，比较既有各相关单行法之性质、结构、归列可能，以及《民法典》之最终选择，权衡各种归列可能遭遇的体系效益、排异反应、外在阻力及社会冲击，并甄选出最适宜本土环境的进路与模式；最后，再详析该模式下需要直面的具体问题，在分工、合作、衔接与过渡之中全面布局。

二、"分""合"背后之事物本质

于此，前述"公""私"两种基因，实则代表着两种不同的观察视角、研究进路。法学家往往更侧重前者，或力图在潘德克吞式的概念结构中重塑劳动合同之私法归属、体系建构，或在契约结构外强调劳动立法的倾斜保护性及部门独立性；而社会学家与政治学家们则更加偏爱后者，力图在经济结构、社会结构、政治结构的框架下对劳动政策、劳资关系乃至工人运动作精深剖析。两种进路虽极少交叉，却为一体两面。"私法—契约"进路为劳动法提供形式要素、法理基础及结构支撑①；而"公法—政策"进路则能帮助我们正确理解法律规则背后的现实意蕴。不仅"知其然"，而且"知其所以然"。毕竟很多劳动法规则本身就是（立法过程中）政策妥协的产物，理解其政策背景对学术研究，尤其是立法研究而言至关重要。但在适用法律阶段，司法者不能根据自己的社会政策观念来作出裁判，而必须遵循前一进路，以价值法学为方法基础，理解法律的利益评价。②

　　此时，两种基因之间本就具有内在互动。原初的"私法—契约"基因像卵细胞一样为未来胚胎提供完整的骨骼框架、体系资源及技术方法，而"公法—政策"基因则像精细胞一样向既有的卵子注入时代性、社会性的法律需求，比如倾斜保护、雇佣稳定等。在两种基因的结合中，母系基因一直是先在的、基础的，而父系基因则是在既有的卵细胞中以"打补丁"的方式逐渐融入的：当安定性不足时，就在解除规则上打一块解雇限制"补丁"，而当劳动关系证明困难时，则会在合同形式上打一块书面化强制"补丁"，等等。虽然随着劳动法理念的发展，"私法—契约"上的"补丁"越来越多，但

---

① 野川忍，山川隆一. 労働契約の理論と実務［M］. 東京：中央経済社，2009.
② 瓦尔特曼. 德国劳动法［M］. 沈建锋，译. 北京：法律出版社，2014.

就其本质及目前状态而言，劳动合同法仍是一种私法契约，这些具有政策导向的公法"补丁"并没有多到足以埋没其契约内核的状态。民法的体系与方法在劳动合同之上，仍发挥着相当重要的基础性作用。①

事实上，劳动合同法（之形成与发展）本身即鲜明地回应了民法社会化这一宏伟的历史潮流。② 那种将契约法理全然定位于"形式的、外在的"东西之上的古典理论③早已成为历史。在过去的几十年中，消费者概念、格式条款，甚至劳动关系都已渐渐走进《民法典》，民法中的"人"也从抽象化、同质化的平等主体逐渐走向具体化、社会化，重新成为"社会中的人"。④ 民法开始坦然地承认人在各个方面的不平等，并转向一种"实质的、保护导向的视角"。⑤只是相对于"一枝独秀"的劳动合同而言，"心宽体胖"的民法（典）走得要慎重、缓慢得多，且在其政策中立的立法传统之下，渐渐疏远了这一"亲生"的契约分支，以致二者在整体形象上开始出现重大裂痕，甚至产生了趋向于独立社会法或公法的离心力。

在不同的国家、社会，这种离心力的大小、程度并不相同，也因此产生了多种立法进路：离心力小者，倾向于将劳动合同保留在民

---

① 作为公、私法融合之典型现象，公法手段的融入已成为私法领域中用以确保法之实效性之常用方式，并不会损伤劳动合同法之私法属性。参见土田道夫. 労働契約法 [M]. 東京：有斐閣，2008：27，108.

② 山本敬三. 民法の現代化と労働契約法 [M]//日本労働法学会編. 労働契約法の意義と課題. 東京：法律文化社，2010：66.

③ HOLMES O W. The common law[M]. New York: Dover Publications Inc., 1991.

④ MACNEIL I R. Values in contract: internal and external[J]. Northwestern University law review, 1983, 78(2): 340-418.

⑤ 沈建峰. 劳动法作为特别私法：《民法典》制定背景下的劳动法定位 [J]. 中外法学，2017，29（6）：1506-1525.

法典内部，实现母子一家共同发展，如瑞士、意大利等；离心力稍大者，则倾向于将其放诸民法典外部，作为"特别法与临界法形成的第二私法秩序"①，如德国、日本等；离心力更强者，干脆直接将其踢出民法（典）的辐射范畴，以独立法典独立处之。独立者又可分为温和独立与强硬独立两种亚类型。温和者如法国，在契约结构方面仍与民法保留低限度互动；而强硬者如俄罗斯，则彻底自断民法"血脉"，将其完全抽离，自成一统。

就体系归属而言，前述立法模式，可简要分为以"私法—契约"基因为主导的民法典进路与以"公法—政策"基因为主导的劳动法典进路两类。现实中，具体选择哪一种立法模式，大抵取决于各国特定的历史与国情，而不同的立法模式又会形成不同的归列进路与体系结构，甚至产生完全不同的整体效果。篇幅有限，下文将仅针对以上诸类型作重点性分析。

第二节　"私法—契约"基因主导之民法典进路

在"私法—契约"进路下，主要有法典化与民法特别法两种不同的劳动合同立法模式。

---

① 林美惠. 民事法的发展及立法：德国契约法的基本理念及发展 [J]. 台大法学论丛，1999，28（3）：337-375.

一、以民法（典）为中心的体系化规整模式

（一）《瑞士债法典》模式

该模式以瑞士、意大利为典型。其中，《瑞士债法典》系以劳动合同为中心（采合同中心主义），而《意大利民法典》则偏重于"劳动"概念本身，从劳动关系"主体"的定义出发①，旨在以从属性分类为基础，打破交换合同的个人模式，完成从所有权制度到企业制度（即企业法）的扩展。② 不过，伴随这种扩展而来的，通常是"劳动"概念本身的泛化，并因此使"劳动编"整编内容尤显庞杂，体系效益亦难免受损。③ 相对而言，采合同中心主义的瑞士法，其规整方式则更显集中化、系统化，其目标清晰、有的放矢，层次结构条理井然，体系节奏紧凑、工整，其"小切口、精梳理"的处理方式也更为实用，且具有更强的研究与借鉴价值。

《瑞士债法典》将"劳动合同"独立成章，列于债法第二分编"各种契约"之下，统摄全部雇佣劳动法律关系。该章共计120余个条文，分别以"一般劳动合同""特殊劳动合同""集体劳动合同和

---

① 佩若内. 欧洲劳动合同的共同规则：罗马法起源与当今的发展［M］//费安玲. 学说汇纂：第2卷. 阮辉玲，曾健龙，译. 北京：知识产权出版社，2009：223.

② 粟瑜，王全兴.《意大利民法典》劳动编及其启示［J］. 法学，2015，407(10)：114-128.

③ 其劳动编不仅包含了"一般企业"中的产业化劳动，还包含了产业领域之外的家政劳动、全无从属性质的"自主性劳动"，以及企业法中隐含的微薄的劳动性因素，实则横跨了劳动法、民法、商法三大领域，且三者之价值追求各异，自治与规制的维度与程度各不相同，强凑一编难免颇有"杂烩"之感。且放置于民法典中，其与其他规范之间的接壤程度并不高。无论是从法典编撰的"积木规则"还是"蜂窝规则"观之，似乎都难以令人满意。

标准劳动合同"之具体化分类展开规范，最后再用"强行法"作为兜底及收官（详见图3-1）。

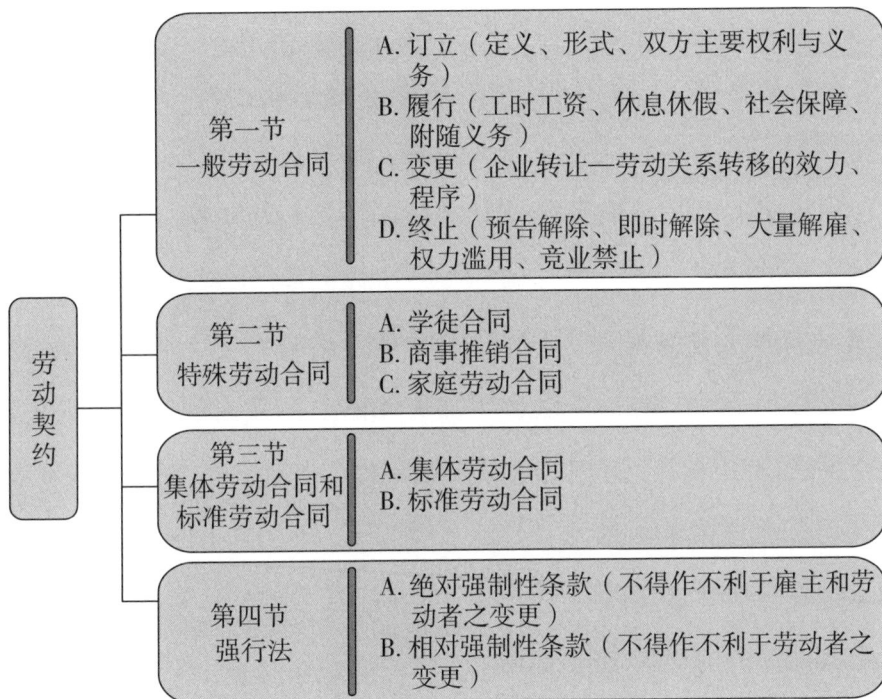

图3-1　《瑞士债法典》第二分编第十章"劳动契约"规定之结构图示

从逻辑结构来看，《瑞士债法典》彻底颠覆了传统民法模式中雇佣契约与劳动契约之间的相对性定位。传统民法（如《德国民法典》）中，雇佣契约是"劳务—金钱"交换的一般形式，是上位概念（一级概念），劳动契约是雇佣契约的下位概念（二级概念），是具有特殊（从属）性的雇佣契约。雇佣契约包含劳动契约。但在瑞士法中，劳动契约"反客为主"，成为劳务交易的一级概念（一般形态），而原本属于典型民事雇佣范畴的"家庭劳动合同"，则直接降为劳动关系中的特殊形态（二级概念），它与学徒合同、商事推销合同等用工形态并列，一同归入"特殊劳动合同"一节，为简略规范。其主体同样适用有关"劳动者"的各项倾斜保护，如产假、各种带薪假、社会保险、解雇保护等。

从内容来看，《瑞士债法典》中的劳动合同一章本身，即是一部完整而充实的劳动合同法，工时工资、休息休假、社会保障、竞业限制以及解雇保护等典型的劳动法规制已然一应俱全，对劳动者的倾斜保护亦随处可见，尤其第 362 条所涉的 54 个单向强制性条款，均属保护理念之典范。[1] 只是，在面对劳动契约之于一般（债法）契约的独特个性之时，立法者更加关注的是二者之间的共性——立足于债法内在理念与结构之上的广泛共性。并在这种共性的基础上，将劳动合同直接纳入债法典中，作为债法契约的一种来加以规范，而未像日本那样选择以特别法的形式将它独立出去。这一体例选择，自有其深厚的历史与现实基础。

一方面，《瑞士债法典》本身的社会化程度极高[2]，这使其体系结构更加灵活、开放，并具有更强的包容性[3]，不仅能吸纳劳动合同，还能包容商法领域的诸多核心内容，如"上市组织与合作社""商事登记簿、商号名称和商业会计""有价证券"[4] 等，并将它们分别

---

① 前述 54 项规定，均"不得通过个别约定、标准劳动合同或集体合同作出不利于劳动者之变更"。即立法者已经充分关注并照顾到劳资双方在劳动合同缔结之中的结构性差异（不平等），并针对雇主之单向强制，平衡双方权益，促进实质平等的实现。

② 黄越钦教授将其称为当代欧洲民法社会化之典范。参见黄越钦. 从雇佣契约到劳动契约 [J]. 政大法学评论, 1981 (24): 141-143.

③ 谢增毅. 民法典编纂与雇佣（劳动）合同规则 [J]. 中国法学, 2016, 192 (4): 92-110.

④ 即《瑞士债法典》第三、四、五编。

列编，与传统上的"各种契约"同级并列，平行分布于债法总则之后，近乎在民法典之文本层面实现"民商合一"、熔为一炉。

另一方面，瑞士法对于个别劳动关系缔结与解除的基本态度亦偏向雇佣自由，这一态度跟债法的契约自由具有极高的契合性。首先，在结构上，劳动关系立法主要由《瑞士债法典》与公法性质的劳动保护法（如《工商实业劳工法》）两大块内容组成。其中，债法的调整重心仅系劳动契约（即劳动关系中的契约性内容），包括契约的订立、履行、变更以及解除等；而劳动保护法则着眼于对具体劳动条件的公法强制，将重点放在有关安全卫生、工时限制以及对童工、女工之特殊保障等领域。[①] 两者分工基本明确，债法鲜少触及如上公法强制。其次，在契约调整层面，瑞士债法也大抵持守自治原则，甚至在劳动契约中最为核心的规制性内容——合同期限与解雇理由上，都始终保持开放，并未给予任何明文限制。换句话说，只要雇主愿意承担"预告"的时间成本，那么他几乎可以随意解雇员工。只要他的解雇理由不涉及种族歧视或社会公正（如涉及个人报复），基本都不会受到来自债法的限制。是否选择固定期限劳动合同，也完全由劳资双方自由决定。这种程度的（劳动）契约自由，在欧洲诸国实属罕见。从根本上有别于德国、法国等国对解雇理由与合同期限的严格规制。

当然，这也并不是说它对"契约自由"不加限制。毕竟"劳动契约"一章中还有多达54项强制性规范，基本覆盖了伤病工资、假期工资、社会保险等诸多重要内容。这里所强调的自由，多立足于

---

① 郑尚元.雇佣关系调整的法律分界：民法与劳动法调整雇佣类合同关系的制度与理念［J］.中国法学，2005（3）：80-89.

对合同期限与解雇理由的"不干涉"。而这两项内容的干涉程度，恰恰是评价一国劳动契约"自由规制"程度的最为核心的标准。因为这两项指标都直接指向劳动者"饭碗"的牢靠程度，即关系到就业稳定。放开这两道门，乃是在实质意义上放开了外部劳动力市场的自由调节，将规制程度降到最低，给企业以最大的用人（解雇、终止）自由。

瑞士法之所以给予雇主如此之大的契约自由，实则与其特殊国情息息相关。瑞士乃系传统意义上的中立国家，人口基数较小，劳动力总数稳定，劳动力市场供需相对平衡，失业率极低；其产业关系非常平和，不存在激烈的劳资对抗；同时，自身经济又较为发达，市场（尤其是劳动力市场）相对健全，放松规制、将劳动关系放由外部市场自由调节，具有一定的客观经济条件。而且其外部调节确实完成得相当出色。实践显示，连高达 4000 瑞士法郎的最低月工资计划，都得不到全国半数人口的公投赞同。即民众更愿意把劳动条件的限制放诸市场调节。① 他们认为立法过多反而会破坏市场的自动调节与天然平衡，甚至影响弱势群体之就业可能。

（二）《意大利民法典》模式

1. 意大利模式介绍

将劳动关系直接植入民法典，并给予其最高"礼遇"——独立成"编"，首属《意大利民法典》，其他主流国家，无一效仿。

---

① 王昭. 奇高"最低工资"缘何遇阻［N］. 新华每日电讯，2014-05-21（3）.

《意大利民法典》完成于 1942 年①，共六编，其中第五编为"劳动"，在立法结构上"劳动"与"人与家庭""继承""所有权""债务关系""权利的保护"各编平行而设，处于并列关系。但在法学体系中，劳动编则处于民法体系与劳动法体系的交叉部分；在民法体系中，较之于债编处于特别法地位；在劳动关系中，则处于核心地位。"直到现在劳动编也仍被视为劳动法律规范的核心"，因为它为劳动法的整套保护奠定了私法基础。但劳动编又绝不能简单等同于劳动法，就范围而言，其规定也并未限制在劳动法一隅——除劳动法内容外，它还包含了很多传统合同法以及商法的相关内容，比如第三章的"自治性劳动"以及第五章以后的"公司""协同组合及相互保险""企业体""对于智能作品及工业的发明权利"等。换句话说，它虽以"劳动"为名，但其内容远超出劳动法之辐射，将传统合同法、商法中有关劳动的内容与劳动法内容拼接、糅合一处，也有学者称为"新的体系化"。②

新体系中的"劳动"范畴相当复杂，根据劳动是否具有从属性，可分为从属性劳动和自主性劳动，前者由劳动编规范，而后者则一半在劳动编，一半在债编。从属性劳动，又可根据企业化程度分为企业化的从属性劳动和非企业化的从属性劳动（主要是家政劳动）。自主性劳动，则可按照劳动提供者是否只能是自然人，决定劳动编与债编的分工，即不限于自然人的自主性劳动就留在债编（如承揽、运输、委托）；只能是自然人的自主性劳动，则由劳动编（第三章）

---

① 意大利历史上曾出现过两部民法典。1865 年民法典与 1942 年民法典，后者为现行法典。

② 粟瑜，王全兴．《意大利民法典》劳动编及其启示［J］．法学，2015，407（10）：114-128．

规范。① 两者皆属于平等主体间的契约交换关系，当谨守意思自治、契约自由原则。②

《意大利民法典》中所涉及的劳动整体构造如图 3-2 所示。

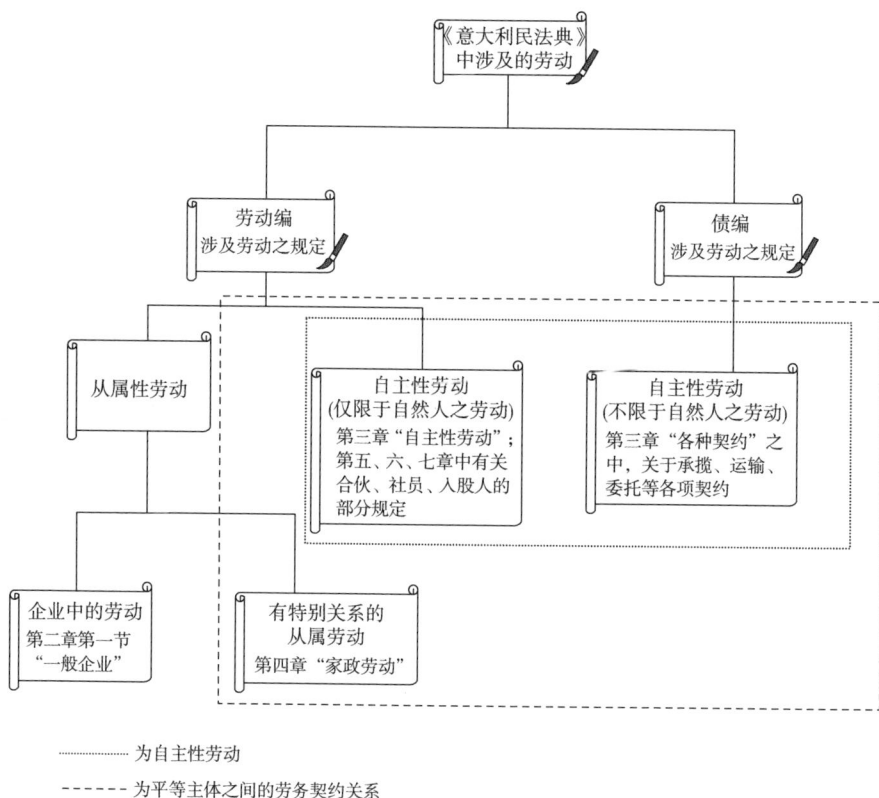

```
                    《意大利民法典》
                     中涉及的劳动

          劳动编                              债编
       涉及劳动之规定                      涉及劳动之规定

  从属性劳动        自主性劳动              自主性劳动
              (仅限于自然人之劳动)       (不限于自然人之劳动)
              第三章"自主性劳动";       第三章"各种契约"之
              第五、六、七章中有关        中，关于承揽、运输、
              合伙、社员、入股人的        委托等各项契约
              部分规定

  企业中的劳动      有特别关系的
  第二章第一节       从属劳动
   "一般企业"      第四章"家政劳动"
```

·············· 为自主性劳动

- - - - - - 为平等主体之间的劳务契约关系

图 3-2　《意大利民法典》中所涉及的劳动整体构造

需要注意的是，《意大利民法典》之所以选择以民法典整合劳动

---

① 粟瑜，王全兴.《意大利民法典》劳动编及其启示 [J]. 法学，2015，407（10）：114-128.

② 劳动编的自主性劳动实质当为劳务合同，即"为了报酬，某人对于委托人并无从属性负担，且其以自己的劳动来完成委托人要求的某种作业或者服务"。如果完成的作业或服务还符合承揽、运输或委托的要求，则优先使用债编之规定。

法的相关规范,乃是为了统一安排民法与劳动法二者之间的关系。1942 年的《意大利民法典》虽然独立设置了劳动编,但该编并未涵盖劳动法的全部内容,即使是个体劳动关系,也并未被全部涵盖。但是从劳动编和债编的结构及其相互关系上看,劳动法与民法在劳动交换规范上的分工是相当明确的。以民法典的劳动法规范为劳动法的核心,为劳动法铺设制度基础,在意大利并未引发对劳动法独立部门地位的否定。相反,借由立法过程中劳动法学界与民法学界的深入对话,消除两个学科之间的隔离状态,劳动法的独立性得到了民法的主动接纳,使民法典与劳动法的紧张关系得到了缓和。[①]

意大利模式的形成,有其深厚的历史与现实根源。

其一,是劳动法自身的发展。19 世纪末 20 世纪初,随着工业化的深入,工人阶级日益壮大,工人运动愈发强势,在多方合力下,劳动关系之法律保护逐渐受到重视,劳动领域的特别立法逐渐增多。但这些立法大多停留于劳动保护法层次。随着劳动法学的发展,学者们开始对劳动立法仅停留于特别法、例外法的层次感到不满,努力为劳动法争取更高的立法地位——与民法、商法比肩而行,劳动法规范也应成为私法体系下的一般规范。[②]

其二,是得益于意大利"私法统一"运动及"社会性私法典"理论的发展。在该运动中,逐渐占据主流的呼声是"废除商法典,将所有私法相关内容,以新的立法体系编撰在同一部法典中"。[③] 该主

---

① 粟瑜,王全兴.《意大利民法典》劳动编及其启示 [J]. 法学,2015,407 (10):114-128.

② 谢增毅. 民法典编纂与雇佣(劳动)合同规则 [J]. 中国法学,2016,192 (4):92-110.

③ 何勤华,李秀清. 意大利法律发达史 [M]. 北京:法律出版社,2006.

张经反复酝酿后得到官方采纳——新的"民法典不应当只是传统意义上的民法，而应当对公民所有人身及职业的生活关系作出全面的规定"。在这一主导思想下，立法者不仅修改并吸纳了商法的相关内容，还增加了全新的第五编，致力于调整广义的劳动①，使 1942 年《意大利民法典》最终呈现为一部"民商统一的法典或统一私法典"②，它也是迄今为止纳入特别法最多的一部民法典。③

其三，是得益于契约法理的进步。20 世纪 40 年代前后，民法学界已经开始意识到古典契约理论的诸多限制，意识到交易双方潜在的差异性与不对等性、契约责任扩张以及契约规制之理性价值；同时，也意识到对契约当事人的利益的保护不应仅限于给付（金钱）利益，还应包括对人身、人格等固有利益之维护。即契约理论已经为接纳劳动关系做好了一系列的准备。

但以上准备，就实际而言，至多只能让"劳动"成为债法"有名合同"下的一节。真正使它提升为独立成编者，当属劳动法之价值理念的更新与转变——劳动物化理念转向劳动人格理念。19 世纪民法中的"劳动"（或雇佣或租赁）关系皆以交换合同为框架，对劳动关系作物化处理（去人格化）。即仅将劳动视为一种财产，而劳动者为这一财产的所有人。法律当然可以借合同自由理念（以租赁或雇佣之形式）促进这种财产的自由流转。这一制度选择最初要对

---

① 茨威格特，克茨. 比较法总论 [M]. 潘汉典，米健，高鸿钧，等译. 北京：法律出版社，2003.

② 费安玲. 1942 年《意大利民法典》的产生及其特点 [J]. 比较法研究，1998，12（1）：99-104.

③ 谢鸿飞. 民法典与特别民法关系的建构 [J]. 中国社会科学，2013，206（2）：98-116.

付的敌人是奴隶制。但随着废奴运动的远去，它的正当性已逐渐消退，并逐渐演化成一个单纯的经济自由的问题。

时至20世纪40年代，法学意义上的"劳动"早已超越旧框架的束缚，不再局限于物化的劳动与交换合同，而更加倾向于一种全新的组织视角。立法者已经意识到在劳动者的人格与其劳动（包括劳动行为及基于该行为而形成的关系）无法分离的内容中，即使仍然保留交换合同框架，也无法将劳务活动视为纯粹的劳动力使用。概言之，劳务活动的私法评价必须引入"人的维度"，而非借用货物法的原理。将这一价值（维度）注入民法典，"劳动"才最终走出传统债权框架，以"人与人"的组织视角独立成编——以从属性分类为基础，引入更全面的（劳动者）保护性规范；以集体合同，引入联合性保护；最终，彻底打破交换合同中的个人主义模式，形成全新的"人—生产者"形象，完成从所有权制度到企业制度的扩展。[①] 这时的劳动编并不以合同为中心，它甚至并不使用"劳动合同"这一用语，而直接以"劳动关系"替代之。同时，从劳动关系"主体"的定义出发，展开规范。[②] 其重点在于劳动关系的从属性与"企业"这种组织形态。传统的交换合同模型则大势已去。

2. 对意大利模式的评价

总体而言，意大利模式有其特色、优点，也存在明显的短板。

意大利模式的优点是，直接将与"劳动"有关的法律关系大抵统合一处，有利于形成对"劳动"的整体认知。同时，也提高了民

---

① 粟瑜，王全兴.《意大利民法典》劳动编及其启示 [J]. 法学, 2015, 407 (10)：114-128.
② 佩若内. 欧洲劳动合同的共同规则：罗马法起源与当今的发展 [M]//费安玲. 学说汇纂：第2卷. 阮辉玲，曾健龙，译. 北京：知识产权出版社, 2009：223.

法对劳动法的接纳程度，使民法与劳动法之间的张力与裂缝得到了更好的弥补。有学者甚至主张，这种结合模式"于民法典而言，是一次规则与价值的革新；与民法而言，是一次从近代民法向现代民法的转型"。由此，"民法发生了自我转变，自身就涵盖了一个涉及弱势缔约方（劳动者）保护的部分。如此一来劳动法改革了普通私法，当然它也不再自称为特别私法了"，"先前被视为特别与例外的规则与理念"，如今已变得一般化与标准化。① 总而言之，劳动法理念革新了传统民法，而民法则直接变身为"大而全"的社会化私法。这也正是意大利立法者最初的制度追求。

问题是，这种"社会化"大变身就民法与劳动法本身而言，到底是不是一件单纯的好事呢？

（1）立足于民法典内在之逻辑性与体系性。立足于整部法典，"劳动"独立成编之基本逻辑何在？《意大利民法典》劳动编的内容其实相当繁杂，除了原本隶属于劳动法若干内容外，还包含大量"劳动法外"的东西，比如：①平等主体（非企业）之间的劳务契约，其中既包括具有一定从属性的家政劳动，也包括那些毫无从属关系的自治性劳务契约，而这两者在逻辑上又显然应当属于传统债法的辐射范围，尤其是后者事实上与债法有着错综复杂的交错与渗透。②原属于商法及知识产权法的诸多内容。如"公司""协同组合及相互保险""利益参加组合""企业体""对于智能作品及工业的发明权利""竞业及业务协作的规制"及若干"处罚规定"。从条款数量与篇幅比例来看，与"劳动"无关者，占据了绝对性优势。

---

① 此为意大利学者路易吉·门戈尼之主张，参见粟瑜，王全兴.《意大利民法典》劳动编及其启示［J］. 法学，2015，407（10）：114-128.

只是有关劳动的内容在次序排列上，被放在了该编的最前面几章而已。谢增毅教授曾撰文将其解释为该法典编撰于法西斯时期，当时强调"劳工"和"资本"合作，二者共同服务于国家利益，因而"企业主也被视为工人，二者混在一起"……将三法（劳动法、商法、知识产权法）编在一处，因为它们"都将'劳动'作为它们独有且主要的要素"。① 但这种编排方式，放诸今日，显然是极难理解的。对于民法引以为荣的体系逻辑（法律科学）与超政策性来说，无疑也是一道抹不去的硬伤。

意大利法实质是在努力追求一种超广义化的"劳动"概念。在这一概念之下，打造一种与债法并列的垂直切割。而这种切割方式却在根本上打乱了传统体系运作中最为核心的"一般—特殊"逻辑，而这一逻辑恰恰是民法"金字塔"之所以稳固百年、屹立不倒的基石。但"劳动"一编采用的是从既有的"金字塔"构架中，抽出若干需用的"砖头"，再"另立一个山头"，拼凑一处的做法。首先，从债法中抽出狭义的"雇佣"，将其与产业化的劳动法结合一处；其次，凑上广义的劳务契约（自主性劳动），并排除债法中已经规范的承揽、运输、委托等形式，形成后补力量；最后，用商法中隐含的微薄"劳动"因素来兜底，而最大篇幅的商法内容，则更似"跑题"之作。再加之三者本就根基不同，价值追求各异②，自治与规制的维度与程度亦相去甚远，硬凑一处谓之曰"广义劳动"，从整体观之，则更像是一道东北名菜——大乱炖，或是《封神演义》中的

---

① 谢增毅. 民法典编纂与雇佣（劳动）合同规则 [J]. 中国法学，2016，192（4）：92-110.

② 劳动法追求倾斜保护；自主性劳动则立足于平等主体间的交换性契约，追求私法自治、等价有偿；而商法则以保护营利、营业自由为价值追求。

四不像（既非劳动法，也非企业法），全无体系美感。将其强凑一编，放置于民法典中，与其他规范之间的接壤程度也不高。无论是从法典编撰的"积木规则"还是"蜂窝规则"观之①，似乎都并非一件美事。

（2）立足于劳动法的自身特点与制度需求。将劳动法的基础性规范放诸民法典中，还会产生一个重要的难题，即民法典本身所追求的稳定性、政策中立性，与劳动法所特有的灵活性（变动性）、政策性之间的冲突当如何化解？

1942年《意大利民法典》编撰时，立法者似乎并未对这一问题做好充分的应对准备，以至于民法典中那些规范个体劳动关系的基本原则，其重要性早已随着时间的推移而越来越弱。② 近年来，意大利政府在劳工问题上频繁地使用法令法，而这些立法常常是在政府与工会，甚至有时是与雇主之间非正式的讨价还价中形成的。相对于民法典中的历史性规定而言，这些普通立法对劳资关系的重要性则日渐加强。

尤其是20世纪80年代以来，面对国际竞争与技术革新的压力，"地方分权"与"灵活变通"理念深刻影响着意大利劳资关系与劳动法的发展。地方分权与灵活变通，已经基本上被社会各方与国家通过协商的方式控制了，其作用也变得更加具有选择性与间接性。

---

① 苏永钦. 现代民法典的体系定位与建构规则：为中国大陆的民法典工程进一言 [J]. 交大法学，2010，1（1）：59.
② 特雷乌. 意大利劳动法与劳资关系 [M]. 刘艺工，刘吉明，译. 北京：商务印书馆，2012.

公共权力和立法者在劳资关系方面表现得相当激进。①

　　综上所述，虽然《意大利民法典》中让"劳动"独立成编，使之与债法比肩而立，对于劳动法学来说，是一种相当诱人的设计与规划，但就意大利劳动法，尤其是劳动合同法的现实运作而言，这显然并不是一个很好的抉择。它给民法体系带来的混乱远大于其给劳动法学带来的益处，事实上，后者所谓的益处，也早已随着时光的推移和民法之稳定性与劳动法之政策性、灵活性的冲突而逐渐消逝。

二、以民法（典）为"中转"的特别法体系化规整模式

　　此模式以德国、日本为代表。除此之外，西班牙、葡萄牙、奥地利、韩国、泰国、阿根廷以及中国澳门特别行政区等亦属此类。它们的共同特点是，在民法典中设置一个关于雇佣劳动的"链接"装置，这个装置既可以是平等主体间的雇佣契约（如德国、日本）、服务租赁（西班牙），也可以是极简的条文、仅用以指明特别法之适用的"劳动合同"规定（如葡萄牙）。劳动法规范可以通过该装置，远程链接到民法之上，成为民法的外围领域，与民法之间形成"特别——一般"之互动逻辑。以劳动法不含有特别规定为限，劳动合同亦受民法规则约束。

　　这一模式的整体适应性比前一模式更强，它既可以保障民法典之稳定结构，又能够根据劳动力市场与劳资关系的具体状态实现灵活调整。同时，在"一般—特别"的关系之下，劳动立法又可以充

---

　　①　见 1990 年第 146 号法律和 2000 年第 83 号法律有关生活必需品行业罢工的规定，1997 年第 196 号法律和 2003 年第 30 号法律有关促进就业和劳动力市场管理的规定。详见特雷乌. 意大利劳动法与劳资关系［M］. 刘艺工，刘吉明，译. 北京：商务印书馆，2012.

分吸纳民法的深厚积累与优势资源，使民法一般规范，特别是民法总则和债法总则的规范，以及民法系统下错综复杂的请求权基础关系，能在劳动关系领域继续发挥基础性作用。① 这些"通用"基础，一方面可以减少因重复立法而形成的巨大浪费；另一方面也可以延伸"找法"范围，弥补或减少劳动特别法上的潜在漏洞。此外，"将劳动关系放诸民法体系之中，民法教义学及其得到验证的概念——教义学知识，对于解决劳动关系中的问题也可作出更多贡献"②。

在这一模式中，对我国立法及研究影响最大的国家莫过于德国、日本两国，其中日本法又多受德国法影响，与德国法属同一支脉。只是在晚近几十年的演变中，略显角色偏差。其一，在民法典层面，日本法的"雇佣合同"一章更多保持着古朴的债法契约原貌，而《德国民法典》却在20世纪70年代以后的多次修订中，陆续引入了一系列劳动法因素［如611a、613a、619a、620（3）、622、623等条款］，并呈现出较强的社会化色彩。其二，在特别法层面，日本则出台了独立的《劳动契约法》（2008）。该法虽简，却足以在结构上发挥统一链接与转承之效，即以"契约性"为中介，在"民法—劳动契约法"间构建"一般—特别"之关联，形成一条以"民法—债法—合同之债—雇佣合同—劳动合同"为线索的体系化规整路径。德国法亦采类似思路，但因它一直未能推出一部像日本法那样统一的劳动契约法，因而在逻辑上，只能勉强将整个劳动法部门（而非私法性质之劳动契约法）作为民法的特别法，形成一种松散链接。同时，以劳动法不含有特别规定为限，劳动合同亦受雇佣合同法规

---

① 瓦尔特曼．德国劳动法［M］．沈建锋，译．北京：法律出版社，2014.
② 瓦尔特曼．德国劳动法［M］．沈建锋，译．北京：法律出版社，2014.

则之约束。①

德国劳动契约法之结构②如表 3-1 所示。

表 3-1　德国劳动契约法之结构

要点	劳动关系法			劳动保护法
法律性质	建立在私法原则上			更多建立在公法原则上
法律基础	民法典	雇佣规定	第 611 条以下	形成于各特别法：如《劳动保护法》《劳动时间法》《母亲保护法》《青少年劳动者保护法》《照顾时间法》《安全生产法》等
		民法总论	成立，代理，行为能力	
		债法总论	给付义务、给付障碍及责任	
	劳动法特别规则	解雇保护法		
		工资继续支付法		
		非全日制以及有期限劳动合同法		
		最低工资法		
		证明法等		
违法处理	雇主或雇员必须为自己提出主张（要求履行，要求损害赔偿）			国家机关介入
				通过《民法典》第 618 条转化为契约义务，并附以相应的法律后果（《民法典》第 134 条、273 条、823 条第 2 款）

---

① 梅迪库斯. 德国债法分论［M］. 杜景林，卢谌，译. 北京：法律出版社，2007.
② 瓦尔特曼. 德国劳动法［M］. 沈建锋，译. 北京：法律出版社，2014.

在优势的背后，德国模式的缺点也不容忽视。

首先，劳动关系的加入给民法典本身带来结构性混乱。1969 年修法加入劳动关系中有关解雇的特殊规则（第 622 条）后，其他以劳动关系为起点的条款也陆续被添加进来 ［如《德国民法典》第 611a、613a、619a、620（3）、623 条］。这些条款穿插、夹塞在关于雇佣合同的一般性条款之间，并未进行集中处理，经常让"找法"之人迷失在这些产生于不同时代、适用于不同主体的条文之中，"找法"之人必须十分谨慎，才能避免错用。这种结构性的"不工整"，与整个民法体系潘德克吞式的结构严整俨然已形成鲜明反差。以这种方式直接滴入民法典中的社会主义"精油"①，对于民法典自身而言，似乎并没能以最佳预期获得良好的消化。

其次，就民法典与劳动特别法的分工而言，这种零散且颇显纷乱的接引方式似乎也并非最佳状态。欧洲各国的民法典，从诞生之日起即着眼于一种长期结构——致力于以卓越的法律技术构建坚固的民法帝国，已经被历史证明能仅用某些调整而为不同的社会制度效力，并历经百年而不衰。② 但劳资结构与劳动关系是极为易变的，具有很强的政策性，因此劳动立法的很多内容本身就可能是大规模

---

① 出自德国劳动法学者基尔克 1889 年在维也纳法学会上发表的演说，他强调私法之社会任务，主张"我们的私法中，必须滴入社会主义的精油"。转引自林佳和. 劳动关系的公益与私益冲突［M］//政治大学法学院劳动法与社会法中心. 劳动、社会与法. 台北：元照出版公司，2011：64.

② 施瓦布. 民法导论［M］. 郑冲，译. 北京：法律出版社，2006. 我们需要稳定而独立的民法典。这种民法典不考虑公法，同时也不考虑国家的具体政治形态，并借助于其抽象性质而使之对于政治变革具有特别的适应能力。比如，这种类型的民法制度，绝对不会对任何应予禁止的合同作出终结性规定；它会把这种规定让给公法去做，而自己则只规定在违反禁止性规定的情况下，所订立之合同的民法后果（如《德国民法典》第 134 条之规定）。所以，人们若是想要知道什么合同是法律所允许的，从民法典中，相对来说是看不出什么名堂来的。也正是由于把不稳定持久的公法排除在外，民法典才能历经时代和政治制度的变迁而长盛不衰。

劳资博弈的暂时性"成果"（比如《德国民法典》第 622 条所设之解雇预告期间即属此类），一旦劳资结构变化，现有"成果"很容易被新一轮博弈推翻，劳资权益由新的谈判重新确定。直接将这类"成果"引入民法典，在策略上可能并不如将其放入劳动特别法，比如《解雇保护法》中，像较晚加入《德国民法典》的第 620 条第 3 款一样，直接指明此种情况"适用《部分时间及附期限法》"。如此，既有利于保持民法典的稳定性（避免基本大法的频繁修改），同时又能及时兼顾劳动关系领域的特殊性与灵活性。与民法力求自身稳定的庞大结构不同，这些单行法往往是相当"善变"的。而且它们的"体量"较小，规范内容相对单一，变化起来也相对轻巧、灵活，因此更容易被拿来应对劳动力市场乃至世界经济格局的"善变"性格。当然，这种单行立法也更能清楚地体现出劳资之间政治力量的对比效应。

再次，就学界通说而言，德国民法对劳动关系的引入，实则并未简单限定于劳动契约，而是将整个劳动法（即有关劳动关系的法律）都直接纳入"特别债法"。[①] 但作为典型私法的民法，无论从理论层面还是现实层面观之，都很难统合组成与属性都较为庞杂的劳动法体系，特别是其中具有极强公法性质的分支。此种处理结构常常是敏感而脆弱的：

其一，集体劳动法相对于债法的"离心力"过强。虽然集体劳动合同的缔结本身仍需遵循债法契约的一般原理，符合债法的一般逻辑，但就整个集体劳动关系而言，它远非全部，比如在集体谈判

---

① 瓦尔特曼. 德国劳动法 [M]. 沈建锋，译. 北京：法律出版社，2014.

之中占据重要地位的"劳动斗争权"是一块烫手山芋。这类公法性（社会性）过强的产物，原本就很难直接通过私法逻辑来加以理解，即使将其列入私法，其也将成为私法中随时成离散状态的独立领域，或似居于私法与公法之间的"墙头草"。当劳资关系或政治局势紧张，需对劳动领域施以高压时，它更趋近于公法；反之，它则回归私法。

其二，劳动法中最为先行也最为有力的部分本就不是私法属性的劳动契约法，而恰恰是纯粹公法性质的劳动保护法，如我国《安全生产法》《矿山安全法》《职业病防治法》《生产安全事故罚款处罚规定》等。它们本就无法被私法概念所包容。这些立法大多直接以国家为权力人，对包括雇主在内所有与生产安全、职业卫生有关之人员课以严格的公法义务，并以公权监督、行政、刑事处罚等公法手段确保其实施。其内容与手段均已远超私法（特别债法）射程所及。即便是主张将前述公法义务通过契约结构的"双重效力"或"反射效力"加以私法转化，"变成"对相对人（劳动者）的契约义务，其大前提也必须是前述义务适宜于转化为契约义务。对于《安全生产法》中用大量篇幅规定的安全生产资金投入要求、制度要求①、机构设置要求、报备、报告要求等并非相对于劳动者个人而为之的义务，实无经由契约转化为私法之可能。至于《职业病防治法》中大量关于医疗卫生机构（尤其是职业病鉴定机构）②，甚至各级人民政府的责任、义务性规定③，则更是无从"私法化"。就债法之私

---

① 如《安全生产法》中所要求的危险源登记档案制度、应急预案制度、排查治理制度，《职业病防治法》中所要求的职业病防治责任制等。

② 如《职业病防治法》第 50、55 条等。

③ 如《职业病防治法》第 9~12 条之相关规定，均以各级政府为义务（职责）主体。

法属性而言，实难将其包容其中。

其三，更具公法风范的劳动力市场法，如我国《就业促进法》等，相对于债法的距离则更为遥远。该法几乎通篇规定皆是国家及各级人民政府对社会、对经营者、对劳动者的义务性规定，比如实行有利于促进就业的财政政策；改善就业环境；扩大就业；建立统一开放、竞争有序的人力资源市场；在预算中安排就业专项资金；设立公益性岗位等。无论再怎样将私法概念扩大化，及至推到社会化的最大限度，这些"国家责任"似乎也难以融入其中。

最后，前述民法与劳动法间的整体性链接、统合，本身非德国法学的理想模式。原本早在19世纪末民法典通过之时，德国立法者即已表示要编撰一部统一的劳动法典来彻底解决前述问题。可惜碍于劳动法本身的变化节奏及劳资博弈的巨大成本，这一理想一直都没能实现，并延伸成为一项"永存"的立法计划。① 在这一计划中，更为理想的体系规整结构似乎应是"民法典—劳动合同法"与"劳动法典—劳动合同法"两条脉络比肩而行的、相辅相成的互动整合模式。

《魏玛宪法》第157条第2款就已宣告，帝国将制定一部统一的劳动法。1923年《一般劳动合同法草案》出炉，但该草案并未成为法律。1945年后，劳动法一直以单行法的形式迅速发展。联邦议会在1952年决议中，曾委托联邦政府为《劳动法典》做准备。劳动和

---

① DETLEV J，王倩. 德国劳动法之体系与基本原理［J］. 大连海事大学学报（社会科学版），2010，9（2）：56-60.

社会秩序部还在 1970 年召集了《劳动法典》专家委员会,并由委员会提交了《劳动法典部分草案——一般劳动合同法》(1977)。可惜的是,这一草案仍未能变成法律。1990 年两德统一时,又重提此事。[①] 1992 年,"德国统一劳动法"工作小组还提交了《劳动合同法草案》(ArbVG1992)。随后各个州以及学者组织也纷纷提出自己的草案,有些还提交到联邦议会并进入决议程序[②],时至今日也没能使法典变为现实。仅限于当人们只是对迄今为止分散的制定法规定进行法典编纂,而不进行任何实质性变革的情形,而这也只有在劳资双方利益代表都一起参与时才会实现。[③]

在此整合模式中,引路者通常是民法典,而真正具有规制价值者则是劳动特别法。民法典中关于雇佣合同、劳动合同的相关章节或条款,大多仅系构建二者关联的纽带、桥梁,允许司法者跨越两法进行综合性"找法"。至于其中的单款式"链接",如《葡萄牙民法典》(第 1152 条、第 1153 条)之选,实则已逐渐走出以民法典为"中转"的特别法模式,而更加趋近于以劳动法(典)为中心的体系化规整。毕竟其民法典中,至多只是对(雇佣)劳动合同作了一个极简的概念介绍及特别法指引,对于劳资双方之间的权利、义务,则全无规范。在此,立法者的态度已然相当明确,与其在民法典中堆砌诸多劳动合同规范,给民法典造成过重的社会性负担,还不如

① 1990 年《(两德)统一协议》第 30 条第 1 款为:"尽快对劳动合同法和劳动时间法进行统一法典编纂,并在与欧共体法以及民主德国劳动保护法中符合欧共体法的部分相一致的情况下与时俱进地重新制定劳动保护法。"

② 如萨克森自由州与勃兰登堡州草案,以及贝特尔斯曼基金会提出的讨论草案等。

③ 瓦尔特曼. 德国劳动法 [M]. 沈建锋,译. 北京:法律出版社,2014.

直接作出明确的特别法指引，由特别法来解决这一特别问题。一方面，民法典可以更好地保持其私法的纯粹性、体系性。另一方面，特别法还可以将问题处理得更加灵活化、专业化，更加符合劳动合同立法的口味和需求，而且相较于民法典而言，特别法往往体量较小，反应灵活，更容易体察劳动力市场的动向，伺机而变。就立法成本与修改难度而言，特别法是优于民法典的选择。最后，通过"一般—特殊"的逻辑安排，在特别法遇有疏漏之处，还可以返回一般法寻求援助，充分利用民法典的体系效益与体系资源。

日本模式

较之于德国式的分散"链接"，日本这种集中化、统一化处理的立法模式，在衔接上显然更加整齐、顺畅，体系上也更为清晰、严整。日本法的特点在于，它仅在《民法典》中规定纯民法意义上的雇佣合同，同时将具有社会化属性的雇佣关系全然独立到特别法——《劳动契约法》之中，在明晰二者之"血脉相承"的基础上，对劳动契约采取特事特办之态度。如此，既可保持劳动契约与民法原理、民法体系之间的亲缘关系，以作理性衔接，又不至于伤及《民法典》的纯粹性、稳定性，同时还可以较为"专心"地关注到劳动契约的个性化法律需求。

除格局清晰之外，日本法的另一特色就是"简约"。《民法典》仅以九个条文规范雇佣契约，《劳动契约法》也不过寥寥十几条。其中，对于劳动契约中最为核心的终止（解雇）问题，只设一个条款（不足50字）；对于雇佣期限这块"硬骨头"，也同样以单个条款简约了事，远未形成完整的解雇规则、期限规则。从整体观之，《民法典》当然更无法缔造一个完备、封闭的劳动契约法体系。就地位而言，该法只能作为一个总纲性指引，而将更多的问题留给那些"特别法的特别法"去一一解决。

但就其自身法律体系而言，日本法的简约也绝非什么致命的缺陷，而是出于该国劳动法体系建构的整体性考量而作出的适宜决定。因为远在《劳动契约法》颁布之前，就已经有大量有关劳动契约的"特别法的特别法"存在。对于这些规定，姗姗来迟的《劳动契约法》没必要再一一重复，它只是一部特别法，而非法典编纂，无需一一求全。而且，日本法的"简约"就其本身而言，也"简"得十分得宜。就劳动契约的终止（解雇）而言，它虽简化了具体何种情况下，雇主可予解雇之繁杂规则，但保留了"解雇限制"中最为核心的原则性要素，即解雇必须具备特定理由，且该理由需符合社会通念所认可之"客观合理性"，并由此形成解雇限制的一般条款。至于具体哪些理由为"客观合理"者，则留给法律解释或"特别法的特别法"去进一步明晰。同时，这种一般条款化的简约模式，也为应对未来劳资关系与劳动政策之变动留下了更为广阔的利益衡量与解释空间。

第三节　"公法—政策"基因主导之劳动法典进路

最能体现劳动合同规制之灵活性、政策性要求的，即是以劳动法（典）为中心的体系化规整模式。其中，根据劳动法（典）与民法（典）之互动情况，又可分为以下两种亚类型。

一、保持与民法（典）互动协调的劳动法（典）中心模式

该模式以法国法为典型。法国因其民法典中的雇佣（租赁）条款过于简陋，无力承受现代劳动关系的迅猛发展，因而只能另辟蹊径，以《劳动法典》为主导，规制劳动合同。但法国《劳动法典》在编排体例及体系性要求上，与《法国民法典》仍存在很大差距，它更像是一部有关劳动特别法的文件汇编。在编排结构上，《劳动法典》分为法律、条例、规定三个部分。每一部分，又按照内容分为9卷。① 与此同时，每一个章节，甚至精确至条文，都会在"眉头"处先注明其产生于何年何月第几号法律。② 将产生于不同时期、不同法令的劳动合同类规范，按照层级（位阶）汇编在一起，便形成了《劳动法典》中的劳动合同编，寻索路径为：劳动法典—法律部分（L）—"有关劳动雇佣的各种合同"（第一卷）（L1）。其结构、内容见图3-3。

---

① 第一卷"有关劳动雇佣的各种合同"；第二卷"劳动保护"（劳动安全卫生等劳动条件的规定）；第三卷"就业与安置"；第四卷"工会与参与"；第五卷"劳动冲突"；第六卷"劳动监督与检查"；第七卷"对特殊行业的规定"；第八卷"适用于海外领地的规定"；第九卷"继续职业培训"。《劳动法典》的每一条款都由一个大写字母（或L或R或D）和几个阿拉伯数字组成，大写字母代表立法的层次，即是法律、条例还是规定（L代表法律，R代表条例，D代表规定），阿拉伯数字的第一位数表示第几卷，第二位数表示第几编，第三位数表示第几章，第四位数表示第几条，第五位数表示第几款，如L124-2-1，表示法律部分的第一卷第二编第四章第二条第一款。

② 该法由于是法条汇编，因此在适用（援引）之时，必须注明是法 X 条或者条例 X 条。

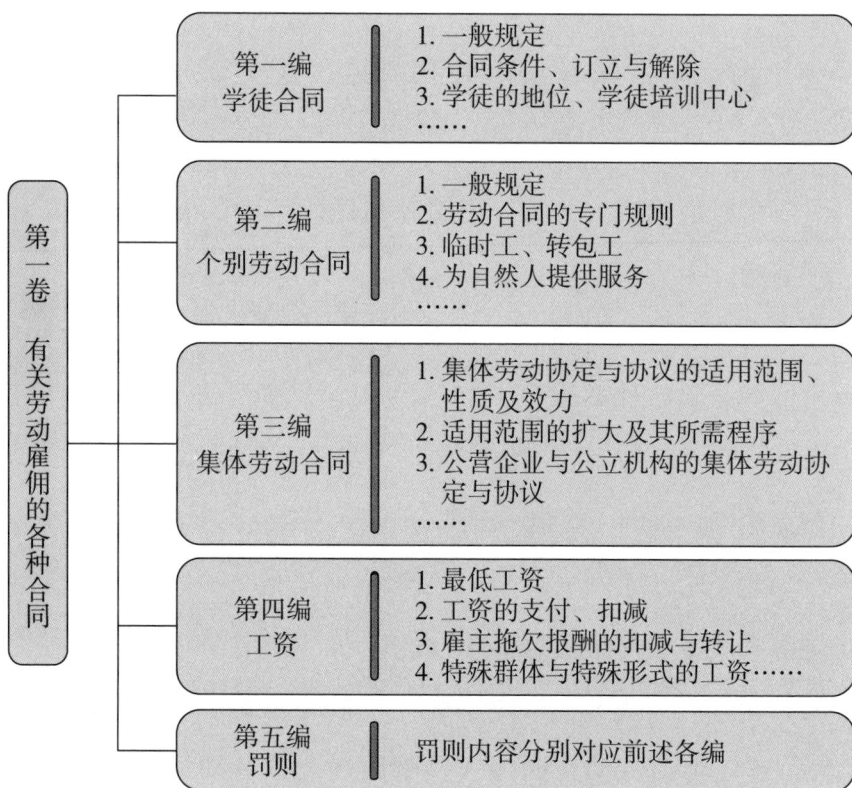

图3-3　法国《劳动法典》中有关劳动雇佣的各种合同

整体而言，法国《劳动法典》之汇编，在对规范体系的具体处理上仍显薄弱。毕竟，相当一部分劳动立法本身就具有很强的政策性，甚至应急性。近年来，几乎每届法国政府上台都要进行劳动立法，以推行本届政府在竞选中对劳资社会伙伴的承诺。将不同政府、不同时期的各种法令汇编一处而形成的法典，其在内部体系的统一性、连贯性，以及具体规则的周延性、周密性上，很难做到像《民法典》那样精工细作、逻辑严谨、层级结构完整和严密，漏洞亦难以避免。当遇到汇编"漏洞"之时，仍需不断求助于民法。虽然在逻辑层面，两法间并无从属关系，但在理论层面，劳动合同离不开民法机理，毕竟说到底它仍是合同，并具备一般合同的多数特征。因此，《劳动法典》L12 编开篇即承认 "劳动合同受普通法规则约束"（L121-1），理论上，"在缺乏特别劳动法规则时，在《劳动法典》之外，可以适用《民法典》之规定"。① 即二者间仍保有低限度互动。但需要指出的是，这种互动原则仅控制在个别劳动合同领域（即 L121-1 至 L129-1 条），决不能随意扩张。

至此，在两法互动方面，以《劳动法典》为中心的法国模式与以《民法典》为中转的葡萄牙模式实则已非常相近，只是法国选择将 "一般—特别" 之链接条款放在《劳动法典》一侧，而葡萄牙则将其放入《民法典》中。但因葡式《民法典》并未对劳动合同下的权利义务作具体安排，因此作为特别法的劳动合同法，受其约束之程度以及可从其中所借之力皆非常有限，多限于总则层面的通用性规定。即两国劳动合同法对民法体系的依存程度皆处于低位，实际运作之上，差别不大。除在适用层面上仍保持 "一般—特别" 之底线关联外，其劳动合同立法皆已呈强势、独立姿态，系典型的劳动法分支。

二、切断与民法（典）关联的劳动法（典）模式

这一模式以俄罗斯为典型代表。俄罗斯的劳动立法早在苏俄时期就已经与民法彻底隔绝。苏联解体后，虽然立法内容已被重写，但

---

① BYDLINSKI F. Arbeitsrechtskodifikation und allgemeines Zivilrecht[M] .Berlin: Springer-Verlag, 1969: 66; 沈建峰. 劳动法作为特别私法：《民法典》制定背景下的劳动法定位 ［J］. 中外法学，2017，29（6）：1506-1525.

既有的归列格局被作为传统继承下来。当然，这也可能与其政治领域中长期对劳资关系的阶级化、斗争化、不平等化的宣讲、认知有关，而这一认知显然很难与平等主体之间的民法思维相互兼容。因此，《俄罗斯联邦民法典》会选择直接绕过所有雇佣劳动（包括平等主体之间的民事雇佣），将其统一留给《劳动法典》去解决。

《俄罗斯联邦民法典》第二部分第四编"债的种类"之中，其实已经规定有关"有偿服务"（第三十九章）的相关内容。《俄罗斯联邦民法典》第 779 条第 1 款规定："依照有偿服务合同，执行人应依定作人的要求提供服务（实施一定行为或进行一定的活动），而定作人应对该服务支付报酬。"简而言之，即是一方提供服务，一方支付报酬。如果忽略"定作人"与"执行人"之特别称谓，仅就双方之间的权利义务配置而言，这已与《德国民法典》第 611 条第 1 款之雇佣规定非常接近。《俄罗斯联邦民法典》却在该条第 2 款处话锋一转，规定"本章规定适用于提供邮电、医疗、兽医、审计、咨询、信息服务，培训服务，旅游服务和其他服务合同"，同时将承揽、保管、运输、代理、委托合同排除在外。对"雇佣"或"劳务"则全然不提，或者说有意地回避，将其全然留给《劳动法典》去解决。

此时，劳动合同根本无需遵从债法合同之一般规律。这种彻底脱离在现实中带来了两大问题。

一方面，彻底放弃民法体系之稳定效应后，劳动立法很容易变得非常"任性"，甚至容易因政治之需而频繁剧变。从 2007 年译本来看，《俄罗斯联邦劳动法典》（2001）几乎年年都在大修，有时甚至一年修订两三次，且修改比例相当可观。仅 2006 年第 90 号修正案一项，即牵涉上百项条文，几乎将劳动契约整编彻底重写。如此程度，对于一部大型法典来说，实属少见。对公众而言，既难以理解，也难以适应；就劳资关系正向引导而言，则更为不利。

另一方面，在失去民法理论的基础性、技术性支撑后，其规范体系也极易迷失航向。一来，立法中残存的各种漏洞将无法通过民法资源获得填补，不停地颁布修正案就成了思维惯式。二来，大量偏离债法机理的劳动合同规则，其合理性与正当性也常常备受质疑。比如该法第 81 条规定，只要存在"更换单位财产所有者、单位负责人、副职或总会计师"之情形，即可合法解雇相当一部分员工。而这显然与劳动合同所固有的状态保护性①及大陆法系的经典解雇法理相去甚远，也与法人制度"人格独立"之基本要求格格不入。事实上，在大陆法系的绝大多数国家，就连公司整体转让都不能成为解雇员工的正当理由。

立法技术上的不足，再加之与民法理论的脱钩，共同造成了俄罗斯劳动合同立法的粗陋与动荡。作为后来之人，我们诚当时刻警醒，吸取教训，避免重蹈覆辙。

---

① 大竹文雄，大内伸哉，山川隆一. 解雇法制を考える：法学と経済学の視点［M］. 東京：勁草書房，2002.

第四节　我国劳动立法之体系化进路

一、我国劳动合同立法之"单边化"进路

目前，我国《劳动合同法》的归列格局已十分接近俄罗斯模式。不管是 1999 年《合同法》，还是 2020 年《民法典》，其中的契约规则都始终坚守着民法本身的原汁原味，严格保持与劳动合同之间的安全距离，谨慎隔绝，并无交叉，似乎已然形成某种潜移默化的固定格式。

（一）"单边化"进路之形成

历史地看，《民法典》选择"绕行"雇佣劳动关系，实则并非不顾现实及学界意见固执己见之举。立法者只是选择延续已趋于定型的立法格局，"能不动，就不动"，力图降低一切不必要的阻力，回避一切不必要的矛盾，以最小的社会代价、政治代价，迅速推出一部更具统一民法价值的《民法典》。对于与民法"大盘"关系不甚密切，甚至趋于中性却争议颇多的劳动雇佣关系，自然属"回避为宜"之列，以免重遭不必要的部门性阻碍，拖慢整部法典的审议进程。

事实上，这种雇佣（劳动）关系调整上的体系化割裂存在已久，系典型的"历史问题"。改革开放以来，每一次具有衔接、整合可能

的相关立法前后，也都曾热切讨论过能否将其彻底统合。只是这些讨论始终仅停留于"讨论层面"，每次关键性立法都谨慎地选择了绕行，最终让这一问题成为劳动法与民法间共同承受的一项"历史遗留问题"。

该问题起始于《劳动法》与《合同法》之割裂。其中，《劳动法（草案）》的起草工作是由原劳动部、全国总工会、国务院法制局等部门共同完成的，行政部门起着举足轻重的作用。作为《劳动法》的核心内容，同时也作为十几年来劳动合同制改革的重要任务及重要功绩（部门功绩），劳动合同本就是《劳动法》立法的重头戏，并借此树立了一个基本方向及标杆，即劳动合同问题系纯粹的劳动法问题，并无民法插手的必要及空间。这在当时特定的社会环境、政治环境下，具有不可磨灭的历史价值。此种强化规制性、弱化契约（民法）性的单向归属，也是特定历史环境下的不二之选。

《劳动法》颁布之际，已在全国试行近八年的"劳动合同制"仍然在靠政策调整"摸着石头过河"。在当时的政策环境下，改革者的立足点乃是最大限度地将人力资源从计划经济的统分统包制中解放出来，变身为可以自由流动的市场要素，并按照市场的规则（包括法律规则）实现资源配置。因而改革所强调的重点乃是劳动合同的自治性，而非管制性。这一方向定位曾一度使劳动合同深陷民法化、自由化的泥潭，其合同条款（包括劳动条件）几乎全由契约双方自由协商。而随着国企改革、下岗分流与农民工进城这两大历史潮流，大量"廉价"且缺乏自我保护能力与意识的劳动力涌入市场，使劳资双方的不平等性日益突出（私营企业与外资企业中情况更甚），社会矛盾尽显：劳动合同的签订率极低，企业为追求高利润，大多要求工人超时工作①，拖欠克扣工资情况严重，劳动条件恶劣，劳动者的法律保护非常薄弱，甚至连"工伤概不负责"这样不公平的合同条款，都可以畅行无阻、盛极一时。在这种低规制、高自治状态下，劳资关系日渐紧张，劳动争议激增，由此带来的社会矛盾日益凸显。统计数据显示，1992—1994年，劳资纠纷的数量持续以每年50%以上的速度递增②，甚至开始出现停工、罢工等大规模的抗议行动。③ 在此情形下，立法者决定以强规制性的《劳动法》来扭转原处于民法式自治状态下的"劳动合同制"，确立了劳动合同调整的强制性，甚至是管制性方向，以约束企业行为，保护劳动者权益，这实属历史之创举，是历史的选择，也是现实的选择。

随后出台的《合同法》顺理成章地承接了这一趋势，有意回避并谨慎维系着劳动合同领域的强行法规制格局。一方面，它代表着劳动关系领域中，立法者对民法自治的进一步防御，尤其防止其在

---

① 1993年的一项调查显示，85%的私营企业雇员每天工作8小时以上，甚至达到12个小时。常凯. 劳动关系·劳动者·劳权：当代中国的劳动问题［M］. 北京：中国劳动出版社，1995.

② 1993年，全国劳动争议仲裁委员会一共受理了12358宗劳动争议案件，比前一年增加了52.6%，涉及工人数达34794人，比上一年增长了99.8%。另外根据20个省份搜集的数据，1994年第一季度劳动争议案件激增至3104宗，同比增长66.4%（参见冯庆同. 1994—1995年的中国职工［M］//江流. 1994—1995年中国社会形势分析与预测. 北京：中国社会科学出版社，1995：294-308）。除此之外，还有数以千计的劳动争议并未进入仲裁程序。

③ 工人通常选择示威、静坐、向政府请愿以及围堵党政机关办公场所的方式来表达群体的诉求与不满。在1994年年中，河北、湖南、黑龙江以及辽宁等省差不多每周发生一至两起群体性劳动争议。仅1993年一年，深圳就发生了1100起劳动争议、罢工与停工事件。参见岳经纶. 转型期的中国劳动问题与劳动政策［M］. 上海：东方出版中心，2011.

期限规制、解雇限制、劳动条件规制及书面强制等方面，以民法延伸逐渐弱化劳动法的刚性限度、柔化其倾斜保护，影响劳动法规制之实效；另一方面，它也隐含着民事立法本身的保守化趋势。事实上，原《合同法（草案）》中，的确曾经设有"雇佣合同"一章，作为独立的有名合同。但在征求意见时，来自劳动行政部门的意见直接指出："根本没必要在《合同法》中规定'雇佣合同'制度，再者'雇佣'这一剥削现象已经被消灭，不存在雇佣关系。"① 在劳动行政部门的强烈反对下，原《合同法（草案）》中的"雇佣合同"一章惨遭搁浅，并最终落空。毕竟，当时《合同法》所要解决的重点问题并非"雇佣合同"，而是整合《经济合同法》《技术合同法》和《涉外经济合同法》这三个大部头，结束长期以来"三足鼎立"、交叉割裂的困局，实现合同法领域的大一统。为尽快完成这个具有决定性意义的大目标，追求合同立法的整体效率，使《合同法》尽快出台，直接绕行遭遇明确行政阻力的"雇佣合同"并无不妥。

（二）"单边化"进路之巩固

2008 年《劳动合同法》的颁布，又进一步固化了这种分体式立法格局。该法仅以《劳动法》为体系依托、立法基础，并竭力与《合同法》划清界限，是为强规制、弱自治之道路延续。当然，这其中也同样渗透着不小的部门力量与部门利益。从草案的形成到后续

---

① 郑尚元. 雇佣关系调整的法律分界：民法与劳动法调整雇佣类合同关系的制度与理念［J］. 中国法学，2005（3）：80-89.

的修改，劳动行政部门与全国总工会都发挥了很强的影响力。^①草案修改阶段，国务院法制办委托专家论证时，受托的 18 位专家组成员也均出身于劳动法或劳动关系专业，无一长期从事民法研究者。民法学界的回避，与劳动法学界的积极进取，也从另一层面加深了两者之间的隔阂，使得《劳动合同法》在立法与学术两个层面上，都与民法理论越走越远。

2011 年全国人大正式发布的《中国特色社会主义法律体系》白皮书（见图 3-4），似乎又再一次肯定了这种"一边倒"格局。白皮书指出，该体系主要由宪法、行政法、民商法、经济法、社会法、刑法、诉讼与非诉讼程序法七个法律部门构成。劳动关系调整被置于社会法部门当中；而《劳动合同法》又被置于劳动关系之下，系劳动法之核心组成部分。以体系归属观之，"社会法—劳动法—劳动合同法"一脉相承，且顺次呈递进、包含之势。与此同时，"民商法—民法—合同法"一脉亦属递进式包含。两条体系脉络总体呈平行状态，似乎并无交集。

---

① 岳经纶. 转型期的中国劳动问题与劳动政策［M］. 上海：东方出版中心，2011.

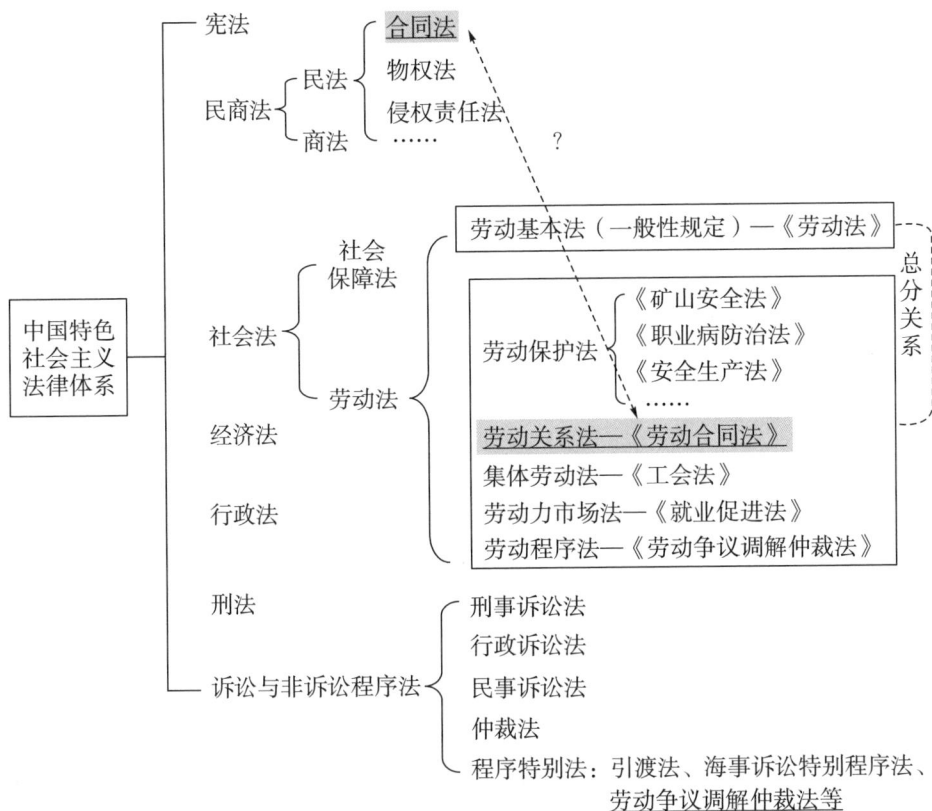

图 3-4　中国特色社会主义法律体系

在此之后，《侵权责任法》对工作性人身损害的绕行，《民法总则》对劳动者概念的绕行，以及《民法典》对雇佣（劳动）合同关系的绕行，皆系延续同一方向的"路径依赖"，或者说是一种思维固化或体系固化。一方面，雇佣劳动领域中潜在的社会化、政策化倾向可能与我国现行民事立法的保守姿态很难相容；另一方面，这可能也是回避矛盾的权宜之计。毕竟在《合同法》的立法过程中，立法者已领教过"部门阻碍"的压力。如今，若要将雇佣（劳动）关系写入《民法典》，该压力绝不会变小，只可能更大。若再加上

2020 年这一极为紧迫的时间红线，那么"抓大放小"必为首选之策。而劳动关系作为民法体系中既边缘又难啃的一束旁支，难免直接被列入该"放"之"小"——与《合同法》保持统一口径，"能不动，就不动"，以保证《民法典》能够以最小的社会代价及时面世。以上种种共同造就了雇佣劳动关系之上，民法与劳动法两束体系性法源之间的人为性割裂。

二、"单边化"割裂模式背后的深层次法理危机

以上"单边化"立法进路虽貌似简洁、清晰，却常使劳动合同法（乃至整个劳动法）在体系及规则上陷入尴尬境地，难题重重。

（一）立法"省略"与潜在漏洞之困

因《劳动合同法》之立法"省略"而遗留下的大量体系性漏洞到底要如何弥补？首先，立法者在建构劳动合同规则时，实则已经直接运用了其自有知识系统中潜在的诸多民法契约知识，因此"省略"了大量有关合同关系的背景材料，即把很多概念、理论都暗藏在"一般—特殊"规则背后，打算从民法那里直接"拿来"，是为"借用"。比如，《劳动合同法》并未设置劳动合同的缔约规则，包括缔约主体的规则、权利能力的规则等；也没有完整的缔约过失规则①以及违约金酌减和履行障碍的相关规则；还缺少用以确定欺诈、

---

① 恶意磋商、泄露个人信息（隐私）和商业秘密的行为无法得到规范。

胁迫等关键术语具体含义的方法、规则，等等。如果直接割断劳动合同法与民法之间的体系性关联，那么这些缺失最终似乎只能变成劳动合同立法上的一系列漏洞，还需投入巨大的修复成本来加以明确及填补。[①]

（二）立法"缺失"与社会调整之困

广泛存在的民事雇佣及过渡性雇佣（劳动）关系仍"无法可依"，至少无法获得恰当且精准的法律规整。一方面，具有部门立法特色的《劳动法》与《劳动合同法》并未触及此类法律关系。受部门分工影响，两法几乎均定位于产业劳动，尤其以"企业内"的劳动为主。[②] 这在两部立法的措辞上，也可或多或少体察得出：二者均将劳动合同的缔约方称为"用人单位"，而并未采用国际通行的表述——雇主（employer）。言下之意，"单位"以外之主体，并非《劳动法》与《劳动合同法》的调整对象。这一点在原劳动部1995年8月4日印发的《关于贯彻执行〈中华人民共和国劳动法〉若干问题的意见》（下称《意见》）中得到了完美的确证。其规定，"公务员和比照实行公务员制度的事业组织和社会团体的工作人员，以及农村劳动者（乡镇企业职工和进城务工、经商的农民除外）、现役

---

① 沈建峰. 劳动法作为特别私法：《民法典》制定背景下的劳动法定位 [J]. 中外法学，2017，29（6）：1506-1525.

② 劳动部从成立之时就被定位于主管企业内的劳动关系，如监督一切公营企业、合作社企业、私营企业以及公私合营企业遵守有关劳动问题法律、法令的情况；审查各个产业部门规定的工资制度和等级标准，并监督其具体实施情况；检查各类企业、工厂、矿场的安全卫生设备运行状况；监督公营企业依法正确使用青年工人和女工的劳动，以保护青年工人和女工的特殊利益，等等。

军人和家庭保姆等不适用劳动法"。其中，公务员和比照实行公务员制度的事业组织和社会团体的工作人员，根据编制归属当由人事部而非劳动部管理（当时二者还是相互独立的），不好强用《劳动法》规制。农村劳动者，若进入企业工作，则当属产业劳动范畴而适用《劳动法》；若在家务农，则归农业部管，且由其立法规范；那些虽留在农村，却长期被雇用，为他人承包的果园、鱼塘（未注册为企业或个体工商户）提供劳动之人，通常也会被划入后者范畴，并不适用《劳动法》。现役军人，则仅归军队管理，自不待言。家庭保姆等未及企业化的其他劳动形式，也超出了劳动部门原有的管辖范围，甚至连就业统计都难以计入，更谈不上管理。至于学徒工、实习生、兼职生等更为复杂的过渡、交叉形态，则更无"法"问津。因此，在部门立法的大格局下，《劳动法》与《劳动合同法》所调整的主体范围实则是严格受限的，并未覆盖全部以劳动（劳务）给付为主要内容的法律关系。

另一方面，这些法律关系却在现实中普遍存在，并发挥着重要的经济、社会作用。比如农村地区土地承包者因农业种植而雇用的帮工，城市中的自然人家政用工，以及越来越多见的私人保镖、私人司机、私人管家、家庭教师等①，这些都是建立在平等自然人主体之间的雇佣性社会关系，不归《劳动法》调整。因此，自然人雇主除付给劳动者劳务对价（工资）以外，几乎无需负担任何多余的社会法责任，无需为产假、病假支付工资，无需给予他们带薪年假，

---

① 郑尚元. 劳动法与社会法理论探索［M］. 北京：中国政法大学出版社，2008.

无需解雇理由，无需解雇预告，更无需为他们缴纳专门适用于劳动者之"五险一金"。就目前的立法状态而言，立法者对于这类劳动者所采取的显然是一种消极的回避态度。劳动法不管，合同法也不理。面对这一现实存在，甚至还在日益扩大的雇佣劳动群体[①]，法律应有之规制与保护又当何去何从？对此，正如梁慧星教授所言，未将雇佣合同纳入《合同法》之有名合同范围实为一大憾事。[②] 当然，笔者也并非坚持，所有合同类型都必须进入有名合同行列，才算有所调整。而是因为《民法典》合同编实际乃以买卖合同为样本而展开，所以在通则层面并无力顾及雇佣关系之特殊性，尤其是其中所隐含的人身关系（如经济从属性、组织从属性、人格从属性等）及继续性契约的诸多特质。因此，在具体适用中，其实际助力十分有限，直接引用有时还可能引发极为不当的后果。[③] 比如在雇佣关系中，以不适宜形式适用通则中关于同时履行抗辩权、风险负担以及（工资）抵销的相关规则等。与此同时，在分则层面又无一与之接近的有名合同可供类推或套用。以上种种，共同造成了平等主体间民事雇佣关系的"半脱法"化窘境。

---

① 在农村，随着农村承包经营户以及农村土地经营权流转之发展，农业领域适度规模经营将持续存在，相应的雇佣关系也将在长时间内大量存在。在城市，随着社会经济的发展、人们收入水平与消费水平的提高，家政雇佣实际上也呈现出越来越普遍的状态。尤其是放开二孩和三孩政策以后，一线、二线城市中，双职工家庭的保姆需求率急剧提高。

② 梁慧星.合同法的成功与不足：上 [J].中外法学，1999（6）：13-27.

③ 我妻荣.债法各论：中卷二 [M].周江洪，译.北京：中国法制出版社，2008.

三、重构"双线"布局及其分工互动

(一)"双线"归属之体系图谱

要解前述之困,最简洁、有效的路径即是打通民法的"经络",直接从契约基因中为劳动合同寻求深层的结构性、法理性支撑,理顺"合同法—劳动合同法"的衔接、融合之路。

其中,第一步即是处理好民法、社会法两种体系传承之间的关系。对此,学界争论多集中于一种"二选一"的排他式选择:或坚守民法归属,彻底排斥社会法之存在;或强化社会法归属,直接否认其民法基因。二者可谓针锋相对,论战不休。但问题是,两方几乎都只执着于自己碗里的东西,而全然排斥甚至无视对方的逻辑,因此多有论战,却很难对话。但从基础来看,二者同源于劳动合同法上的双重基因,只有两相合一,它才能是一个完整的、有历史也有现实的存在。

之所以能够出现两条归属路径,是因为两方所选择的标准与视角不同。"社会法—劳动法—劳动合同法"一线,所遵循的标准是后者依次被前者"包含"。这就像民法包含债法,债法包含合同法,合同法又包含买卖合同、租赁合同一样,是环环相套的大、中、小概念体系。而"民法(合同法)—劳动合同法"一线,则按照"一般—特别"标准为之,后者并无法被前者完全包含。

在此,作为一般法的民法(典),仍立基于平等主体间的法律关系,而那些涉及社会化需求的规则,则多留予特别法调整,并以此持守民法典的纯粹性、政策中立性。① 但随着时代的变迁，民法本身也在慢慢社会化。消费合同、劳动合同等概念的兴起已渐使契约形态呈现出一种光谱式结构，或者说是一种"递进式"的动态作用谱系。其越往中心，契约色彩越为浓烈，而越往边缘，则契约因素越为稀薄，恰似早期批评者施洛斯曼所提出的具象——"鸡蛋里的小鸡"。② 其中，租赁、买卖、委托等"传统"契约形式构成了鸡蛋内部的"蛋黄"，由民法典调整。至于那些在不同程度上呈现出离散姿态的新兴部分或变形部分，则属于"蛋清"。这些"蛋清"虽因缔约主体之分化而带有不同于传统契约的种种特色，甚至在一定程度上偏离了"主体平等"机理而颇具公法规制色彩，但重点是它们仍以"合意"为基础及核心理念③（尽管合意的作用在这些部分中有所缩减，但它仍然是一种不可缺少的触发机制，而且只要它发挥作用，交换就是由选择所引发的）④，也仍具有契约的基本形式。比如劳动契约，它们在意思自治与契约结构上，仍保留深刻的民法传承，因而比劳动保护法、劳动力市场法等劳动法分支更具私法气质。

公法规制的渗入与两种基因的交融，使"双线"并行成为可能：于民法"线"上，以适度之契约自治与几乎完整的契约结构，形成

① 苏永钦.现代民法典的体系定位与建构规则：为中国大陆的民法典工程进一言 [J]. 交大法学，2010，1（1）：59.

② 汤文平.论预约在法教义学体系中的地位：以类型序列之建构为基础 [J]. 中外法学，2014，26（4）：978-1002.

③ 土田道夫.労働契約法の意義と課題：合意原則と労働契約規制のあり方を中心に（シンポジウム 労働契約法の意義と課題）[J]. 日本労働法学会誌，2010（115）：3-20.

④ SPEIDEL R E, An essay on the reported death and continued vitality of contract [J]. Stanford law review, 1974(27)：1177-1182. 至于合意与规制之间的紧张关系及其应对，则请参见石田信平.労働契約法の"合意原則"と合意限制規定との衝突関係 [J]. 日本労働法学会誌，2010（115）：50-54.

与《合同法》之间的"特别——一般"关联。在社会法"线"上，则以倾斜保护理念，与劳动法间形成完美的"包含"关系①，如图3-5所示。劳动合同法，乃是劳动法领域中，具有浓厚私法色彩的核心法律，即劳动私法；同时也是民法视野下，具有倾斜保护理念的契约特别法。②但需要指出的是，这种"一般—特别"关系的适用范围，理论上仅限于劳动合同，至多只能扩展至集体合同（仅限合同层面），而绝非整个劳动法部门。毕竟除合同之外，劳动法中还有很多刚性的公法内容、公法分支（如《就业促进法》），根本无法被民法框架甚至广义的私法理论所容纳。

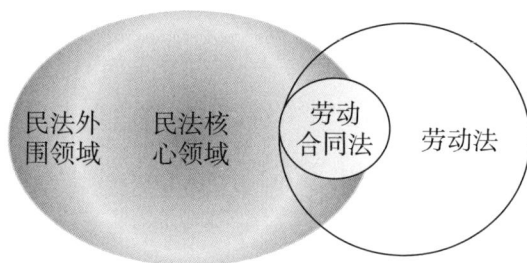

图3-5　劳动合同法之双线归列

同时，在两条归属线上，具有"包含"关系的社会法"线"属"明线"，它具有父系家谱的"姓氏"传承效应；而隐藏在规范背后的民法"线"则属"暗线"，它常常为人们所忽视，只有在遭遇"漏洞"之时，才于暗中辅佐，成为助力。此时，两种体系归属各有理据，各有功用，不能仅因一方而排斥另一方之存在可能。一如以

---

①　荒木尚志．労働法［M］．東京：有斐閣，2009；土田道夫．労働契約法［M］．東京：有斐閣，2008.

②　荒木尚志，菅野和夫，山川隆一．詳説労働契約法［M］．東京：弘文堂，2008.

"社会法—劳动法—劳动合同法"为主线的法国法，不会放弃（民法）一般法规则之约束；而直接将"劳动"列入民法典的意大利，也从未有人质疑过劳动法是一个独立的法律部门。事实上，《劳动合同法》本就是劳动法与合同法之交叉产物，其双线结构并不意外。

（二）"双线"之间的分工与互动

在劳动合同法之适用及发展中，前述双重体系路径各司其职，二者既有分工、侧重，又有合作、互动。民法一脉，重在体系及技术层面的补充效应，特别是针对契约结构中的一般性规则（如缔约过失问题、违约金酌减等），在具体条文的解释、适用及漏洞弥补中提供助力，以体系思维理顺雇佣法理，强化法律的整合力、说明力与渗透力。[①] 而社会法一脉，则重在对劳资关系的政策性调整。它常常涉及劳资政三方之间复杂的交涉、沟通与谈判。[②] 尤其当涉及期限规制、解雇限制等关键点时，立法会更为敏感。因其直接关涉劳资双方已达共识之核心利益及其具体分配。对于这些典型的政策性"硬骨头"，我们绝不能妄用民法思维来作单项分析，更不能仅用契约法理推断哪些内容或许需要在债法体系下作出某种更加符合逻辑的重塑。要想"动"它：其一，必须综合权衡本国的政治、经济、社会局势；其二，必须重新开启前述劳资交涉。在此，立法者的行动空间亦非常有限——原则上，他只能根据具体谈判进程及已达成的共识，权衡确定法律规制的内容与程度。那些缺少双方共识的突

---

① 汤文平. 我国当前民法发展战略探索：法学实证主义的当代使命 [J]. 法制与社会发展，2015，21（4）：82-102.

② 逢見直人. 現代日本のマクロ.ユーポラティズム [M]//稲上毅ほか. ネオ.ユーポラティズムの国際比較. 東京：日本労働研究機構，1994：282.

兀 "变法"，在政治上常常是十分危险的，极易像 2006 年法国《首次雇佣合同法》以及 1971 年英国《劳资关系法》一样，亡于街头政治或各种罢工、抗议。①

在这些政策性内容上，比较法经验同样少有用武之地，更不能直接拿外国法来说中国问题。比如若从法理及比较法观察，我国固定期限合同的预告解除设计显然十分蹩脚——合同约定了期限，即必须信守，双方皆不能预告解除。② 但这一推理忽略了一个至关重要的背景国情，忽略了既有期限规制背后，中华全国总工会与中、外商会间反复多轮的艰难博弈与较量，及市场经济改革中合同期限设计的特殊角色与用意。

在经典法域中，劳动合同的期限制度是与解雇保护紧密相关的。在期限方面，它们大多坚持无固定期限合同必须是劳动合同的法定形式、一般形式，在德国、法国、日本等国，其实际覆盖率将近九成。③ 而固定期限合同则只能适用于极为特殊之情形，属非正规用工④，通常受制于极短期限（适于严守）。在此前提下，无固定期限合同与解雇限制捆绑一处，以保障雇佣稳定；而固定期限合同，则

---

① 这两部法案最终皆以被迫撤回而告终。

② 德国法请参见沈建峰. 劳动法作为特别私法：《民法典》制定背景下的劳动法定位 [J]. 中外法学，2017，29（6）：1506-1525. 法国法亦直接规定，任何关于当事人可以在期限届满前解除合同的约定都是无效的。即便是因不可抗力而解除合同，雇主仍必须向雇员支付 "直到合同期满时，雇员应得到的全部工资总额" 作为补偿金（《劳动法典》第 1243-4 条第 2 款），即雇主仍需履行全部合同义务。参见郑爱青. 法国劳动合同法概要 [M]. 北京：光明日报出版社，2010.

③ 德国为 85.6%，法国为 84.5%，日本为 87%。参见 OECD Employment Outlook 2014 [R]，Paris: OECD Publishing, 2014.

④ 川田知子. 有期労働契約法の新たな構想：正規・非正規の新たな公序に向けて（シンポジウム 労働契約法の基本理論と政策課題）[J]. 日本労働法学会誌，2006（107）：52-70.

可依期限届满而终止，以为企业提供小幅变通空间，解决临时性、季节性、替代性岗位之特殊需求。总体而言，其期限规制非常严苛，首要保障长期（甚至终身）雇佣。

然而我国在立法上，有关劳动合同期限的制度配置则是完全逆反式的：《劳动合同法》将固定期限合同视为劳动合同的一般形式，无固定期限合同则直接退化为特殊要求（占比不足 20%）。但这种搭配实非抄错，而是源于国情。因为我国劳动合同制改革的目的是打破终身制，所以不可能再造一个"准终身式"的无固定期限合同来当主角。在强有力的政府主导下，改革者直接放弃期限规制，允许企业自由订立固定期限合同（这乃是欧洲企业一直竭力争取却终未实现的），同时将辞职自由赋予劳动者，在劳资双向的自由"解脱"中，尽量发挥市场的调节功能，实现对资源的高效配置。

如此，若在放弃无固定期限合同的主导地位之后，再照搬欧洲式期限严守，结果将极为尴尬，实则无异于在将期限利益划归企业的同时，一并将枷锁套在了弱势劳动者的颈项之上，不仅限制其为提高劳动条件重新发起谈判或跳槽，还会影响整体劳动力资源的正向市场流动。尤其我国之固定期限合同，已在 2008 年《劳动合同法》实施后，逐渐摆脱短期化，总体偏向于中长期[①]，实则已介于欧洲法中两种合同期限制度的中间地带，而绝非法国法中动辄以单周计算之极短化的固定期限，其期限严守的实际约束力与影响力亦不可同日而语。

解雇保护亦是如此。仅借发达国家用以追求市场自由的政策手

---

① 据统计，我国长期合同总体占比超过 40%，国有单位中该比例超过 70%。参见浙江省统计局. 就业更加充分　结构更趋优化：改革开放 40 年系列报告之十七 [EB/OL] . (2018-11-21) . https://tjj.zj.gov.cn/art/2018/11/21/art_1229129214_520021.html.

段、域外经验而主张降低解雇成本，其实际说服力也极为有限。必须再进一步，将其代入中国实际，以中国的政治、经济、社会背景为综合考量，这是一个涉及多学科、复杂、庞大的系统工程。首先，需要由经济学家来"计算"，当法定解雇成本降低一定比例（如10%）时，会对整个劳动力市场，尤其是就业环境、就业条件、就业率、失业率产生怎样的影响。而后，再由社会学家来分析：其一，当失业率上升一定比例（如1%）时，会对各劳动者阶层的社会心理、社会行动，及其体制内外之政治参与产生怎样的影响；其二，会对劳资关系实态带来怎样的冲击，包括大、中、小规模劳资冲突（如"野猫式"罢工）的上升概率，及其与全球性或局域性经济波动结合时，酿成"占领华尔街"式运动的增加概率。尤其对于后者，还需结合我国特定的劳资结构、劳工组织情况，作更为深入、系统的政治影响力预测。

此时，无论是期限设计，还是解雇成本，都远非单纯的法学问题或市场问题。在它们背后运转的，乃是一个庞大而交错纷繁的政策系统，需综合该系统中各项数据，而绝非单纯的法理重塑。因此，在两条体系归属路径的具体运用上，我们必须要明确的首要问题即是目标分类：其若属契约结构下的一般性问题，当然可以运用民法路径上的"一般—特别"规则加以诠释；若涉及特定的政策性权衡事项，则必须充分尊重劳动法的特殊性，以劳动法的方法（如通过政策博弈）谋求出路，不宜简单套入民法体系，避免扭曲政策权衡的原意。正所谓"上帝的归上帝，凯撒的归凯撒"。

不过，在具体问题的具体分类上，也时常出现两种属性交织共生、互有强弱的区域。此时，实践应对必须因其具体构成，作出恰当安排：若确属政策性极强的典型规制立法，比如期限规制①、解雇保护、劳动条件基准②、书面形式强制，以及劳务派遣、弹性工作等主要灵活用工形式，我们必须严格坚守劳动法路径，尊重劳资博弈之成果、格局。因为这些内容大多直接牵连关系微妙的劳动力市场外部灵活性及政策安全性，妄动风险极大。

但对于那些非典型的政策性规制，尤其是那些从劳动关系之人身从属性中衍生出的权限约束，比如雇主惩戒权的边界，以及法定基准以上的雇主对劳动条件（如工作时间、工作岗位、工资、福利等）进行单方不利益变更的条件、权限，特别是当其借助工作规则对劳动条件进行统一变更之时，劳动法的方法相当重要，必须居于主导地位。因为它们大多直接关涉劳动力市场内部灵活性的具体维度，是平衡内外劳动力市场双重弹性的重要环节，也是借内部调整缓解外部危机的关键。③ 但因这些调整通常并不涉及就业安全、就业稳定等敏感的政策性"硬骨头"，亦无碍于劳动者"饭碗"之牢靠程度，因而尚存一定灵活空间。

在这些空间中，民法原理及民法方法亦可发挥作用。不过，该作用一般仅限于法律的解释及适用层面，尤其是在个案层面，可借相关契约法理的甄选，来微调立法规制的刚与柔。比如在对雇主单方调职权限的解释中，我们既可通过对相关变更合意的扩张解释，

---

① 其中既包括主合同期限的类型限制、续签次数、续签强制以及违反这些规定的法律后果，也包括对其他附属性期限，如试用期、服务期、竞业限制期的强行法规制。

② 如最低工资、最高工时、社会保险义务、劳动安全卫生基准以及其他法定最低劳动条件。

③ 比如日本法，重在以高度内部灵活性（劳动条件变更权限）的方式，来弥补由解雇保护严格化所造成的劳动力市场外部灵活性上的不足。

将劳动合同甚至工作规则中的一般性调职授权都容纳其中，形成隐性柔化，如日本判例规则；也可借格式合同、格式条款之适用法理，将前述授权都排除在外，严守职位确定之约，如德国判例规则。但这种刚柔调节之幅度有限，必须维持在立法规制（政策性博弈）所允许或所能容忍的范围之内，至多只是对现行法规范的扩张或限缩解释，而非法官造法，更非立法之重塑。

事实上，即便是在纯政策性规制的解释、适用中，我们也同样经常需要借用民法教义学基础，比如面对解雇制度中的"不能胜任"，我们需返回到原始的债法理论中。此时，雇主若要以劳动者能力不足为由行使解雇权，仅证明其业务能力差、没能达成企业规定或双方约定的业绩目标还远远不够，法律要求这种"不足"必须要达到使雇佣关系无法维持、雇佣目的无法达成、契约根基已然崩塌①，不得不终止的程度才行。② 但就整体而言，在这些政策性内容中，民法理论的作用通常仅在于梳理、解释，且必须严格遵从劳资博弈的原意，不可擅作扩张或限缩，灵活空间极小。在"一般—特别"的逻辑结构中，它属于典型的特别法中的特别规则。在此双重特别范畴，民法只是拾遗补阙者，而非建立大局者，实需把握限度，不可越俎代庖。

---

① PITT G. Employment law[M] . 5th ed. London: Sweet & Maxwell Limited, 2004: 224; 具体判例: Egg Stores (Stanford Hill) v Leibovici (1977) I. C. R. 260; (1976) I. R. L. R. 376; (1976) 11 I. T. R. 289, EAT, 8-24.

② 郑晓珊. 从"末位淘汰"看解雇语境下的"不能胜任": 以"指导案例 18 号"为背景 [J]. 法学, 2014, 396 (11): 34-43.

（三）民法进路的修复及贯通

政策性规制之外，那些无关劳资博弈的纯契约性问题、技术性漏洞，则需回归民法体系，借用民法资源，寻求成本最低的良性解决方案。此时，我们所面临的进阶难题是，如何将这些问题转接到民法之上。

对此，《民法典》已然选择留白，且可预计其留白状态将在未来相当长一段时期内基本保持稳定，不会轻易调整或增删。这时，与其妄求借修典统合民法路径，还不如选择更贴近中国实际的劳动法转承路径，以法国为鉴，直接将简单的转承条款植入《劳动合同法》中，并明确其与《民法典》间的"一般—特别"关联，阐明"在缺乏特别法规则时，劳动合同也可以适用《民法典》之规定"，受民法一般原理及契约规则之约束。当然，最终其到底要从民法之中受哪些约束，借哪些力，借多少力，如何借，仍有待前述法教义学、法政策学之深入梳理来加以明晰。

首先，对于那些急需填补且在性质上亦适宜直接借民法之力加以填补的法律漏洞，大多可以通过前述转承形成链接，以民法脉络构建兜底式填补。特别是对于那些在《劳动合同法》立法之时，立法者意欲直接从潜在民法资源中拿来、借用的基础性契约规则，以及由此等立法省略而生的技术性漏洞，更是如此。其所涉者，多为民法总则、债法总则中那些具有普适性、一般性的通用规范，就其属性而言，适宜扩展至诸多现代契约的演变形态甚至边缘形态，包括劳动契约。比如，劳动合同的缔约规则、缔约过失规则；缔约（民事）主体的权利能力及行为能力规则，包括限制行为能力人签订劳动合同时的代理规则、效力待定规则；合同错误规则、显失公平规则及与之相关的合同撤销规则；履行障碍规则及与之相关的履行请求权、抗辩权规则；雇主违约，尤其是违反安全保护义务造成雇员人身、财产损害之时的损害赔偿及其计算规则，违约金酌减规则；明确欺诈、胁迫等法律术语具体含义的相关规则，等等。在"一般—特别"之关联下，这些通用的基础性规范，皆可通过转承条款从《民法典》中援引、适用，无需重复立法来填补。

其次，对于那些劳动法上虽有缺欠，但不太适宜一般性债法原理直接延伸、入侵的领域，则必须保持谨慎态度，不可妄用转承规则，扰乱劳动（雇佣）关系的特殊区域。但需明确的是，此处所指的特殊区域，其本身并不涉及劳资博弈的政策性内容，原则上，它们仍属一般民法债权契约中雇佣契约项下的传统性、一般性规则。但因为我国《民法典》并未设计有关雇佣契约或雇佣关系的专门性规定，因而转承、借力颇显复杂。毕竟以买卖合同为样本设计的合同编一般规则多倾向于财产法，面对人格从属性强烈的劳动（雇佣）关系①，其实际助力十分有限。有些债法规则径直引用还可能引发极为不当的后果。对此，转承、借力者必先谨慎甄别，预先将这类规则从转承、援引的有限范围中剔除出去。如合同法上有关同时履行抗辩权的规则、风险负担规则、错误和无权代理的撤销后果、违约金与损害赔偿金之预设，以及借款抵扣（工资）之预设规则等，即

---

① 人格从属性乃由雇主之指挥命令（及惩戒）权而生。详见片岡昇. 団結と労働契約の研究 [M]. 東京：有斐閣，1959；鎌田耕一. 労働契約法の適用範囲とその基本的性格（シンポジウム 労働契約法の基本理論と政策課題）[J]. 日本労働法学会誌，2006（107）：22.

属此类。①

最后，民法系统下丰富的请求权基础关系，亦可在劳动关系领域继续发挥基础性作用②，从另一层面观之，这种作用还可能化身成为沟通桥梁，协助两法跨越体系割裂的鸿沟，形成双向协调及体系互动。比如，前述工伤语境下，由法释〔2003〕第 12 条造成的尴尬即是典型一例。面对被该条彻底封堵的侵权路径，与其坚守、批评，不如干脆放弃、绕行，转向劳动合同（法）上的违约责任，径直从劳动合同之债的不完全履行入手，以债权原理打通赔偿责任，重建两法沟通。即只要雇主存在违反劳动合同中保护义务（安全照顾义务）的过错行为，并因此导致劳动者固有利益之损害，后者即有权通过违约责任，请求雇主赔偿。至于该保护义务的具体内容，则可直接从劳动保护公法的强制性规定中析出，经诚实信用原则之转化，以"双重效力"输入劳动契约语境③，在两者间形成融会及贯通。

这时，就性质而言，该违约争议属典型意义上的劳动（合同）争议，而非普通民事争议，应依劳动争议特有的处理程序进行仲裁、审判，而非一般民事诉讼。自可绕过法释〔2003〕的束缚，弥补前述责任体系的缺陷。不仅如此，在该路径下，雇主赔偿的覆盖范围与覆盖项目也更为广泛，既可包括人身损害，也可扩展至精神损害、私人物品上的财产损害，甚至诸多尚未被列入工伤、职业病范畴的工作关联性损害，亦可容纳其中。其中很多情形都是工伤保险无力

① 我妻荣. 债法各论：中卷二 [M]. 周江洪，译. 北京：中国法制出版社，2008.
② 瓦尔特曼. 德国劳动法 [M]. 沈建锋，译. 北京：法律出版社，2014.
③ 黄程贯. 劳动基准法制公法性质与私法转化 [M]//政治大学法学院劳动法与社会法中心. 劳动、社会与法. 台北：元照出版公司，2011：4.

覆盖也无法替代的。在这些情形中，它可以成为工伤保险制度的助力甚至后盾，在其覆盖未及之处"补缺"①；在其保障不足之处"补满"②。此外，亦可借此纾解劳动法与民法两大部门间的协调性障碍，促进两法在责任体系、保护维度上的有效衔接、整合及协调联动。

四、将"双线"布局落实于立法规整

（一）立法模式之选：怎样将民法之"线"接入劳动契约？

在明确双线归类及其分工之后，接下来的技术问题即是怎样将劳动合同"链接"到民法归线上。立法例为我们提供了瑞士、德国、法国三种模式。具体选用哪种，必须依国情而定。尤须充分考虑我国民事立法的整体风格、体系效益、覆盖范围，以及将劳动（雇佣）合同纳入其中的现实阻力、部门效应及其综合权衡，最后才能找出最适宜解决中国问题的中国道路。

目前，就立法布局与整体结构而言，我国劳动合同规制之表面形态已非常接近俄罗斯模式。但就规范实质而言，两者相去甚远。一来，在规范设计上，我国《劳动合同法》对民法"养分"的吸收与保留远非《俄罗斯联邦劳动法典》所能比，就《劳动合同法》的

---

① 其主要包括：①目前尚不适用《工伤保险条例》（下称《条例》）的民事雇佣、海外派遣等情形；②被《条例》第 16 条明确排除在给付可能之外的"过劳自杀"情形；③虽存在劳动者醉酒或吸毒之"排除工伤"前提，但同时也存在雇主怠于履行前述保护义务，并因该怠行而直接造成的工伤事故损害的情形；④因不符合《条例》第 15 条第 1 款之规定而排除在工伤范围之外的"过劳死"情形；⑤工伤事故中的财产损害，等等。

② 尤其是当雇主存在故意或重大过失之时。

契约面向而言，它仍系遵循民法机理而行者。二来，我国劳动合同立法在体系性、科学性、稳定性与实效性上，也远超俄罗斯法所为。我国《劳动合同法》颁布十余年来，除为应对劳动派遣等新情况、新问题曾作出一次扩充性修订（原有条文未动）外，其主体条文皆保持稳定，且能将原生的严整逻辑层级、体系与高保护标准贯彻始终。在这一点上，我国《劳动合同法》之表现，甚至已然胜过以简单汇编形式勉强穿插、包容频繁政策性变动的法国法。

除此之外，在立法的完备性、详尽性上，我国《劳动合同法》也丝毫不会输给德国、日本等制度先行者。且不论一直没能出台"统一劳动合同法"的德国，就算已经出台《劳动契约法》的日本，其规范体系在具体化、详尽度，以及实操的便捷性上也远不如我国《劳动合同法》。毕竟《日本劳动契约法》只有寥寥十九条，并多为宣示性、原则性条款，涉及大量不确定的法律概念。就内容而言，至多只是对既有判例规则的一种实定法化确认。就地位而言，则大抵相当于一部劳动合同法"总则"，而并非完整意义上的"统一劳动合同法"。① 至于合同项下"订立—变更—终止—责任"的整个动态发展过程，及劳资双方之间权利、义务的具体分配，则仍需从为数众多的单行立法中谨慎寻找，远未达到我国《劳动合同法》那种全面布局、统一协调的体系化效果。这一整体化布局，事实上已为其与民法体系的统一转承做好衔接准备。接下来的问题，实则只在于这种衔接的具体方式与细节处理而已。对此，我们不妨参考前述三种模式，比照我国国情，一一进行讨论。

---

① 荒木尚志. 労働法 [M]. 東京：有斐閣，2009：12.

首先，以民法（典）为中心的体系化规整模式并不适合我国。对此《民法典》自身已率先作出选择。瑞士、意大利之民法典模式，实则立基于其民法典本身的高度社会化倾向，其法典体系、结构往往具有很强的包容性、灵活性，甚至可将企业法、证券法都一并容纳其中，颇具"民商统一的法典或统一私法典"之色彩。①就整体风格而言，其与劳动立法具有较高的兼容性。但我国《民法典》属典型的保守派，其体系结构皆限定在传统民法范畴内，全篇上下全无"雇佣（劳动）"措辞，就连总则部分关于弱势群体保护的条文，都有意绕过"劳动者"保护，其基本态度已相当鲜明。此时，若再执着强调将劳动合同加入其中，无论是出于法典体系、风格考虑，还是出于部门压力、政治压力考虑，都绝非上选。即便是再退一步，试图以雇佣合同为中介入典，结果也是一样。况且，民法典必定会在未来相当长一段时期内维持规范、结构稳定，此时讨论"动刀"修法绝非明智之举。

其次，就我国劳资关系的现实状况而言，劳动合同入典也绝非上选。就本质而言，瑞士的民法典模式乃立基于其特殊的政治、经济环境。在政治上，瑞士长期以中立、稳定著称，劳资关系非常平和，罢工、冲突极为罕见；失业率极低，基本保持在2%左右②，工资水平则稳居世界前三。无论是出于经济需求，还是出于政治需求，政府主动出手干预劳资关系领域的动力与空间都不大，劳资双方也

---

① 费安玲.1942年《意大利民法典》的产生及其特点［J］.比较法研究，1998，12（1）：99-104.

② 中华人民共和国驻瑞士联邦大使馆经济商务处.2022年瑞士平均失业率降至20多年来最低水平［EB/OL］.（2023-01-13）. http://ch.mofcom.gov.cn/article/jmxw/202301/20230103379223.shtml.

更愿意将劳动条件放诸市场调节，以私法自治的方式加以规整。但"以平权观念之债法实现对劳动关系的调整"要想在实践中达到理想状态，必然需要极高之政治、经济条件。这一模式适宜于只有370万就业人口、劳动力市场形势较为单纯的瑞士，却未必适用于拥有十几亿人口且处于转型时期的中国。尤其就劳资关系及其冲突、调和而言，我国情势显然要比瑞士复杂得多，相关立法的政策性与规制性需求也强烈得多。此时纯民法模式难免力不从心。事实上，即使是劳动力市场相对健全的美国，也很难在经济危机中全然掩盖其自由雇佣进路下潜藏的政治性、社会性隐患。① 更何况我国的劳动力资源其实还并未彻底完成其市场化转型。

最后，致力于恒久、中立发展民法典结构，也很难与劳资关系调整的灵活性、敏感性需求相兼容，更难"根据国际经营环境、劳动力市场结构的急剧变化作出积极、迅捷的调整"②，恰如《意大利民法典》所处之窘境。事实上，随着时间的推移，《意大利民法典》里的那些历史性规定在劳动关系调整中的重要性已经越来越弱，而普通立法，尤其是越来越被频繁使用的法令法，则越来越重要。而这些立法常常是在政府与工会，有时甚至是与雇主之间非正式的讨价还价中形成的。尤其近年来，"地方分权"与"灵活变通"理念日盛，而分权与变通又基本被社会各方与国家通过协商的方式控制了，其作用也变得更加具有选择性与间接性。公共权力和立法者在

① 比如"占领华尔街"运动即是2008年金融危机中，同解雇自由与急速攀升的失业率相"伴生"的政治"副产品"。参见熊易寒. 集权化市场、弹性积累与劳工政治的转型 [J]. 复旦政治学评论，2016（1）：113-130.
② 菅野和夫. 新雇用社会の法 [M]. 東京：有斐閣，2002.

劳资关系方面表现得相当激进①，而民法典则愈显力不从心。

鉴此，以我国实际观之，与其以《民法典》为中心，实不如以其为后盾，并借"一般—特别"之转承实现衔接与互动。但在特别法化构建中，我们仍需留意：其转承枢纽最好不要放在《民法典》侧（如德国法），即便不得已而加入其中，也应尽量降低其对《民法典》既有风格、结构及规范内容的影响，如选择《葡萄牙民法典》式的转承单款，仅在法典之中留概念介绍及面向劳动特别法之基本指引。就我国目前已经成型的立法格局而言，与其将其突兀地插进民法，还不如转而纳入《劳动合同法》一侧。一来，其修法难度相较于高定位、大部头的《民法典》，要易行得多；二来，就简洁化转承条款而言，放入两边之适用实效其实并无太大差别。如此，何不选易行之路！

事实上，问题的关键从来都不是"将这些条款、规范放在哪里"，而是这些规范本身的规制性、强制性与体系化程度。就比如意大利虽将劳动法规范统一放入民法典中，却丝毫没有降低其倾斜保护及强行法规制之程度；瑞士将其放入债法典中，也并未影响其独立规范之效力，民法其他章节中能够渗透、侵入其中的规则、条文仍非常有限，那些不适宜渗透其中的一般性规范，皆会被"劳动合同"一章的独立性"围墙"屏蔽在外。而就其劳动合同单章自备的规范结构而言，这些规范也已俨然是一部颇为完整的"劳动合同法"——有规制、有自治，只是因应其本国需求，瑞士法可能会更加贴近自治面向，而意大利法则更侧重于规制。但在规范结构之上，

---

① 特雷乌.意大利劳动法与劳资关系 [M].刘艺工，刘吉明，译.北京：商务印书馆，2012.

它与以独立法典独立处之的法国法，并无太多本质性差异。

鉴此，在我国现有的立法结构与国情下，与其"求而难得"地去借《民法典》统合，还不如选择更贴切实际的劳动法中心（转承）路径，以法国模式为鉴，将雇佣（劳动）规范统一放入《劳动合同法》中加以梳理、整合，并通过简单的转承单款，在《劳动合同法》与《民法典》间建立起必要且有限的衔接与互动。一方面，可通过该互动，填补劳动立法上原本属于"借用"范畴的诸多"漏洞"，降低重复立法之成本；而对于那些彻底被立法遗漏的雇佣型法律关系，如自然人之间的民事雇佣或过渡型雇佣，则当在《劳动合同法》侧逐渐完成"补漏"工作，力求使既有的雇佣（劳动）规范体系能够更加严密、完整。另一方面，我们还需对前述互动的实际范围进行明确且严格的限定，防止其过度"借用"，不当入侵原属劳资博弈、政策权衡的专属领域。

（二）规范层面的细节性处理

在以《劳动合同法》为中心的衔接、互动之路上，我们仍需谨慎解决下列技术性问题。一方面，我们需立定方向，以《劳动合同法》为主线，全面覆盖所有雇佣（劳动）关系，并在条文中指明"在缺乏特别法规则时，劳动合同也可以适用《民法典》之规定"，受民法一般原理及契约规则之约束。即直接言明《劳动合同法》与《民法典》间的"特别——一般"式互动。这也正是《法国劳动法典》所选之基本方向。另一方面，在形成基本链接后，我们还需进一步明晰，在《劳动合同法》之统合下，雇佣合同与劳动合同之相对性定位。此时，我们无法再像传统《民法典》那样，将雇佣合同作为劳动合同的上位概念，而将劳动关系视为雇佣关系的具体类型之一（即雇佣关系中具有较强人身从属性、组织从属性、经济从属性的那一部分）。我们只能采《法国劳动法典》或《瑞士债法典》之布局，反其道而行之。

（1）坚持劳动合同应该是也必须是《劳动合同法》之核心概念、一般概念，是现代雇佣（劳动）关系之基本形态，而传统意义上的一般民事雇佣及具有一定过渡性质、混合性质的其他雇佣形态则已在历史发展中，逐渐退出主流、主导地位，退化成雇佣（劳动）关系的特殊形态、边缘形态。

（2）《劳动合同法》当始终以劳动合同为中心、主体，同时辅以"其他雇佣关系"作为其特殊形式、补充形式独立成章，或将其放在第五章"特别规定"之下独立成节。可将长久以来一直被立法遗忘的平等主体（自然人）之间的雇佣关系、具有一定过渡性质的准自然人（如仅雇佣近亲属从事劳动之个体工商户、经营规模较大的农村承包经营户等）与自然人间建立的准劳动关系，以及具有一定混合性质的学徒合同、商事推销合同等，统一整理并放入其中。

（3）面对这些具有更强民法性质或混合性质的雇佣关系，其规范体系应与一般劳动合同保持一定距离，以防止后者之规制性质过多侵入原属平等主体之间的传统契约范畴。这就需要以独立章节为基础，设置外围"防御"，明确在此等章节范围内，哪些管制性内容可以适用，哪些不得适用。这其实是一个根据从属性程度具体区分规制力度的工作。比如在纯自然人主体之间的普通民事雇佣合同（如家政雇佣）中，必须设置必要的隔离方案，以保证其规范本身以民法意义上的主体平等、意思自治为中心，谨慎隔离《劳动合同法》

中诸多有关要式合同、期限强制、解雇限制（包括法定事由、程序、经济补偿、经济赔偿）①，或其他基于社会责任、劳资博弈而形成的政策性规制（如社保、产假、陪产假、育婴假等）内容，卸掉其中的倾斜保护性、国家干预性因素，还原民事雇佣契约自治之初心与本色。而对于准自然人性质的雇佣关系及混合型雇佣关系，则可依其各自特性，妥善处理自治与规制之间的关系及距离，但并不是所有适用于典型劳动合同的规制性内容都可延伸其中。

（4）在"其他雇佣类型"与一般劳动法规制之间，还需保留适当的衔接、融贯枢纽，可以将广阔的劳动立法资源（尤其是劳动保护、安全卫生立法）中那些适宜延伸到这些雇佣形态的保护性规范，辗转融入其中。这个枢纽可以是建立在劳动契约之上的保护义务，即雇主安全照顾义务，能通过诚实信用原则，将适宜借用的强行法义务转化为缔约双方间的契约义务。契约类型不同，其转化的程度也会有所不同。例如，对于那些直接关乎受雇人生命安全、身体健康的强行法义务，如最长工作时间、最低休息休假限制、基本的劳动安全设备的配备义务等，需完全转化。② 雇主若未妥善履行这些义务，将导向劳动合同之债的不完全履行，并需承担相应的违约责任。民法上的劳务人同样不能沦为雇主的"包身工"。但对于带薪年假、产假等基于劳资博弈或社会责任而形成的"政策性"雇主义务，则

---

① 此时，雇佣合同当以诺成、不要式合同为原则，合同期限应属自治内容。雇佣合同未约定期限，依劳务的性质或目的也不能确定期限的，当事人双方均有权随时终止合同（仅需遵守相应的预告期间，而无需特定理由）。

② 表面观之，它并不能直接类推适用《劳动法》的相关条款，但从保护劳动者身心健康之必要出发，雇主应为其安排适当休息。见我妻荣. 债法各论：中卷二［M］. 周江洪，译. 北京：中国法制出版社，2008.

更宜限制在典型劳动合同的范围内，不宜过多渗入以平等、自治为主的"其他雇佣类型"。而对于病假，雇主的保护义务则当酌情而定，既不宜拒绝，也不宜直接设定过长的医疗照顾期，诚可参考《德国民法典》第617条、第618条之规定，为个案衡量。

结语

我国雇佣劳动法律规整的单边化，尤其是劳动合同法与民法的割裂化困局可谓由来已久，反复争论，仍难纾解。如今，《民法典》的彻底绕行，又似雪上加霜，好像要借法典利刃直接斩断两法"牵绊"的乱麻。然深入省思，则不难发现，该法典所斩者不过是民法一侧的整合出口，而非全部进路。"当上帝关闭这扇门的同时，他必会为你打开另一扇窗。"法典之选亦是如此。一方面，它代表着（民法之路的）终结；另一方面，它也代表着新生，尤其以劳动（合同）法为中心的体系整合进路的新生、开启及探索。

在这条新路上，我们需以劳动合同为主体，审慎梳理、解析渗透其中的"劳动性"与"合同性"这两重特性，并以后者为基础，在《劳动合同法》中重建两法互动。一方面，需以链接条款简要指明其"一般—特别"关联；另一方面，还需借《解释》细心限定民法自治能够渗透到劳动合同领域的具体维度，防止其过度入侵、削弱劳动法之规制刚性。同时，还要将一直被民法遗漏的民事雇佣及诸多过渡性雇佣形态，作为典型劳动关系规整的特殊、补充形态，统一整理、分类并收入《劳动合同法》囊中，最终彻底修复原属规则体系之割裂与残缺，完成其体系化整合。

下 编

责任体系之演变与整合

第四章　民法与劳动法：责任层面的壁垒与冲突

第一节　渊源上的相依与立法上的分离

正如本书上编所述，劳动契约本就源于民事契约，在漫长的历史轨迹中，它曾是民法之洋里的一叶小舟，并无甚出奇。其间的责任与纠纷，亦多依据民法的方法、遵循民法的原理获得解决。时至今日，它仍留有诸多民法式印记。这是一种从历史血脉中传承而下的印记，即便在经历了一轮又一轮的社会化浪潮冲刷之后，血脉的流淌、渊源上的相依仍会为其保留下一些特有的领域、特有的风韵，无法被后来者完全替代、完全磨灭。当劳动者于此等劳动关系之中遭遇人身或财产损害之时，其责任之归属与承担亦然。

一、渊源上的相依

（一）传统侵权时代之下的工伤救济进路

劳动关系的前身，乃系传统意义上的雇佣契约或服务租赁（罗马法），属典型的民法契约关系。在资本主义发展早期，几乎并无任何公法介入，皆以平等、自治、契约自由见长。在此等平等、自治

155

的民法关系之中发生的人身损害，亦将以民法的方法，遵循侵权一般路径获得解决。

从工业革命开始及至 19 世纪中期，在工作性伤害领域，占据主导地位的一直是传统侵权法理，其雇主责任乃系一种典型的过失责任。在这一时期，资产阶级的自由、平等、博爱引领着整个宪政，当然也给当时主流法学的发展打上了深深的烙印。这是一种时代的烙印——尊重个性的解放与自由，强调平等与平权。当这一烙印深入民法之中，契约自由必然是领军之笔。工厂主与劳动者之间的风险分配，自然也脱不开干系，无法逃离这股自由理念的洪流。在这一理念的掌控下，雇佣劳动自然被纳入平等主体之间的契约范畴，强调劳资双方的意思自治与缔约自由。① 此时，国家的目的仅限于"执行契约"②，而非矫正契约。事实上，在这一时期（自由资本主义时期），国家的任何干预都极易遭到强烈的反弹，正如霍姆斯所言，如果"国家干预是一种恶，那么它在哪儿都不能变成善"，在雇佣契约层面亦然。此时，面对均无过错的雇主与劳动者，国家若伸手在他们之间转移成本，其结果无异于将国家的触角延伸到私人领域，是国家在广泛涉足私人领域内的资源分配。③

在这一思想的影响之下，法国、奥地利、德国、瑞士等国均采

---

① SIMPSON A W B. Leading cases in the common law [M]. Oxford: Oxford University Press, 1995. 此时，工业事故法之根基乃在于劳资双方的私际契约安排，而并非基于国家所推行的各种标准。此时，劳动者乃以契约隐含之意自愿承担下工伤风险，雇主负责的唯一前提乃是他对伤害的造成存在过失。

② STANLEY A D. From bondage to contract: wage labor, marriage, and the market in the age of slave emancipation[M]. Cambridge: Cambridge University Press, 1998.

③ HOLMES O W. The common law[M]. New York: Dover Publications Inc., 1991; FLETCJER G P. The search for synthesis in tort theory[J]. Law and philosophy, 1983, 2(1): 63-88.

用过失责任主义①，面对劳动者在工作过程中所遭受的意外伤害，只有原告能证明雇主或其他加害人对损害具有过失，且他们没有因自己的过错或过失促成这一伤害之时，才可能得到普通法下的损害赔偿。单纯的事故伤害应该留置在伤害出现的地方。② 这里所指的"事故"乃是"不存在过错"的损害。此时，若伤害乃是不可避免的，即被告即便给予特别的注意仍无法阻止伤害的发生，被告的行为就不应受到非难，法律责任自然亦不应落在他（被告）的肩上。③后来，判例进一步将其推进，引入被告的注意义务，即如果被告在未能行使"适当的谨慎"时没有"过错"，那么这一伤害就是"一起单纯的事故"，这是所有社会公众都会经常面对的伤害……在这些案件中，所出现的损失必须留置于他们最初发生的地方。④ 这时期的工业事故法呈现出以下特征。一方面，在劳动者面向之上，若想获得工伤赔偿，原告必须首先举证雇主存在过失。在英国法上，这种过失往往意味着注意义务的违反，即将一般过失诉讼中的注意义务置于工业事故的舞台之上，使劳动市场中的雇主安全保护义务得以具体化。⑤ 这种安全注意义务，通常乃是经由雇佣契约而形成的一种间接义务或附随义务。但在德国，当时的普通法大多数为邦国法，其要求"雇主之故意或过失必须是损害发生的直接原因，方得基于

---

① 王泽鉴. 民法学说与判例研究：第三册 [M]. 北京：中国政法大学出版社，1998.

② HOLMES O W. The common law[M]. New York: Dover Publications Inc., 1991.

③ Brown v. Kendall, 60 Mass. (6 Cush.) 292, 296-297(1850).

④ LEVY L W. Chief justice shaw and the formative period of American railroad law[J]. Columbia law review, 1951, 51(7): 852-865.

⑤ 黄越钦，王惠玲，张其恒. 职灾补偿论：中美英德日五国比较 [M]. 台北：五南图书出版公司，1995.

不法行为，行使损害赔偿请求权"。此时问题乃在于近代工厂的雇主很少会直接参与生产过程，多数情形下，直接加害之人实际上乃是共同劳动之人，以及接受雇主委任对劳动者实施命令、指挥的管理层人士。如果是因同僚过失导致原告受伤，则伤者尚需证明雇主在选任、监督上具有过失。[①] 另一方面，在雇主面向之上，又存在着诸多的责任限制因素。此时的普通法往往会支持雇主诸多的抗辩事由，并以此来抗拒劳动者的侵权赔偿请求：

第一，因共同劳动者（同僚）过失而导致的工伤，雇主可以"共同雇佣法理"（a doctrine of common employment）抗辩，不负侵权之责。[②] 即在工业事故领域，直接排除一般意义上雇主替代责任的适用。而且共同雇佣关系的适用范围也并不仅限于同一工种或同一职位的其他劳动者，就连其他工种的劳动者也一并包含其中。英美国家甚至将其进一步扩展至从事监督管理职位之人。可以想象，在当时劳动者争取工伤赔偿的举步维艰。

第二，劳动者若因本职工作中的固有危险而遭受损害，雇主还可以"业务固有危险法理"予以抗辩，不负违反安全注意义务（违约）或侵权法上的过失责任。[③]

第三，当劳动者本身接受业务所伴随的危险时，雇主可以"危险容忍法理"（a doctrine of assumption of the risk）主张抗辩，唯一的例外乃是雇主造成过失。这亦是契约自由所带来的副产品。事实上，

---

① 黄越钦，王惠玲，张其恒. 职灾补偿论：中美英德日五国比较［M］. 台北：五南图书出版公司，1995.

② Hutchinson v. The York, Newcastle and Berwick Railway Co. (1850) 5Ex. 343, 155 Eng. Rep. 150.

③ Seymour v. Maddox (1851) 16 Q. B. 327, 117 Eng. Rep. 904.

当时的主流法学普遍认为"工业事故法并非立基于国家所推行的标准，而是立基于当事人之间的私人契约设置。工人在签订契约之时，已经默示同意承担其中所隐含的工伤风险，只有在雇主存在过失时，对于因其过失所造成的劳动者人身伤害才不得免责"①。在一些案例中，法院甚至可以将这一规则的适用拓展到一切可以推定工人知道的缺陷事项之上——即便这些事情工人们实际上并不知道，但若他们通过常规的观察或合理的技术与勤勉应该可以发现，法律上亦可推定他们知道，雇主也可因此而获得免责。②

第四，在共同过失的原则之下，只要受害人一方有任何错误行为——无论这过错是多么细微地促进了伤害，这位受害人都将无法获得损害赔偿。③ 因为，"在过失的当事人之间……法律会将伤害后果安置在伤害发生的地方"④。

在特定的历史时期下，有不少学者强调"采用过失责任原则能最为有效地推动各方当事人采取措施，预防工伤事故"，比如 Posner 和 Landes 强调：第一，当雇主将事故损失与预防成本放在一起比较时，过失责任显然会强迫雇主去主动预防那些防范成本低于预期事故损害的事故。第二，共同过失之抗辩又进一步驱动劳动者去主动制止那些损失可能大于防范支出的事故。这一抗辩的根本目标乃在于将司法成本降到最低——如果双方都存在过失，我们似乎没有理

---

① Priestley v. Fowler, 150 Eng. Rep. 1030, 1031（Ex. 1837）；ORTH J V. SIMPSON A W B. Leading cases in the common law[M]. Oxford: Oxford University Press, 1995.

② WITT J F. The accidental republic: crippled workingmen, destitute widows, and the remaking of American law[M].Cambridge: Harvard University Press, 2004.

③ SHEARMAN T G, REDFIELD A A. A treatise on the law of negligence[M]. New York: Baker, Voorhis, 1898.

④ COOLEY T M. A treatise on the law of torts [M].Chicago: Callaghan, 1930.

由将一方的过错强行安排给另一方去承担。① 第三，风险容忍抗辩则强调，如果劳动者事先知道工作的危险性，他们就能以承担该危险为由，跟雇主磋商，以争取到更高的工资（即补偿性差别工资），并可用这部分多出的工资作为保费来购买工作事故险。第四，共同雇佣抗辩更将敦促劳动者主动向雇主报告工友的不当行为或危险行为，有利于雇主采取措施及时纠正或制止这些不当行为，防患于未然。②

这一理论，在特定的历史背景下也许颇有市场，但若放到当下，再进行反思，则难免多有所失——它将引发不同责任体系之间的效率对比。事实上，在 Landes 和 Posner 的著作中还有相当一部分重要因素并没能受到应有关注，比如工人对于工作环境中种种危险相当有限的"知悉"程度，以及雇主的管理成本，安全条款之上的磋商、交易成本，诉讼成本以及协商解决的成本等，都并未明确列入 Landes 和 Posner 的研究考量范围。

在过失责任诸多的抗辩事由与责任限制因素之下，太多在工业事故中伤亡的劳动者及其家庭都无法获得相应的赔偿。甚至那些在普通法过失责任理论下应当获得工伤赔偿的案件，赔偿款项最终也经常到不了劳动者手中，或者到手的赔偿比理论上应得的赔偿要少很多。③ 这还不包括更多在法庭外获得解决的工伤事件。事实上，19 世纪中期及之前，绝大多数的工伤案件都很难进入诉讼路径之中。

---

① LANDES W M, POSNER R A. The economic structure of tort law [M]. Cambridge: Harvard University Press, 1987.

② LANDES W M, POSNER R A. The economic structure of tort law [M]. Cambridge: Harvard University Press, 1987.

③ FISHBACK P V, KANTOR S E. A prelude to the welfare state: the origins of workers' compensation[M]. Chicago: The University of Chicago Press, 2000.

事实上，即便是遭遇死亡事件，劳动者家属能拿到工亡赔偿的概率也非常有限。有人总结了 20 世纪 90 年代 7 项相关研究所发布的具体数字（排除了铁路工人），其中无法获得雇主赔偿的工亡比例均值高达 44.5%，伊利诺伊州甚至达到 60.9%。在非工亡事故中，这一比例还将更高。① 这还是一个相对"乐观"的调查数据。在另一组历史性调查中，学者们还发现，事故中雇主存在过失的比例其实仅在 0.2%~47.8% 之间，此时，若严格根据过失原则行事，那么最终无法获得任何补偿的事故比例显然将更高，理论上应该在 52%~99.8% 之间。如果在这样一个法律体系中，有如此大比例的伤亡事件都无法获得赔偿，那么这一体系必然是不公正的。②

（二）传统侵权的演进与雇主责任的严格化

随着工业革命的深入，前述问题逐渐凸显出来，亦获得了更多的关注，主流的社会观念也在随之转变。此时，人们渐渐发现，在工伤事故中雇主过错所占的比例正在持续性下降，而"无法回避的工作风险"却异军突起，及至成为导致工伤的最核心之故。1902 年，马里兰州立法机构称"在危险行业中，至少有 95% 的伤亡事故应归咎于不可避免的职业风险"。艾奥瓦州的报告也指出工业事故的代价"在很大程度上是不可避免的"，"即便我们已经将所有可能的防护措施全都做好，现代工业还是一样会继续吞噬人们的生命与肢

---

① FISHBACK P V, KANTOR S E. A prelude to the welfare state: the origins of workers' compensation[M]. Chicago: The University of Chicago Press, 2000.

② Ohio State Bar Association. Proceedings[R]. Thirty-Fourth Annual Session, 1913.

体，作为工业的代价"。① 因此，在相当一部分工业事故所带来的灾难中，我们无法将责任归咎于任何人。② 此时，堆积如山的事故与损失索赔亦在时刻提醒人们，无过失事故已经成为他们生活中的一种规则，却使无过错的受害人毫无法律救济。面对这样的现实，古典法律关于"无救济损失"概念的理论依据越发丧失了它的说服力。

首先，从 19 世纪中后期开始，从举证责任入手的严格责任与准严格责任已经渐渐浮出水面。法院开始通过限缩无过错事故的范围，来缓解"无救济损失"所带来的难题。比如在火车碰撞案中，法院即认定：如果受害人不存在共同过失，就意味着铁路公司存在过失；而如果铁路公司在事故中没有过失，法官则认为受害者存在共同过失。③ 过失与共同过失事实上吞没了无过错伤害的固有范畴，此时，法院所关注的本质其实已经不再是过失与否，而是原告与被告中到底哪一边更适于被认定为事故的原因。因此，在所有受害者都不存在过失或共同过失的案件中，火车碰撞案的判例实质上开创了以原因为导向的严格责任的先河。在这一先河中，过错推定形成了某种准严格责任的特定机理，即"如果损失客观存在且可被证明，该损失就将被推定是源自被告的过失，从而让被告承担起证明过失不存在的举证责任"④。如果无法反驳推定，那么"事情就是不言自明的"——从事实推定出原因。这一原则很快被推广到其他高度危险

---

① DOWNEY E H. History of work accident indemnity in Iowa [M] . Iowa City: State Historical Society of Iowa, 1912.

② EASTMAN C. Work-accidents and the law [M] . New York: Charities Publication Committee, 1910.

③ WITT J F. The accidental republic: crippled workingmen, destitute widows, and the remaking of American law[M] .Cambridge: Harvard University Press, 2004.

④ SHEARMAN T G, REDFIELD A A. A treatise on the law of negligence[M] . New York: Baker, Voorhis, 1898.

行业之中，尤其是那些易对他人造成损害的涉及高空、高温、高压、高速运作之产业。1871 年德国《帝国责任义务法》则更进一步指明，"如果因操作铁路而引起人员伤亡，只要没有不可抗力且受害人自身没有过错，则不管企业主或其辅助人员是否存在过错，铁路公司原则上都应承担赔偿责任。如果受害人存在过错，举证责任在铁路公司"，并且"在特别危险的行业中，凡是企业主授权或委托的工作人员在执行业务时因过错给他人造成人身损害的，企业主都有责任赔偿"。

及至 19 世纪中期，雇主责任法已然成为主流资本主义国家处理工伤事故的一种时代潮流。在这一潮流中，大多数国家都在采取各种措施，逐渐削弱普通法上的雇主抗辩，使受害劳动者在法庭中能与雇主处于对等的位置。1871 年德国率先颁布《雇佣人责任法》，针对铁路、采矿及特定工厂中所发生的工作事故，扩张雇主原有的民事责任，并废弃原本狭隘的证据法则，改采法官对证据的自由裁量原则。同时，雇主还需对其全权代理人、代表人或指挥监督人的过失负责，对他们在执行业务中导致的人员伤亡负赔偿之责。[①] 美国各州亦受到英国 1880 年《雇主责任法》的影响，纷纷制定自己的雇主责任法，禁止缔结以雇主责任免除为劳动条件的雇佣契约；承认本人死亡之时遗属之诉权（普通法上诉权因本人死亡而消灭）；废止共同雇佣法理，如 1908 年《联邦雇主责任法》；修正共同过失原则——工人的过失不再成为雇主免责的理由，即便存在过失，工人仍可从雇主处获得赔偿，只是赔偿数额将按雇员的过错份额比例作

---

① 黄越钦，王惠玲，张其恒. 职灾补偿论：中美英德日五国比较 [M]. 台北：五南图书出版公司，1995.

出相应的扣减，即过失仅可相抵，不可免责；并限制风险容忍规则的适用。

此时法学家们逐渐认识到，要厘定市民社会中个人自由的范围，就必须为侵权法下的个人权利、义务设定一个合理的界限，正如刑法中的自杀禁令乃是为着保护生命而限制个人自由一般，过失损害的赔偿诉权同样不可让渡。"保护公民的生命乃是国家的最高利益之所在。"此时过错机制赋予每个公民的保护均"具有如此根本的价值，以至于国家不会允许它被放弃"①。更多人开始相信，"自动放弃责任（追究之权）"实质上代表着主体之间的不平等，这种不平等关系已经破坏了侵权法的经典框架。如果支持铁路公司与其雇员或乘客之间的免责契约，就是在"无视工人与老板之间的不平等状态"②。诸般改革与努力，亦缘此而生。

但前述改革与努力③并未达到人们所预期的效果：一方面，这些改良与（律师）胜诉收费制结合，催生出更强的诉讼热情，甚至诉讼爆炸④；另一方面，高昂的诉讼成本加之律师盘剥，又将其胜诉效益压得极低，所剩赔偿不足以支撑雇员的医疗救治与生存保障。同时，大量诉讼带来的对立情绪又进一步加剧了劳资关系紧张，威胁

---

① SHEARMAN T G, REDFIELD A A. A treatise on the law of negligence[M]. New York: Baker, Voorhis, 1898.

② THOMPSON S D. The law of negligence in relations not resting in contract: illustrated by leading cases and notes [V. 2] [1880][M]. New York: Cornell University Library, 2009.

③ 这些法案虽大多以废除共同雇佣原则为目的，但对象大多限定为铁路劳动者和矿工等特别危险的产业。对于共同过失及危险容忍原则的修正，实质上非常有限。

④ FISHBACK P V, KANTOR S E. A prelude to the welfare state: the origins of workers' compensation[M]. Chicago: The University of Chicago Press, 2000.

企业内部和平[①]，激化社会层面、政治层面的阶层（级）矛盾，甚至促发"红色危机"。工伤保险即为缓解危机而生。

(三) 工伤保险的兴起与（雇主）侵权责任的陷落

德国是这一制度的首创者，也是先行者。19世纪70年代，既无任何有效保障，又无社会地位、政治权利的德国工人开始团结起来，初步踏上轰轰烈烈的工人运动之路。[②] 德国政治局势一度紧张，巴黎公社式的革命似乎一触即发。在这种境况之下，政府被迫率先采取行动，努力缓解社会矛盾，并最先找到了解决问题的根本路径——"鉴于保障工人生活的一切现有手段均告失败，经济界采取自由主义态度，继续否认对工人负有责任。工人在政治上又没有任何地位，任何自发性的倡议都被扼杀在萌芽之中，国家的干预看来是唯一可能解决问题的现实手段。"[③]

这是在开辟一条公法路径，将公法模式与保险机制结合在一起，联手跨越那条哽住私法之路的鸿沟——过错问题。只有这条路径，才有希望把劳动关系从这种紧张的社会关系中完全解放出来。因此，俾斯麦要建立的是一种公法意义上的无过错补偿制度（而非私法侵权上的严格责任。实践已经证明，通过严格责任来获得扩大的雇主责任，并不能消除雇主与雇员之间在法律上的对立，反倒是由此带

---

① 黄越钦，王惠玲，张其恒．职灾补偿论：中美英德日五国比较［M］．台北：五南图书出版公司，1995.

② WICKE J. Soziale Sicherung bei Arbeitsunfällen und Berufskrankheiten: Rechtsvergleichende Unteruchung der deutschen and tschechischen Unfallversicherung [M]. Baden-Baden: Nomos Verlagsgesellschaft, 2000: 92.

③ 蔡和平．中德工伤保险法律制度比较研究［D］．北京：北京大学，2004.

来的诉讼膨胀，进一步加剧了劳资双方之间的阶级对立状态及社会摩擦，由雇主责任强化所产生的事故成本激增，也已使企业内部的和平几乎无法维系①）。他有意要绕过诉讼的缠累，走出罗马法在过错问题上的束缚，构建起一个强有力的工伤保障体系。这一体系将覆盖企业内出现的所有事故，无论是雇主过错、雇员本人过错，还是他们以外的第三人存在过错，甚或没有任何人引起的偶发性事件都将一并包含其中。只要工人是因事故而失去劳动能力，就应当获得工伤待遇。因为只有不分事故原因，才能真正通过保险为工人提供全面的保障，使其不因事故在失去劳动能力的同时也失去生活来源，在发生死亡事故时也不会留下无依无靠的家属。② 对于雇主而言，他是必须自掏腰包的强制保险。这就根本上杜绝了私人保险里的道德风险与逆向选择，使得雇主可以统一将保险成本打入生产成本之中——既拉平了竞争，又可以"防止最坏的雇主拖住整个行业的后腿"③。

在统计学与精算学的支持下，工伤保险制度用保险业的总体原因理念替换侵权法中的"过错—近因"规则，直接转向雇佣工作本身，将工业事故的常规伤亡归咎于工业发展的固有风险（而非哪一方的个人过错）。其实质是站在宏观层面，将现代工业视为一个整体，并在此基础上进行归纳进而得出结论——通过一种加总平均（而非矫正正义）的方式来实现其制度目标。

---

① 黄越钦，王惠玲，张其恒. 职灾补偿论：中美英德日五国比较 [M]. 台北：五南图书出版公司，1995.

② 蔡和平. 中德工伤保险法律制度比较研究 [D]. 北京：北京大学，2004.

③ SWEDTMAN F C. Voluntary indemnity for injured workmen[J].American labor legislation review, 1911, 1(2)：296–301.

工伤保险制度强调"立足于产业视角，该风险实为不可避免"① ——无论工人个体如何作为，在危险作业和工业事故之间总存在着一种确定的比率（事故率），"以无法抵挡的规律性反复出现"②。因此，它放弃了传统的个体思维，构建了一种更为宏观，也更"符合所有当事方最大利益的损失分配方案"③。这一总体化方案从根本上削弱了工业事故中的道德责任，并化解了微观层面的劳资对立。

在晚近推出工伤补偿立法的欧美各国，学者们更为深入地引入了统计学与概率学的分析方法，并从其中演化出新兴立法的正义性与正当性。他们指出，工业事故"以不可抗拒的规律性反复出现着"，这就跟巴黎邮局每年都会有一定数量的死信一样，"在一个既定的社区所寄出的 10 万封信件中，必然会有一定数量的信件写错了地址，也必然会有一定数量的信件没贴邮票。在 1000 名从事高空钢架安装的工人中，必定会有一定数目的工人因掉落而摔死。在 1000 名将钢条放进轧钢机的女人中，必定会有一定数目的女人被压断手指。这一数字比例在不同的年份里，变化往往是微乎其微的：如果在固定的条件之下，可以提取到足够多的样本，我们应当可以计算出一个在数学意义上具有相当准确度的近似值"。通过这个数值，我

---

① WAMBAUGH E. Workmen's compensation acts[J]. Harvard law review, 1911, 25(2): 27–37.

② FOUCAULT M, BURCHELL G, GORDON C, et al. The foucault effect: studies in governmentality [M]. London: Harvester Wheatsheaf , 1991.

③ EASTMAN C. Work-accidents and the law [M]. New York: Charities Publication Committee, 1910.

们可以看到，因人类错误而产生的事故与源自其他任何原因的事故一样，都是不可避免的。① 既然事故的发生不可避免，个人当然也就不应因它们的发生而受到责难（它们实则应归咎于工业发展本身的固有危险，而非雇主或受害者，后者的影响在近现代工业发展中已经变得越来越小）。此时，保护个人免受工业风险的重责大任即落在了社会保险身上。后者可以立足于前述统计学规律，通过其本身特有的风险分散机制，将那些原本要落在少数不幸者头上的事故成本分摊给整个社会。在这里，侵权法中的原因导向路径最终让位于保险业的总体原因理念，个人伤害的"经济价值"也可以通过先加总再平均的方式计算出准确的"赔偿"金额②，最终乃是加总与平均——而非矫正的正义——构成了工伤保险制度的目标。

在这一方案中，立法者所考虑的乃是整体（而非个体）视角下的雇主与雇员，到底谁应对工业事故负责。近现代管理理论使其导向于雇主责任推定，统计学亦支持同一结论。③ 毕竟雇主才是生产体系的控制者，是预防事故、控制损害的关键，同时又是具有负担能力的一方。但立法将其直接分配于雇主承担的前提是：该补偿必须严格受限，通常仅能占到侵权赔偿额的1/2，甚至1/3。

① DOWNEY E H. History of work accident indemnity in Iowa [M] . Iowa City: State Historical Society of Iowa, 1912; WITT J F. The accidental republic: crippled workingmen, destitute widows, and the remaking of American law[M]. Cambridge: Harvard University Press, 2004.

② GREEN N J.Proximate and remote cause[M]// Essays and notes on the law of tort and crime.Menasha: George Banta Publishing, 1933: 16.

③ WITT J F. The accidental republic: crippled workingmen, destitute widows, and the remaking of American law [M]. Cambridge: Harvard University Press, 2004.

二、人为性的分离

(一) 强制保险对雇主责任的排斥

正如前文所言，工伤保险之诞生，便始于一种隐性的利益交换，以确定有限补偿，来交换并替代不确定（但可能高额）的民事赔偿。从历史的影像来看，这种交换貌似潜藏着某种双赢的意味。

一方面，在雇员侧，该保险补偿虽低，却是确定可得的。雇员可直接绕过漫长、昂贵的诉讼程序，绕过败诉风险、律师的盘剥及共同过失的影响，获得一个永远具有支付能力的债务人，为其提供基本的医疗救治及生存保障。

另一方面，雇主则能以确定的保费支出换得诉讼豁免，绕过高额赔偿，并借保险待遇安抚伤亡雇员，缓和劳资矛盾，维持企业内部和平。[①] 政府则可借此举平息社会冲突，缓解政治危机，可谓一举多得。在资本主义发展早期，此举具有不可磨灭的历史价值。

时至今日，工伤保险仍采用有限补偿。首先在补偿项目上，它排除了对非财产性损害（精神损害）的填补。在财产性损害之内，还设有诸多限制，比如在药物、服务及矫正器材上设置一定的限额或目录式限定，限定之外者不予报销。至于那些纯粹的物的损失，则更是早已超出工伤之辐射范畴，无法从中获得任何填补。除此之外，在其他津贴上，工伤保险也多采用与侵权赔偿大不相同的计算

---

① 瓦尔特曼. 德国劳动法 [M]. 沈建锋，译. 北京：法律出版社，2014.

标准及给付方式①，使其在总额上常相去甚远。②

但在今日之法律环境下，此等免责与排斥，到底能否经得住法理与道德的推敲则让人大大存疑。

首先，这种诞生于一百多年前的侵权替代式产物，这种严格豁免式设计，乃是具有相当程度之条件依赖性以及时代依赖性的。时至今日，其赖以维系的交换基础正在经济、科技与社会的急剧变迁中逐渐瓦解。一百多年前，其豁免的合理性基础乃在于保险待遇可被自动给付，为劳动者免去几乎难以实现且收效甚微的一般侵权诉讼。但随着侵权责任法的变迁、科学技术的发展，如今在工伤领域，受害人获得赔偿的成功率几乎与在交通事故领域中一样高。此时，再以此为由交换赔偿限额，似不足取。

其次，在经济学层面，这种免责亦难以获得足够的正当性。免责的理论前提乃是雇主已通过保险缴费为工业事故承担了"全责"。但事实上，该缴费远非全责：一来，立法者在其"费率—待遇"设定中，已经充分考虑到雇员过错之影响，并进行了宏观层次的"过失相抵"，并非"全责"赔偿；二来，雇主缴纳全额保费，也并不代表着他就已经承担了全部保险成本。毕竟在既定的劳动力市场环境下，雇主总会通过工资博弈将其中相当一部分负担转嫁到雇员身

---

① 工伤保险多采用本人标准（如以受害人本人缴费工资作为计算基数，以维持保险待遇与保费支出的相互对应），而侵权赔偿则多采用社会平均性标准（如以居民人均可支配收入、人均消费性支出等作为计算基数，以示"同命同价"）。此外，在支付方式上前者多为年金式给付，且可随经济发展而调整，而后者则系固定的一次性给付。

② 广东省高级人民法院（2017）粤民申 8743 号民事裁定书，该案侵权之诉下的残疾赔偿金（26789.6 元）已达相关工伤待遇（5002.5 元）的 5 倍有余。

上。① 当然，其具体转嫁程度将受制于劳动力供给与需求弹性②，劳动力供给弹性越小，企业承担的越少，雇员背负的就越多。③ 若劳动力市场供过于求，那么企业几乎可以把全部保费成本都转嫁到雇员身上。此时，再以出资为由换取免责显然并不足取，反而凸显出强大资本力量对弱势劳动者权益的一种变相压制。

最后，即便我们再退一步，认可雇主承担了部分保险成本以换得部分权益，也仍然无法解释为什么那些根本就没有参保、没有缴费的雇主，仍可直接享受前述责任限制。毕竟，我国工伤保险的参保率只有三成左右，而未参保却可平白享受责任豁免者却高达七成。④ 事实上，就算已参保，立法者也仍需警惕：侵权人不应无正当理由地从他不能被诉这一特权中获益。

（二）民事（侵权）立法对劳动关系的绕行

正如本书上编所提到的那样，我国的民事立法自始至终对劳动关系采取保守、谨慎态度，绝不轻易逾越雷池半步。《民法通则》颁布之始，便未提及劳动关系。至《合同法》立法之时，又碍于部门（行政）阻碍，并未将劳动（雇佣）关系纳入羽翼之下。其后诸般演进，亦多秉承这一"传统"，将劳动（雇佣）关系从民法领域中彻底排除，不予理会，亦不与之协调，只是单纯地将其交由劳动法

---

① LITTLE J W. EATON T A, SMITH G R. Cases and materials on workers' compensation [M]. 3rd ed. New York: West Publishing Co, 1993.

② 柯木兴. 社会保险 [M]. 修订版. 台北：三民书局，2002.

③ 其具体分担方式详见郑晓珊. 工伤保险法体系：从理念到制度的重塑与回归 [M]. 北京：清华大学出版社，2014.

④ 2019 年，我国工伤保险参保总人数为 2.39 亿人，而当年全国就业人员的总量却高达 7.7471 亿人，参保率只有 30.85%。

部门来独立处之。久而久之，已成路径依赖。

之后，《侵权责任法》对工作性人身损害的绕行，《民法总则》对劳动者概念的绕行，以及《民法典》对雇佣（劳动）合同关系的绕行，皆系延续同一方向而行。责任层面亦然。

比如目前，虽然在实定法层面，劳动法项下的各子部门法皆设有民事赔偿的相关条款，将行政（社会法）责任与民事责任衔接一处，但在适用层面，这些条款往往被束之高阁。此中，《最高人民法院关于审理人身损害赔偿案件适用法律若干问题的解释》（法释〔2022〕14号；下称《解释》）无疑是横亘在二者之间的第一道鸿沟，该文第3条第1款即直言"依法应当参加工伤保险统筹的用人单位的劳动者，因工伤事故遭受人身损害，劳动者或者其近亲属向人民法院起诉请求用人单位承担民事赔偿责任的，告知其按《工伤保险条例》的规定处理"，用一刀切式的线性思维直接封住了各项部门劳动立法中与工伤保险并行设立的民事赔偿之路，并使以之为内核的《劳动合同法》第88条、《职业病防治法》第52条、《安全生产法》第48条随之变成一纸空文。[1]纵览十几年来，最高人民法院所推出的几十个与之相关的公报案例（除广东外），竟鲜少有能以前述条款为法律根据的，能在工伤保险待遇之外另获胜诉判决的民事赔偿请求。只有在触及非法用工（如使用童工）[2]这种超出《工伤保险条例》（下称《条例》）适用范围之外的特殊主体之时，雇主的民事赔偿之责才会被摆上台前。民事责任的角色定位仍止步于充当工

---

[1] 这些条款皆规定，劳动者若因劳动条件之故遭受工伤损害，在工伤社会保险之外，如果依照有关民事法律尚有获得赔偿的权利，仍有权向本单位提出赔偿要求。

[2] 郑州优点娱乐文化有限公司诉周新华工伤保险待遇纠纷案，（2011）上民一初字第317号。

伤保险制度的"替身"，而并未涉入与工伤保险机制的衔接与协调。

与此同时，《劳动法》中针对劳动条件所设立的诸多硬性标准、强制义务，亦无法直接链接于劳动者的请求权，即便用人单位违反这些标准、义务，也不会因此而涉入民事责任领域，它只需要向相应的行政主体"领罚"就足够了。也就是说，劳动者并不是与这些强制性义务相对应的权利主体，只有国家才是，若国家不主动"出击"，那么劳动者因这些条文所应取得的反射性利益就只能成为一句空话。只能待到事故隐患演变成工伤现实之时，才能根据《条例》之规定，申请工伤保险待遇。

综上所述，行政责任与民事责任割裂实系人为制造的"法律之痛"。

第二节　中国式责任壁垒所衍生的争议与危机

一、"同命不同价""同伤不同赔"的悲叹

"同命不同价""同伤不同赔"乃是前述中国式责任壁垒之下，工伤保险单行、独赔进路所需面临的最大质疑。其中，引发最大质疑的，便是在涉及第三人侵权的工伤情形，其中最典型者又属交通事故（包括上下班途中工伤以及外勤或出差过程中所致之工伤）。

在这类事故中，通常会由交通部门先行认定事故责任。而后，再根据此等责任分配进行索赔。这乃是最为常见的民事处理程序。但若同时被认定为工伤，则情形将变得更为复杂。因为，民事赔偿

与工伤补偿计算出来的具体数额常常相去甚远。而且，在此类案件中，受害人大多可以获得来自保险与侵权人的双向赔（补）偿，而在一般工伤中，则显然只有工伤待遇一项而已。由此而生之争议，自是不可小觑。

毕竟，两者在赔偿项目上并不完全一致。特别是民事赔偿中所特有的若干项目，并无法被工伤待遇"全覆盖"，比如精神损害赔偿、营养费以及六级以下伤残的被扶养人生活费等。在一般工伤中，这些费用是不予计算的。但在涉及第三人侵权的工伤案件中，这些损害皆可依《民法典》侵权编获得填补。此时，雇员可以在申请工伤待遇的同时，一并提起民事赔偿之诉，请求侵权人依照其所应当承担的责任份额，补足工伤待遇以外的"空缺"部分，形成一种"全覆盖"式的完整填补。

这就为受害劳动者的生命及身体残缺衡量出了完全不同的两种"价格"：一种是由民法提供"兜底"的完整价格；而另一种则是单纯由保险"买单"的部分"价格"。此时，如果雇主本身就是那个存在主观过错的侵权人，那么法律又缘何要免除其保险待遇之外的填补之责，将劳动者摆在部分填补的不利状态之下呢？

如果雇主压根就没有参保，没有为劳动者缴纳保费，这样的责任限制就更显"恶劣"了！此时，雇主到底凭什么可以直接享受这样的天然免责，让劳动者自行承受保险覆盖之外的"剩余"损失？难道就凭他是雇主，所以就是侵权法的天然豁免者，可以让劳动立法给予其如此特殊之对待，享受如此不公正的"倾斜保护"？

生命虽然无价，但赔偿总有其价，两法衔接，亦应有公平的协调与处置。

二、工伤保险未予覆盖的损害类型与损害情形当以何填补

（一）工伤保险未予覆盖的损害类型

正如前文所述，侵权赔偿项下的很多内容，都是工伤保险所未及覆盖的。

其一是精神损害赔偿。工伤保险待遇中，所涉及者皆为实实在在的人身损害，主要针对劳动者于工作时间、工作场所因工作原因所致之伤、残、病、亡几种情形，作出有针对性的填补与保障，其并未触及精神抚慰这类纯粹的非财产性损害。但在民事赔偿领域，精神损害是侵权人承担责任之时，所必须考量的一个相当重要的领域。精神损害赔偿系针对受害人因人身权益遭受侵害而产生的精神痛苦、肉体疼痛等，作出的抚慰与赔偿。

在我国法律规定框架下，死亡、残疾属于人身损害，不属于精神损害。但是死亡事实可能导致近亲属精神损害，残疾后果则可能导致被侵权人精神损害。

也有学者认为，工伤保险待遇中的一次性工亡补助金、一次性伤残补助金中，已经包含了精神补偿的意味。《最高人民法院关于确定民事侵权精神损害赔偿责任若干问题的解释》（法释〔2001〕7号）第九条之规定中，分别将受害人死亡之时，所给付的死亡赔偿金，以及伤残之时，所需给付的残疾赔偿金，直接界定为精神抚慰金。既然工伤保险中的一次性工亡补助金与人身损害赔偿案件中的死亡赔偿金作用相当，一次性伤残补助金与残疾赔偿金之作用相当，

那么其将精神抚慰金纳入其语义之中，似乎也并不为过。

从我国目前死亡（残疾）赔偿金（被扶养人生活费另计）的计算方式观之，却并未察觉其含有精神损害填补之意味，反而更倾向于一种（继承意义上）对财产利益之丧失的弥补。[①] 所以，其计算乃系以受诉法院所在地上一年度城镇居民人均可支配收入为基础（残疾情形下需乘以伤残系数），累计20年。工伤保险中伤残及死亡待遇，亦与之相仿，系以本人工资（收入）为基础，作同等累计。是以，其中所体现、所填补的，至多只是受害人"未来20年中应得或可得之收入"的丧失，实未顾及受害人死亡或伤残，对受害人家属或其本人所造成的精神层面的慰藉。

也正因如此，《民法典》颁布后，最高人民法院便及时对前述司法解释作出修正，在其最新版本法释〔2020〕17号中，已然删除前述两款。[②] 将因死亡与伤残所生之精神损害从以财产损害计算为雏形的死亡/残疾赔偿金中重新分解开来，从长计议。与之极为相似的一次性工亡补助金、一次性伤残补助金，同样难以涵盖此类非财产性损害之填补。如若仅是受到人身伤害而未及伤残，伴随伤害而生的精神损害，则更加鲜明地被排除在工伤待遇之外，工伤保险（及雇主）除医疗费、护理费、住院伙食补助费、交通住宿费及停工留薪期工资等直接性费用、待遇外，再不需承担其他任何损失之填补。

---

① 各国（地区）对死亡赔偿采用不同的赔偿原则，主要有三种理论。美国部分州、欧洲很多国家和中国台湾地区采用"扶养丧失说"，而日本采用"继承丧失说"，葡萄牙和美国数州则采用"生命价值说"作为死亡赔偿的基础，但主流学说是"扶养丧失说"和"继承丧失说"。参见张潜伟. 生命的价值学说的价值与死亡赔偿：兼论精神损害赔偿的计算公式 [J]. 河北法学, 2013, 31（3）：141-148.

② 《最高人民法院关于确定民事侵权精神损害赔偿责任若干问题的解释》（法释〔2001〕7号）第9条前两款：精神损害抚慰金包括以下方式：（一）致人残疾的，为残疾赔偿金；（二）致人死亡的，为死亡赔偿金。

此为工伤补偿的"缺损"之处。

其二是营养费及整容费。这两项也都是民事赔偿所专有的，前者考虑到当事人因受伤、住院所致之身体虚弱、调养之需，当适当增加饮食营养，补气血之亏。而后者则直接涉及对伤害后果本身的合理修复。比如从事高温作业的女工，因雇主采用劣质材料引发事故，被严重烧伤、毁容。此时，工伤医疗一般仅能报销基本且必要的外科诊疗费用，为恢复基本容貌进行的整形科治疗却无法报销。然而，对于女工而言，毁容对其未来就业、身心乃至整个人生皆影响巨大，直接造成该伤害的罪魁祸首——存在主观过错的雇主，又缘何可以不予赔偿，唯让受害人自行承担该风险与成本？

其三是七至十级伤残职工的残疾赔偿金。工伤保险待遇中，残疾津贴的给付，通常仅针对重度伤残者（一至四级）。对于中轻度伤残，多以就业机会保障代之。比如五级、六级伤残，《工伤保险条例》上的首选待遇乃是"保留劳动关系，由用人单位安排适当工作"，工伤保险基金无需向其支付伤残津贴。只有当用人单位实在难以安排适当工作之时，才允许其以按月发放伤残津贴的方式代为弥补（且该津贴发放主体乃是雇主，而非工伤保险机构，原则上应属雇主责任，而非保险待遇）。至于六级以下伤残，则全无伤残津贴之说。此为工伤待遇相较于民事赔偿的空白、缺损之处。

如果无法妥善衔接两法，则以上诸般缺损，同样将是持续导致"同命不同价""同伤不同赔"的祸根，不断带来有关"公平与否"的社会质疑。

（二）工伤保险未予覆盖的职业性损害情形

工伤保险也跟其他法律制度一样，都会面临立法本身的滞后性问题。特别是在日新月异的劳动力市场环境之下，其固有工伤标准在保护了大多数职工的同时，也会难免将不确定性留给少数群体。很多工伤领域的新情况、新问题，都难以直接容纳其中。久而久之，它们便成了工伤待遇覆盖不到的职业性伤害中的灰色领域。比如曾经被闹得沸沸扬扬的富士康"跳楼门"事件即是一例。无可否认，富士康式的"十四连跳"乃根源于工作，尤其源于强大的业务压力：事发前每月 117 小时，甚至高达 140 小时的连续加班，已然远超《劳动法》所规定的加班上限——每月 36 小时。这种高强度的作业方式长期持续，难免会给劳动者带来巨大的身心压力，而人在长期、强烈的生理、心理负荷之下迟早会崩溃，最终造成精神疾病以及源自精神疾病的自杀。[1] 但无奈的是，面对这种震撼式的"过劳—自杀"模式，我们竟找不到一条得以救济劳动者正当权益的法律路径。工伤保险之路因自杀元素的存在而被死死堵住；[2] 而民事赔偿之路，则因《最高人民法院关于审理人身损害赔偿案件适用法律若干问题的解释》之阻[3]，又绕回原点，殊途而同归。无奈之下，遗属们只能求助媒体，并在舆论的烘托下努力争取尽可能多的"人道补偿"。

---

① 郑晓珊. 日本过劳自杀工伤规制之借镜：从富士康事件谈起 [J]. 中外法学，2013，25（2）：422-439.

② 《工伤保险条例》第 16 条第 3 款规定："自残或者自杀的"不得认定为工伤或者视同工伤。

③ 该司法解释第 3 条第 1 款即直言"依法应当参加工伤保险统筹的用人单位的劳动者，因工伤事故遭受人身损害，劳动者或者其近亲属向人民法院起诉请求用人单位承担民事赔偿责任的，告知其按《工伤保险条例》的规定处理"。

然而，这种补偿背后毕竟没有任何实质性的法律权利来作支撑，给与不给只能听凭雇主的"慈悲之心"，名为补偿，更似施舍。且这种毫无法律支撑的施舍，不单范围与标准难于界定，就连下一"跳"是否仍能受此"恩待"都全属未知。

事实上，即便不看过劳自杀这种极端情形，现行法中仍存诸多偏颇，长期拖住工伤保护的后腿，使那些明明源自工作内容或工作环境的伤病，难以得到应有的法律救济。比如因过度加班、压力过大，使心脑血管疾病加速恶化或提前发病，发病时间却在劳动者下班之后，或虽发病于工作时间，但从发病到死亡之间的时间间隔已经超过《工伤保险条例》限定的 48 小时之时[①]，工伤保险都将鞭长莫及，亟须借两法协调来寻得出路。此时，若不首先理顺民法与劳动法（尤其是劳动合同法）之间的相互关系，为体系化整合，前述问题将成为劳动合同之下长期潜伏着的隐患。

三、因保险限定而致"补偿不足"的必要性支出当由谁负担

这一质疑，在治疗费用这种纯客观性支出上表现得尤为明显。对此，工伤保险对其给付范围一直都设有严格限定，比如在药物、服务及矫正器材上，皆设有专门的目录及限额控制，目录之外者，均不予报销。毕竟，工伤保险乃属社会保险，其给付的目的并非尽可能完全地使受害者恢复至事故发生前的状态，而是在存在需求的

---

① 《工伤保险条例》第 15 条第 1 款规定："在工作时间和工作岗位，突发疾病死亡或者在 48 小时之内经抢救无效死亡的"应视同工伤。

情况下，提供必要的帮助。① 其筹资及保障程度必须与现有的经济发展水平、各方面的承受能力相适应，以"保基本"为原则。即便在工伤给付中仍残留相当一部分侵权法的血统，使工伤保险兼具某些类似于侵权法的赔偿功能②，但该功能在保险化、社会化的改造之下，也已变得非常稀薄，需严格受制于社会保障的基础定位，并遵循保险运作的一般规律。同其他保险类型一样，工伤保险必须以精算为基础，对保险给付的条件、内容、种类、项目、程度、金额等设必要的限制。在维持保费费率基本平稳（不另行增加企业负担）的大前提下，前述给付方面的限制，乃是提高基金使用效率，维系工伤保险收支平衡、稳健运行、可持续发展的重要举措。目录化限制亦源于此。

首先，近些年，随着我国经济、社会发展水平的提高，《国家基本医疗保险、工伤保险和生育保险药品目录》（以下简称《目录》）已屡经调整、大幅扩张，涵盖药品数量也从 2000 年版的 1488 种发展到 2022 年的 2967 种。但其扩张始终是有节奏、有限度的，总有未及纳入其中者，尤其是那些针对疑难杂症、重病患者的特殊用药。这些药品通常适用的人很少，虽具特定临床价值，但通常价格昂贵，贸然纳入保险会给基金运行造成较大负担。此时，在特殊用药需求和保障基金安全之间，保险法必须要求《目录》制定者率先导向宏观视角，优先保证大多数人的基本用药需求，力求将有限的钱全都

---

① 马格努斯. 社会保障法对侵权法的影响 [M]. 李威娜，译. 北京：中国法制出版社，2012.

② 郑晓珊. 工伤认定一般条款的建构路径 [J]. 法学研究，2019，41 (4)：119-135.

花在刀刃上，用于购买"最合适的药"，特别是以国产、基本型药品为主。①

其次，《目录》到底能容纳到什么程度，或者更进一步，保险待遇到底能达到什么水平，还将牵涉劳资阶层（团体）间错综复杂的利益博弈。在不同的国家，劳资关系结构不同，双方之间的利益交换及妥协方式不同，其计算标准及替代比率自然多有不同。从某种意义上说，它跟法定工时、最低工资、休息休假等典型劳资博弈内容并没有太大差别，毕竟理论上工伤保险基金亦是由雇主全额缴费形成的，其待遇水平将直接影响到雇主的支出程度，最终体现于费率水平。雇员多得，即需要雇主多缴，因而其调整常需经历劳资团体的反复较量。与此同时，其提高还会使更多雇主在保费成本与不参保的处罚成本、赔偿成本之间重新进行权衡取舍，甚至影响参保率，可谓"牵一发而动全身"。因此，若要调整，必须综合权衡其每一寸提升可能对基金承受能力、企业负担水平、参保率，以及整体劳资关系、宏观经济发展等诸多方面的复杂影响，不可妄动。

最后，这种有限填补在宏观层面的损益分配中，亦具有特定合理性。既然立法者选择在结果层面完全无视过失因素的影响力，直接将补偿负担分配给雇主，那么回溯原因层面、精算层面，这种无视及全担必须是有出处和代价的，双方损益才能趋于平衡。即必须将雇员群体对损害发生的潜在影响力，如雇员的过失或共同过失考

---

① 参见国家医保局 人力资源社会保障部关于印发《国家基本医疗保险、工伤保险和生育保险药品目录》的通知，医保发〔2019〕46 号；高楠，徐伟.2017 版国家医保药品目录限定支付情况分析［J］.中国卫生经济，2018，37（1）：48-50.即优先保障投入产出率高的药品，以提高基金的使用效率。

虑在内。最终的保险给付应是剔除掉雇员因素（类似过失相抵）后得出的宏观比例，并以该比例为基础，设定其计算方式或支付限制，包括最高限额及给付目录等。也正因如此，在总额上各国的工伤保险待遇总要低于全责之侵权赔偿。

但前述立足于宏观层面的利益分配常无力顾及微观层面的个案正义。前者强调的是一种理论、概括、符号式的正义，而后者才是呈现于所有人面前的具体事故、伤残的个体与破碎的家庭。随着社会的发展、正义理念的变迁，传统的雇主豁免理论正在经历越来越多来自微观角度的质疑与考验。

这种考验在治疗费用这种纯客观性支出上表现得尤为明显。若全无过失的劳动者因工作之故而受伤、致残，还必须自掏腰包支付《目录》外的工伤医疗费用，那么这种损益分配的合理性何在？尤其是当雇主对此等损失的形成具有主观过错，如违反安全生产规定，或违反劳动合同、集体合同中约定的保护类义务之时，这种分配方式更有违人们心中的正义理念。比如从事高温作业的女工，因雇主采用劣质材料遭遇事故，被严重烧伤、毁容。此时，工伤医疗一般仅能报销基本且必要的外科诊疗费用，用以恢复疤痕的用药并不在《目录》范围，为恢复基本容貌进行的整形科治疗亦无法报销，更勿论精神损害之填补。然而，对于女工而言，毁容对其未来就业、身心乃至整个人生皆影响巨大，过错方何以不赔？类似的情况可能还存在于雇员选择治疗效果更好、更有利于受损的身体、器官、劳动能力恢复原状或接近原状的专利新药、进口新药或进口材料（如人造膝盖、人工耳蜗）等情形，其多余支出亦只能由雇员自担。这种分配甚值商榷：是否仅因为受害人是雇员，加害人是雇主，哪怕加害人具有过错，也可借责任限制规避全额赔偿，剥夺受害人获得完全填补的权利？此时，对于工伤雇员而言，劳动法的倾斜保护到底保护了谁？限制了谁？向谁倾斜？如果其对雇员的法律保护还不如一般侵权法语义下的普通受害人，那么这种倾斜的正义基础到底何在？在个案层面，是否有违背劳动法基本理念之嫌？

四、同类填补项目之下的不同计算标准当如何协调

同类填补项目之下，民法与劳动法的计算标准与计算方式的差别，同样会产生赔偿、补偿之上的大额偏差。而这种差别，在两法之上，又是时时存在的。纵观工伤补偿与民事赔偿之项目列表，几乎每个项目都有此等差别。它们是本人工资标准与受诉法院所在地上一年度城镇居民人均可支配收入之间的偏差，与受诉法院所在地上一年度城镇居民人均消费支出之间的偏差，恰如伤残津贴与残疾赔偿金、供养亲属抚恤金与被扶养人生活费之间的差距；也可能是全国城镇居民人均可支配收入与受诉法院所在地上一年度城镇居民人均可支配收入之间的地区性偏差，比如一次性工亡补助金与死亡赔偿金之间的差距；还可能是计算系数上的偏差，比如伤残津贴与残疾赔偿金，针对不同伤残等级所配比的伤残系数不甚一致；更有可能是计算方式上的彻底颠覆，比如一次性伤残补助金与残疾情形下被扶养人生活费之计算。选取了完全不同的计算路径，数额自不可能完全一致。以上诸般差距，均会体现在最终的赔偿与补偿数额之上，形成一道鸿沟，期待以两法联动来加以弥补。

这种联动乃是一项复杂的系统工程。首先，我们需要在宏观层

面，敲定两法协调的总体方向；然后，需在中观层面，进阶确定联动所选的实际道路，明晰两者之间沟通与互动的空间；最后，再于微观层面，厘定两者之间的协调细则，算清联动背后的"补充"之处。

第五章　宏观层面：两法联动之道路探索与中国选择

第一节　可能选择之联通道路与立法模式

工伤问题留下的法律印记虽不算悠远，却也足够繁杂、冗长。从最初的古典侵权法进路，到协调平衡处之的雇主责任法，再到保险理念的引入，直至强制性工伤保险制度的建立，这每一步蹒跚的演进，都难免会留下点滴珍贵的"遗迹"，需要我们认真揣摩，细细回味。

事实上，历史所走过的每一段"曾经"都会在现有的制度身上留下些什么，新生的事物总是在旧有根基之上演变发轫而来，也必然会从旧有的制度当中汲取必要的、有益于生存与生长的"营养"。从民事侵权法一步步衍生而出的工伤保险制度亦不例外。在制度的演变与糅合当中，它既残留了侵权法母体里的部分因子，具有个别雇主（损失填补）责任的色彩，又在保险规则的改良下引入了风险分摊的社会化因子，在国家的强制干预与公法浸入过程中，更进一步吸纳了生存保障性的诸多因素。在三大因素的共同作用之下，形成了今日工伤保险制度的复杂性质。

185

在这个复合型的制度性质里，原初的侵权因子是很难被彻底抹去的，工伤保险的复原、填补功用源远流长，以至于工伤待遇给付本身的制度原型离不开"使被害人重新处于如同损害事故未曾发生之处境"的损害填补之根，并且在这一根基之上，工伤补偿与侵权赔偿的功用与追求仍然是共通的。这种共通即造就了现实生活中二者之间的交叉之势。当然，受到各国之具体环境与制度配套的相关影响，这种"交叉之势"无论是在形式上还是在实质程度上都会有所不同。以下，我们将针对各国的立法及相关学说为大家作一下较为详尽的梳理。

此处，我们不妨先借鉴王泽鉴先生所总结的立法选择与划分作为开篇，将工伤补偿与民事赔偿之间的关系简单厘定成替代、兼得、选择、补充四种模式。①

一、替代模式及其合理性边界

该模式又被称为取代模式或非竞合模式，它所强调的是一种针对雇主责任的完全豁免，即以工伤保险待遇彻底取代民事赔偿。一旦发生工伤事故，受害劳动者依法只能向社保经办机构请求保险给付，而不能向雇主请求损害赔偿。德国、法国、瑞士、挪威等国皆采用此种模式。

有学者认为，替代关系是历史发展的潮流，它既简便易行，也

---

① 王泽鉴. 民法学说与判例研究：第三册 [M]. 北京：中国政法大学出版社，1998.

较为公平，又有利于减少诉讼，避免劳资争议，维护社会稳定。① 同时，又能够充分利用保险机制的优势，达到分散工伤风险之社会目的。但也有学者认为，因两种责任的设立目的、功能并不相同，而且利弊互现，任何一种模式都不能同时实现两者的制度功能，因此不能采取替代模式。② 甚至有批评之声专门针对替代模式中对当事人选择自由的剥夺，强调该模式"在价值判断上为用人单位提供了优惠待遇，降低了对劳动者的保护程度。尤其是剥夺了受害劳动者获得完全赔偿的权利（因工伤赔偿较侵权赔偿低而导致同伤不同赔）……违反了平等原则"③。且这种模式不利于对工伤事故的预防和制裁——由于雇主对工伤所负的责任仅限于支付保险金，发生工伤事故后不考虑造成损害的事件或行为是否应受到道德上的评价，从而丧失了制裁功能；同时，雇主承担的工伤责任（支付保险金）与其在预防工伤事故方面是否有积极作为无关，使替代模式丧失了一般的预防功能。④ 当然，后两种观点显然既未真正落实到个案，切实计算并比较两种救济方式的给付数额，也未曾深入考量工伤保险制度本身的社会法属性及其所附带的公法面向，更未看到超出侵权制度之外的差别费率机制及其固有的预防、制裁功能。

① 金福海，王林清．论工伤保险赔偿与侵权赔偿之关系：写在《工伤保险条例》施行之时［J］．政法论坛（中国政法大学学报），2004，22（4）：70-75.
② 王利明．人身损害赔偿疑难问题：最高法院人身损害赔偿司法解释之评论与展望［M］．北京：中国社会科学出版社，2004.
③ 张平华，郭明瑞．关于工伤保险赔偿与侵权损害赔偿的关系［J］．法律适用，2008，271（10）：31-36．该文不仅将完全赔偿一词仅作模糊性处理，未予厘清，而且对工伤保险制度本身的公法倾向亦只字不提，将其社会法属性全部"置之度外"，仅着眼于对私法视野里相对狭小的公平概念进行评析，于理难服。
④ 张新宝．工伤保险赔偿请求权与普通人身损害赔偿请求权的关系［J］．中国法学，2007，136（2）：52-66.

二、兼得模式及其合理性边界

此种模式又称为聚合模式或相加模式，在此种模式下，遭遇工伤事故的劳动者可以同时请求工伤保险给付与雇主民事赔偿，从而获得双份利益。采纳此种模式的国家很少，典型的例子是英国。但即便是在英国，这种设计也大多出自无奈之举：一方面，是源于工会对政府的巨大压力；另一方面，是因为在英国的工伤保险体制之下，雇主并没有负担100%的保费，劳动者自身仍要承担几近半数的保险成本。在这样的背景之下，当然不会允许雇主因投保而取得完全的赔偿责任豁免。①

有学者强调，这种模式可以"双份利益"最大限度地保护工伤职工这一社会弱势群体的权益，尤其是在工伤保险待遇和民事赔偿标准均偏低的情形之下。且由于用人单位不能因为工伤保险赔付而免责，也同时避免了道德危机，可以有效地督促用人单位采取必要的预防措施。② 但问题在于，在投保无法免责的大背景之下，雇主又怎会有驱动力去出资为劳动者投保呢？强制雇主出资投保的合法性基础又将何在？如此一来，工伤保险制度本身的价值要到哪里去找寻呢？我想，大抵会如同自愿加入的商业保险一般，失去了其本身的制度根源。这也难怪张新宝教授一再强调，该模式完全背离了工伤保险创设的目的。工伤保险的建立本身就是为了减轻雇主责任并

① JAMES F . Social insurance and tort liability: the problem of alternative remedies [J]. New York University law review, 1952, 27(4): 537-563.

② 张平华，郭明瑞 . 关于工伤保险赔偿与侵权损害赔偿的关系 [J]. 法律适用，2008，271 (10): 31-36.

使责任社会化，而兼得模式不仅没有使雇主免责，反倒加重了雇主的负担。且兼得之法赋予受害人的双份补偿之权，亦可能使其所获得的赔偿总额超过实际损害，进而违背"受害人不应因遭受侵害获得意外收益"的重要准则。①

三、选择模式及其合理性边界

该模式按照责任竞合之法处理多种救济方式，即当劳动者遭遇工伤事故（且同时符合侵权赔偿与工伤保险的给付条件）之时，受害人只能在两种请求权中择一行使，要么向雇主主张民事赔偿，要么向社保机构请求保险待遇，二者相互排斥，不可同时主张。英国和其他英联邦国家早期的雇员赔偿法曾一度采纳此种模式，但后来均废止。张新宝教授又称这种模式为非真正竞合模式，因其虽与我国《合同法》第122条规定的请求权竞合非常相似，但并不能完全等同于责任竞合或请求权竞合，因为在责任竞合或请求权竞合的情形下，义务主体必须为同一人，但这种选择模式之下，义务主体无法合一，一边是侵权行为人（雇主），而另一边则是工伤保险基金。②

这是一种已走出工伤历史舞台的竞合处理方式，大多学者对其所持有的态度以批判与批评为主。表面上，它似周全地顾及了两种制度之间特点与优劣，并力图充分尊重劳动者自己的意愿，且竭力

① 张新宝. 工伤保险赔偿请求权与普通人身损害赔偿请求权的关系 [J]. 中国法学, 2007, 136 (2): 52-66.

② 张新宝. 工伤保险赔偿请求权与普通人身损害赔偿请求权的关系 [J]. 中国法学, 2007, 136 (2): 52-66.

避免受害人在工伤之中取得不当利益，但究其内里，我们不难发现，此种制度安排"实则对于劳工甚为不利。盖侵权行为损害赔偿数额虽较多，但须经过漫长之诉讼；劳灾补偿（工伤保险给付）数额虽较少，但确实可靠。劳工遭受伤害，急需救助以渡过难关，故常被迫舍弃前者，而择后者也"①。因此，亦有学者主张"该模式实际上剥夺了受害人在侵权行为法上的救济权……除非它是为了在特定的情景下，从根本上废除侵权行为责任，否则，在此种选择状态之下，不存在任何合理的社会正义"②。再加之，选择权之行使期间、撤回等所带来的诸多问题的困扰，该模式实际操作起来也未必如想象中那般简单。

四、补充模式及其合理性边界

在该模式中，劳动者在工伤事故发生后，可以同时享有工伤保险给付和普通人身损害赔偿两项并存的请求权，但其取得的保险金或赔偿金总额，不得超过其实际遭受的损害。通常情况下，劳动者会先向工伤保险基金主张给付，然后再就其与实际损失之间的差额部分请求民事赔偿。当然，他也可以两边同时进行，若民事赔偿先行判决，就由工伤保险基金按照法定方式调整自身当予给付的实际数额，与先行判决相对应，并保持协调；若工伤保险基金先行给付，则由法院根据基金的给付情况，裁量民事赔偿应当补充的部分。二

---

① 王泽鉴. 民法学说与判例研究：第三册［M］. 北京：中国政法大学出版社，1998.

② 李清伟. 侵权行为法与社会保险法的冲突与融合［M］//沈宗灵. 法理学与比较法学论集. 北京：北京大学出版社，2000：1552.

者之间既不可重复，亦不可冲突。当然，也有相当一部分情形是在工伤认定环节未予通过，即工伤保险基金不予支持的情形，反而在民事环节中得到赔偿。20世纪八九十年代，日本法上一些具有代表性的过劳自杀诉讼即是如此。智利及北欧等国家也大多采用此种模式处理两种请求权的竞合。

我国不少学者亦赞成补充模式，认为该模式一方面避免了受害人获得双份利益，减轻雇主的工伤负担，节约优先的社会资源；另一方面也可以保证受害人获得完全赔偿，维持相关法律制度的惩戒和预防功能。① 但更多的坚持乃立足于"工伤保险必须处于优先位置"，保险基金给付之后仍有不足的部分，受害劳动者才可以依据一般侵权责任要求用人单位进行民事赔偿。因为在采用补充模式保障工伤职工获得完全赔偿的同时，我们也必须一并考虑工伤保险制度对雇主侵权责任的替代性目的与替代性趋势，这也正是工伤历史发展的整体趋势之所在。也有学者主张应区分"用人单位侵权"和"第三人侵权"。对于前者，采用法定优先，原则上应当首先寻求工伤基准法的救济，但在用人单位有故意或重大过失时，被侵权人也可以请求民事侵权救济。对于后者，也首先由工伤保险待遇对工伤者进行损害填补，第三人故意或重大过失时，则应准许工伤者寻求民事赔偿来补充工伤基准的不足。②

---

① 吕琳. 工伤保险与民事赔偿适用关系研究 [J]. 法商研究, 2003, 20 (3)：54-61. 中国人民大学民商事法律科学研究中心的民法典建议稿采此模式。

② 周开畅. 社会法视角中的"工伤保险和民事赔偿"适用关系 [J]. 华东政法学院学报, 2003 (6)：43-49；李志明. 工伤保险补偿与民事侵权损害赔偿竞合问题研究 [J]. 社会保障研究, 2009, 10 (2)：116-130；李坤刚. 工伤补偿制度：起源、问题与解决 [J]. 法律科学 (西北政法学院学报), 2007, 162 (6)：95-103.

以上几种模式，既可以说是历史的缩影，也可以说是我国当下现实争论的写实。从王泽鉴老师关于此四种基本类型的介绍来看，其侧重于对大陆法系国家制度的梳理，并有排斥选择与兼得模式之倾向。我国大陆地区的学者也大多受其影响，在制度选择之上更倾向于替代与补充两种模式，或者将各模式以不同的方式、不同的情况加以组合，比如张新宝教授所主张的"以替代模式为主，并辅之以选择模式"①。但究其总体趋势，仍是朝着"替代"之成分越来越多，民事赔偿之成分越来越少的方向发展。只是有趣的是，各家之言几乎都仅仅停留在简单的模式选择之上，对于深入细节的协调方式则闭口不谈。只有周江洪教授指出工伤保险给付与民事赔偿并行给付层面存在一些问题，但遗憾的是其论述大多集中于受害职工到底能"拿"到多少，而非致力于两种制度之间的具有整体意义的权衡与协调。② 对此，本书将努力展开进一步的探究。

---

① 该说认为，在适用工伤保险的场合，排除普通人身损害赔偿的适用；但存在第三人加害行为且符合工伤保险构成要件时，赋予受害人一方选择诉权，一旦作出选择，不得再从程序或实体上寻求另一种救济。其主要理由为法律救济上的衡平原则、效率原则、积极权利观和对弱者的保护。这在立法和政策层面，应当令工伤保险的给付水平与普通人身损害赔偿相当，如此一来，任何"补充"和"选择"都将失去意义，程序便捷高效的工伤保险制度必将居于优势地位（参见张新宝. 工伤保险赔偿请求权与普通人身损害赔偿请求权的关系 [J]. 中国法学，2007，136（2）：52-66）。也有学者对选择模式提出批评，认为因侵权赔偿与工伤补偿之间存在差异，受害职工很难合理行使选择权，面临无法获得充分补偿的风险，也会存在一系列难以解决的操作上的困难（详见陈信勇. 中国社会保险制度研究 [M]. 杭州：浙江大学出版社，2010；王利明. 人身损害赔偿疑难问题：最高法院人身损害赔偿司法解释之评论与展望 [M]. 北京：中国社会科学出版社，2004）。
② 周江洪. 侵权赔偿与社会保险并行给付的困境与出路 [J]. 中国社会科学，2011，190（4）：166-178，223.

第二节　中国语境下的协调进路与联动选择

一、保险限定之外：雇主免责还是保险人免责

若以前述四大模式之版本分类，我国目前在工伤保险与民事赔偿之间所走的道路显属典型的替代模式，强调只要是可以划归工伤保险领域的用人单位，便可直接从民事侵权的束缚中彻底解放出来，仅承担有限的保费支出或保险待遇。甚至不管该雇主是否参保、是否缴费，仅凭身份即可从中直接豁免。

此时，我们诚需慎思，从制度价值与整体设计观之，工伤保险难道当真就能够直接、完整地替代民事赔偿，令其全无存在必要吗？毕竟，仅从最为直观的数额观之，两者都常常相去甚远。于此，我们不妨以最为简单的纯财产性支出——医疗费用为例，先"解剖一只麻雀"，再作进阶的分析与反思。

在此，工伤保险的支付范围乃是完全以法定《目录》为限的，《目录》之外皆属劳动者自担之责，保险不予支出，雇主貌似也全无给付义务。但站在立法之公平、正义的视角上，其处置常常难以令人满意——毕竟，所有因侵权行为而受到损害之人均应具有平等的机会去争取、获得完整的损害填补。此时，就法律构造而言，工伤保险说到底是一种责任保险。其遵循保险机制而形成责任限制（如补偿限额、目录）本身并无不当，但问题是该限制仅应适用于保险人自身，而不应轻易推及至投保人。在这一点上，它与机动车交强

险等责任保险并无太多本质性差别，保险人在保险额度内承担保险责任，而剩余的部分则应留予投保人与受害人在法律框架下另行求得解决。

比较法上，也鲜有国家真正以工伤保险实现全面且无条件的雇主豁免，其豁免总伴有诸多前提、范围及程度之限。不同国家所选择的限制方式多有不同，并借此形成大致的分类：其中，限制条件较高、免责范围较大者，常被归类为替代模式，其雇员一般不得对参保雇主另行主张民事权利。而限制条件较低、免责范围较窄者，则形成了所谓的补充、选择或兼得模式。

需要强调的是，所有立法模式下的雇主豁免都是保留过错程度底线的，并不存在无条件的豁免。其中，最强有力的严格豁免者（如德国、奥地利），可将豁免范围放宽到重大过失。但当雇主存在损害之故意时，雇员仍可请求民事赔偿。至于一般替代模式之豁免范围，则多限于轻过失或中等过失，雇主若存在重大过失（如瑞士法）或不可原谅的错误（法国法），仍应赔偿伤亡雇员的全部损失。再宽松一步的补充模式国家，如英国、日本、荷兰、西班牙、瑞典等，则并无诉讼豁免可言。所谓的豁免仅是在保险给付的范围内，雇主可免于重复赔偿，即只是在给付数额上将民事诉讼与保险给付进行整合协调而已。

二、雇主豁免松动之总体趋势

最终，各国之选择仍取决于自身国情，且需整体考量。其中，首要的考量因素是保险待遇的实际替代率，即其可在何种程度上弥补雇员因工伤事故而受到的全部损害。一般而言，越是替代比例高的国家，雇主豁免程度也就越高，豁免的范围、项目通常也更广。一方面，其高比例补偿本就蕴含更多近似于侵权法的赔偿因素①，自然倾向于排斥在同一事由上再行提起"同类"诉讼；另一方面，当保险给付的替代比例高到特定程度时，剩余赔偿的有限性也在很大程度上制约了雇主责任的存在空间及存在必要。比如在德国，其工伤补偿可达侵权赔偿总额的80%以上，在医药、治疗等纯客观性支出上，则采用全额填补方式，并无所谓"剩余"。② 此时，若再加之年金计算等方法上的偏差，二者实际差距甚微。再考虑后者在时间与精力上的大量付出，诉讼的实际效益将更为有限，因而更倾向于严格化的诉讼豁免，仅在雇主存在故意时，才可突破。是为严格替代模式。

但高替代率总需以高昂的保险成本为支撑。微观上，这一成本会直接导致企业经营成本的提高，尤其是在无法被拉平成本的国际竞争中，易使本国企业趋向劣势。宏观上，它还会给政府、本国经济发展带来沉重的资金压力。原本以高水平保障著称的欧洲各国，已普遍感受到此种压力之痛，一些国家已开始逐渐放弃提供包罗万象的社会保险计划，更多将其推向市场及商业保险，各种保险待遇

---

① 其中仍保留对"劳动力的损毁、灭失程度相对应的社会价值进行填补"的部分意味。参见西村健一郎. 労災保険の「社会保障化」と労災補償・民事责任 [J]. 日本労働法学会誌, 1972 (40)：43-65.

② 德国法上，虽也设有类似的医疗目录，但该目录限制仅适用于保险基金，而不适用于雇主或雇员，工伤雇员无需被迫为任何种类或被排除的药物额外付款。法国则采取极广泛的免费治疗机制，其几乎可包含一切合理的医药、康复服务，包括外科整形，甚至温泉疗养等。参见马格努斯. 社会保障法对侵权法的影响 [M]. 李威娜，译. 北京：中国法制出版社, 2012；白澎，叶正欣，王硕. 法国社会保障制度 [M]. 上海：上海人民出版社, 2012.

也逐渐缩减，雇主责任则被强化。此举并非偶然，而是伴随席卷欧洲的解除管制浪潮而来的社会保障改革浪潮，几乎所有欧洲国家都身在其中，只是其改革步伐有缓有急，急者如荷兰、英国，缓者则如德国、法国。而当保险水平缩减到一定程度时，其雇主豁免的正当性自然会受到更大的质疑与冲击。① 而当社会保障水平被缩减到一定比例之时，雇主豁免的程度及正当性终将遭受更大的冲击乃至撼动。在此撼动下，荷兰率先废除了原《劳动事故法》（1901）中对雇主责任的豁免，允许雇员就"剩余损害"另行提起民事诉讼，即开始由替代模式向补充模式转化。

　　各国的选择还将受制于国内劳资双方的政治格局，以及政治当局的利益导向。一方面，更注重企业内部劳资关系和平、共同体稳定者，通常更侧重于以高保障杜绝诉讼，但此种选择又不得不面对愈发强烈的平等（原则）性质疑。比如在面对因交通事故而产生的工伤情形时，雇主豁免就不得不作出巨大让步。就连最为保守的德国法，都选择将其排除在豁免之外。毕竟同类事故在日常生活中太为常见，反映于其上的待遇差额，将会给豁免规则的合理性、正当性造成过大冲击，亦难以回应"同命不同价"的批判。此外，非财产性损害赔偿也是一个关键点。实践中，已有越来越多传统替代模式国家开始将雇主豁免明确限定于财产性损害。对于非财产性损害，雇员仍可向雇主求偿，比如法国、希腊。毕竟，原则上这项损害并不能通过保险保护得到平衡，若将其列入豁免范围，无异于直接剥

---

　　① 马格努斯.社会保障法对侵权法的影响［M］.李威娜，译.北京：中国法制出版社，2012.

夺了受害人的一项侵权损害赔偿要求。①

在以上重重压力及变迁之下，所谓替代模式本身也开始呈现出诸多柔化、松动趋势，并形成隐性转型。以法国为例，最初，其松动（民事诉讼之认可）仅限于非财产性损害。很快，在现实需求的催化下，其松动渐强、渐宽，并通过（解释）降低民事赔偿的过错底线——"不可原谅的过失"，间接将其扩展到全部损害。法国最高人民法院对此解释如下：根据劳动合同，雇主对雇员负有一项（结果）安全义务。尤其是在涉及职业病和工伤事故的场合，未履行该义务将构成《社会保障法典》第 L452-1 条意义上的不可原谅的过失；雇主已意识到或应当意识到雇员遭受的危险，但仍旧没有采取必要的预防措施，应对由此而生之损害承担全额赔偿。即便雇主已经在相应的刑事判决中被否定有不可原谅的过失，法院仍可在同一事件的民事诉讼中认定行为人存在不可原谅的过失。此外，判例还进一步废弃了"雇主过错必须是损害发生的决定性原因"这一要件，其只要系导致损害的必要原因（cause necessaire）即足矣。② 这种解释，实则已将其起因与过错要求降低到一个几乎等同于（甚至略低于）一般侵权要求的情形③，暗向补充主义转型。只是在立法层面，仍勉强维持着替代主义外壳。

另一方面，更注重损害填补者，则多会主动选择补充模式，并

---

① 马格努斯. 社会保障法对侵权法的影响 [M]. 李威娜，译. 北京：中国法制出版社，2012.

② 叶名怡. 法国法上的重大过错：兼论对中国法的参照意义 [J]. 北方法学，2013，7（4）：55-66. 相关判例为：Cass. soc., 28 févr. 2002, bull. civ. V, no 81; Cass. Civ. 2e, 2 nov. 2004, Bull. civ. II, no 478; D., 2005, p. 823, note Y. Saint-Jours.

③ 其直接采用过错推定，即通过义务之不履行，推定雇主具有过失。

以完全填补为目标，整合民法与社会法两种资源。在该模式下，补充模式又产生三种亚类型：第一种是以日本为代表的保守（半豁免）型补充模式；第二种是以英国为代表的不豁免型补充模式；第三种则是以荷兰为代表的激进型补充模式。其中，前两种模式仍以保险为中心，民事赔偿仅用以填补保险的残缺或不足之处。而最后一种类型则倾向于弱化保险，更多依赖民事责任。但保险给付有门槛低、效率高、反应迅速且无需律师介入的天然优势，因而即便是荷兰，也仍保持保险先行。但相较于"高级时装"式的侵权赔偿，其低额保险仅充当着"御寒衣物"的角色。在此，三种亚模式的共同追求是找到能将两种制度之优势完美整合的某个最佳平衡点。

其中，日本模式是较为中庸平和的。它优先以中等水平之保险给付，保障雇员之体面生存（高于基本生存）。对内，雇主可以该笔给付为限获得免责，仅当雇主对损害发生具有故意或重大过失时，才需向保险人偿还这笔费用。对外，该给付则是雇主赔偿的计算起点，雇主仅就其对与民事赔偿间的差额承担过错责任。在对外的这一点上，英国法与其保持一致。一方面，中档保险待遇足以有效应对雇员紧迫的经济需求，赔偿之诉的经济动因被削弱了；另一方面，对于那些想要追求完全补偿之人，保险给付又足以为他们提供基本的经济条件及后盾，使他们能更从容、有力地应对后续复杂、漫长的诉讼过程，真正保障其诉讼的自由。最终，此法更倾向于让当事人自行权衡诉讼之必要及利弊，尤需综合考量两种补（赔）偿之实际差距、各方有无过错及其过错程度、举证难度，以及诉讼的时间、经济成本等，而后再决定到底是否值得一诉。这实则是一种低调抑制型的诉讼允许——虽承认可诉讼，却不依赖也不导向于诉讼。是为"保守补充"。

英国、日本两国在对内关系处理上，却大有不同。在保险关系内部，英国雇主的豁免范围很窄，仅存在于自身全无过失之情形。若侵权责任能被证实，则雇主必须向赔偿金追索局偿还所有保险给付。即雇主仍系以自有资金对所有过错损害承担全额赔偿，保险机构仅是对其中关乎生存保障的部分提供预先垫付而已。这种工伤保险，对企业并无太大实益；在宏观经济层面，也很难达到分散事故风险的效果。此时，雇主的缴费只是拿来为那些自身毫无过失的事故承担补偿责任而已。在劳动者保护上，倒可谓有力，但其整体效益过于狭窄。当然，这种限制或许也与英国独特的缴费方式——"雇员参与分担"脱不开干系。

荷兰模式则更加激进化、单边化。在私有化改革的影响下，其保险给付大幅缩减，原本用以弥补缺口的雇主责任被一再强化[①]，原系后备手段的侵权诉讼被提到台前，且诉讼需求激增。这种剧烈转变促使工伤侵权一度形成一种类似于雇主责任法的逆向发展趋势。1997 年，《荷兰民法典》（第 658 条）引入了对雇主责任的举证责任倒置，判例法紧随其后，进一步减弱（甚至架空）共同过失的抗辩效果，只有在雇员存在重大过失，甚至只有其采取自甘冒险之行为时，雇主才能主张过失相抵。在多次扩张之后，雇主责任实则已近似于某种准严格责任[②]。而这种严格化又进一步降低了雇员诉讼的风

---

① 以医疗期待遇为例，荷兰 1994 年修法，即开始强制雇主在 6 周的时间内向工伤雇员支付原工资的 70%，以控制保险支出。目前，该雇主义务已被扩展到 52 周。其他保险给付也大多经历类似削减。

② 马格努斯. 社会保障法对侵权法的影响 [M]. 李威娜，译. 北京：中国法制出版社，2012.

险，加重其诉讼倾向，导致一种令人担忧的"索赔文化"。

至于那些曾将损害填补摆在更重位置，甚至允许双重给付（如更早时期的英国、西班牙）或允许受害人自主选择给付方式（如比利时）的少数国家，现在则多已通过社会保险改革或判例制度，确立或尝试确立起两种给付之间的协调方法，最终走向比较折中的补充模式。[①] 也就是说，补充模式正逐渐呈现出某种流行效应（或曰中心效应），使居于左端的替代模式及居于右端的兼得、选择模式，均以不同方式、不同角度向其逐渐靠拢。而我国立法则仍处于游移状态。

三、中国式联动：方法、维度与边界

（一）我国雇主豁免之历史与未来

中国道路仍取决于中国国情。首先，以医药给付为例，我国目前的保障水平仍处于中低阶段，以保基本、保生存为主。它常不足以为特定个体提供全面、充足、优质的医疗、康复服务，保障效果亦不及以恢复原状为目标的民事赔偿。而恢复身体机能之完整，又是每个公民的基本人身权益所在。为保障这一权益，受害人很可能要求使用更为对症或更富疗效的目录外药品，比如专利新药。虽然在大多数时候，即便如此，仍难达恢复原状之效，但这至少可能使受害人更加接近"原状"。此时，只要该要求在医学上具有其合理

[①] 如原采用兼得模式的英国，现已通过保险人追偿权建立起工伤补偿与民事赔偿间的数额协调，转型为补充模式。西班牙则主要通过判例法推进同一转型。此外，原采用选择模式的比利时，亦通过 1978 年修法废止了雇员的选择权，确立起工伤保险的优先地位及侵权之诉的差额补充作用。

性，就不应简单踢给受害人自负，诚应审慎思索民法填补之空间。

对此，《职业病防治法》第 58 条与《安全生产法》第 53 条已率先开启了民法补充的大门，明确因职业病或安全生产事故遭受损害的劳动者，"除依法享有工伤保险外，依照有关民事法律，尚有获得赔偿的权利的，有权向用人单位提出赔偿要求"。以上两法虽非规范工伤事故之直接法源，但与工伤制度一脉相承，皆系促发工伤补偿的原因性法律，且在工伤案件，尤其是工伤大案中，覆盖率极高。二者对整个工伤救济之运作影响深远，其补充路径的引入，亦是如此。

然而，碍于《最高人民法院关于审理人身损害赔偿案件适用法律若干问题的解释》（下称"法释〔2003〕20 号"）第 12 条之规定①，前述两法确立的民法补充频繁在司法环节遇阻。② 实践中，常因裁判者对这些"冲突"规则的不同理解、不同把握，判决呈现出五花八门的类型。以职业病赔偿为例，既有判决可呈以下四类：

类型一：严格豁免型。即以法释〔2003〕20 号第 12 条为依据，判定工伤职工仅能主张保险待遇，法院不受理或不支持其所有民事赔偿主张。③ 当然，也有个别地区，如宁夏，会用提高职业病补偿额

① 该条规定：依法应当参加工伤保险统筹的用人单位的劳动者，因工伤事故遭受人身损害，劳动者或其近亲属向人民法院起诉请求用人单位承担民事赔偿责任的，告知其按《工伤保险条例》的规定处理。

② 《中华人民共和国劳动争议调解仲裁法》第 2 条第 5 款，以及《最高人民法院关于审理劳动争议案件适用法律问题的解释（一）》（法释〔2020〕26 号）第 1 条第 7 款，亦将因工伤医疗费及其他工伤保险待遇而发生的纠纷列入劳动争议范畴，需依劳动争议调解、仲裁程序处理，否则人民法院亦不受理。而在劳动争议处理程序中，裁审同样需要"按《工伤保险条例》的规定处理"，似乎仍无民事（侵权）赔偿的作用空间。

③ 山东省莱州市中级人民法院，（2019）鲁 0683 民初 8214 号民事判决书；辽宁省铁岭市中级人民法院（2018）辽 12 民终 1735 号民事判决书；北京市大兴区人民法院（2019）京 0115 民初 12954 号民事裁定书，等等。

度（在工伤待遇的基础上增加 30%）的方法，来拉平其与民事赔偿间的"差额"，消解诉讼之需。①

类型二：以雇主重大过失为条件的"伪补充、实豁免"型。该类型曾代表着主流观点，强调雇主豁免应为一般原则。只有当受害人能够证明雇主对工伤的形成存在故意或重大过失、存在明显违反安全生产管理法规之情形时，法院才会支持其差额赔偿请求。② 此说与瑞士法及法国法之传统规定颇为相似，但在解释层面，与现行司法相去甚远。

类型三：仅准许精神损害赔偿的有限豁免型。此类案件中，法院多以《职业病防治法》第 58 条，结合《侵权责任法》第 6 条、第 22 条（《民法典》第 1165 条、第 1183 条）为依据作出裁判。其强调工伤保险与侵权赔偿系基于不同的请求权而生的。工伤保险侧重及时性、生存保障性，仅覆盖物质损失；而侵权赔偿则以完全赔偿为原则，其中既包含物质损害，又包含精神损害以及劳动者相应人身损害赔偿项目。对于前者未及覆盖的精神损害，应允许后者补充；但对于那些已被保险覆盖、获得合理救济的物质损害，则应按《工伤保险条例》的规定处理，不再支持（不受理）其同类赔偿请求。③ 这也是 2012—2016 年间，广东省高级人民法院曾广泛采用的主流裁

---

① 参见《宁夏回族自治区实施〈工伤保险条例〉办法》第 32 条之规定。此法虽简，省却了个案之数额比较，却难免机械、僵化。亦难以解释为什么对于本质相同、程度相同之身体损伤，因职业病而受损者就可以比因事故受损者获得更高的补偿，其平等性与正当性又将何在？

② 福建省三明市中级人民法院（2018）闽 04 民终 1687 号民事判决书。

③ 上海市高级人民法院（2018）沪民申 2529 号民事裁定书；福建省福州市中级人民法院（2018）闽 01 民终 7622 号民事判决书；苏州市吴中区人民法院（2018）苏 0506 民初 5654 号民事判决书。

判方式。①

类型四：差额补充型。此类型将民法的补充范围从精神损害扩展到全部损害。2017 年后，广东法院一致采纳此法。即在补充性民事诉讼中，"如人身损害赔偿项目与劳动者已获得的工伤保险待遇项目本质上相同，应当在人身损害赔偿项目中扣除相应项目的工伤保险待遇数额，若相应项目的工伤保险待遇数额高于人身损害赔偿项目数额，则不再支持劳动者相应人身损害赔偿项目请求"②。需要指出的是，这里的"相应"和"差额"，乃是两项请求权内部各项目中，单项与单项之间一一对应、分别计算的差额，而并非汇集总额后再相比较的总"差额"。比如工伤待遇可能在医疗费上低于侵权赔偿，但在供养亲属抚恤金上高于后者，两项相加总额可能相等，但单项间的差额不可抵销。计算时，需先以民事赔偿填补医疗费上的"差额"，而供养亲属抚恤金则当以工伤给付为准。最终，受害人所得者，应当是两种路径下，单项择"优"后，再行加总之数额。

此时，若以广东为例，并以其十多年来的主流审判历程为线索，其雇主豁免大抵经历了一整套从高到低的渐进式演变过程，其豁免范围越来越窄、条件越来越多、比例则越来越小。从类型一的全豁免，到类型二的"重大过失"限定，再到类型三的仅豁免物质损害，

---

① 详见《广东省高级人民法院 广东省劳动人事争议仲裁委员会关于审理劳动人事争议案件若干问题的座谈会纪要》（粤高法〔2012〕284 号）第十五条。

② 见《广东省高级人民法院关于审理劳动争议案件疑难问题的解答》（粤高法〔2017〕147 号）第十五条。该条直接将工伤给付项目跟与之同质的人身损害赔偿项目一一对应。比如：一次性伤残补助金、伤残津贴对应残疾赔偿金，供养亲属抚恤金对应被扶养人生活费，一次性工亡补助金对应死亡赔偿金，停工留薪期工资对应误工费，等等。他省亦有同类判决，如山东省济南市中级人民法院（2018）鲁 01 民终 5899 号民事判决书；辽宁省法库县人民法院（2019）辽 0124 民初 2293 号民事判决书，等等。

最后定格于类型四的将雇主豁免彻底降至"补充模式"。此种演变已与欧洲的社会保障改革渐呈同一趋势。

当然，从我国目前的立法状况来看，这种广式"补充"的适用范围仍非常有限，仅止于因安全生产事故或罹患职业病而产生的特殊工伤情形，并未覆盖一般工伤。对于一般工伤，无论是法院，还是劳动仲裁，都仍谨守着严格豁免，就算遭遇相应的雇主赔偿请求，也只能按法释〔2003〕20号之要求，告知其按《工伤保险条例》的规定处理。

毕竟，在一般工伤中，基金提供的乃是一种无过失补偿，系社会保障责任，它既不要求雇主过失，也不排除雇员自身因素或过失使然之情形。此时，作为交换，采用责任限定，以较低补偿优先保障基本生存似乎并无不妥。但职业病和安全生产事故则不然，其诊断、认定中已包含了确凿的雇主过错因素，属过错责任范畴。其中，职业病者，系经流行病学明确证实，直接源于职业接触之疾病，其患病原因几乎是唯一的，个人因素的影响微乎其微。① 而职业环境、职业接触、职业防护的控制权与监督权又全在雇主手中，雇主未妥善履行前述控制、监管职责，使雇员的职业病危害因素接触时间、积累接触水平、程度超过医学上的致病临界值，致使雇员罹患职业病的，当推定雇主具有保护、监督、控制不当之过失。② 同理，安全生产事故之认定，亦采用过失性原则。可确定损害系由工作原因及雇主过错所致，其损害填补不应限制在基于"无过错补偿原则"而圈定的有限给付范围内，而应承担与过错程度相适应的法律责

---

① International Labour Organization. ILO List of occupational diseases (revised 2010) [S/OL]. https://www. ilo. org/wcmsp5/groups/public/—ed ＿ protect/—protrav/—safework/documents/publication/wcms＿125137.pdf.

② 参见《职业病防治法》第4条、第5条，及第二、三章两章之相关规定。

任——工伤待遇不及填补之处当由民事赔偿来补充。且在此类民事诉讼中，法院基本无需重复审查前述过错（及其他侵权责任要件），只要借职业病或安全生产事故认定、给付之结果，计算需要填补之差额即可。[①]诉讼过程极为简单。

（二）民法"补充"之延展：从职业病到一般工伤

鉴于前述过错原则上的差异，这种极简的补充模式始终仅限于职业病与安全生产事故领域，不可直接推及一般工伤。当然，这并不意味一般工伤事故就必须采用严格豁免，而应视具体情况，尤其是过错因素而定。民法补充只能建立在过错责任之上，与职业病救济保持一致，是为同等问题同等对待。鉴此：

（1）若事故系因某人（如雇主、雇员自身或第三人）之过错或共同过错所致，那么该剩余费用应由事故责任人来承担或按过错分担。此时，《目录》仅能框定保险人的支付范围，并不能成为加害人的免责依据。否则，该限定就只是在用牺牲雇员的身体健康、完整权益的方法，来换取雇主的经济利益。

（2）若事故系因不可抗力等意外情形所致，该剩余费用则更宜留在损害发生之地，由受害人自行消化。有且只有这时，《目录》界限才能等同于雇主豁免，是为平衡分担。毕竟保险基金（雇主缴费）已经为雇员提供了基本的医疗服务及生存保障。在雇主毫无过错之时，该重保障足以诠释劳动法之倾斜保护，不宜失之过偏。

（3）最为棘手的乃是二者之间的（豁免）边界到底应如何划

---

① 广东省深圳市中级人民法院（2018）粤03民终13697号民事裁定书；广东省高级人民法院（2017）粤民申8743号民事裁定书；山东省济南市中级人民法院（2018）鲁01民终5899号民事判决书。

定。即雇主究竟该就何种程度的过错而承担民事责任。一方面，该过错标准不宜像德国那样设置过高（以故意为界），毕竟在保障范围及程度上，我们远不及后者；① 另一方面，也不宜像荷兰那样放得过低（呈准严格责任倾向），以防范工伤保险之社会效益流失，陷入荷兰式"索赔文化"。对此，我们必须要摆正工伤保险与民事赔偿相互结合的基本角度与定位：坚持以工伤保险为基础、为中心、为解决工伤问题的根本手段。先以中位补偿及时、有效地完成工伤雇员的生存保障，是为雪中送炭；而后的民事赔偿仅系拾遗补阙、锦上添花者，决不能越俎代庖，侵蚀工伤保险之基础性作用，本末倒置。

为实现这一目标，较为折中的法国模式（以"不可原谅的过失"为界）与日本模式（以一般过失为界）或为优选。二者虽在立法表述上颇有差距，但在适用层面已越走越近。这时，与其像法国一样靠司法周旋、曲线救国，还不如果断借鉴日本经验，在"收"与"放"两个方面，做好两手准备。

在"放"上，我们首先要"打开"民法通路。明确人身损害赔偿司法解释所言的"按《工伤保险条例》的规定处理"，并不等同于禁止民事赔偿。《工伤保险条例》之规定，也从未言明限制或排除民事赔偿。作为社会保险立法，其内容主要集中于如何认定工伤，如何计算补偿，以及如何在保险范围内进行救济。对保险救济覆盖之外的部分，不管是主体还是客体，《条例》都始终保持开放姿态，并不排斥民法"补缺"。比如，对于覆盖不及的主体——非法用工关

---

① 德国模式也因过于极端而常遭遇强烈质疑。参见马格努斯. 社会保障法对侵权法的影响 [M]. 李威娜，译. 北京：中国法制出版社，2012.

系下的劳动者，《条例》指明应适用一次性赔偿①，由民法补缺。对于保险覆盖之外的损害，亦可沿用同一思路。这与前述司法解释间并不矛盾：首先仍需依《条例》之规定，向社会保险行政部门申请工伤认定，认定之后，再由经办机构核定并给付相关保险待遇。这两步乃系雇主赔偿之诉的前阶、必经步骤。在该阶段被认定为工伤者，可在后续的民事程序中请求其核定待遇与人身损害赔偿间的差额部分。此时，保险待遇之核定乃系后续诉讼标的的算数基础。而对于那些基于各种原因未被认定为工伤者，则应在《条例》外另行保留其依侵权或违约之一般性规定，向雇主追究民事责任的机会。这也是填补《条例》漏洞，弥补其救济真空的最后手段。它可暂且为《条例》预设之外的诸多工作关联性伤害及疾病（如过劳死、过劳自杀等），保留最后且必要的救济空间及可能。即在保险覆盖（包括主体、客体及给付）力所不及之处，仍需由雇主责任来补救。当然，此时的补救仅为其保留诉讼权，至于诉讼或不诉讼，则属个人之自由。所谓的成本、效益（是否值得一诉）问题，亦当属个人考量、选择之范畴，只要受害人愿意承担该诉讼成本，我们似乎找不到什么适当且足够的理由，强行将其排除在法院的受理范围之外。

在"收"上，我们则需以要件事实、归责原则及证明责任来铸造"控制阀"，谨慎限定民法"补充"的实际深度及广度。比如明

---

① 赔偿与补偿法律性质迥异，《条例》在表述时措辞极为谨慎。工伤待遇系补偿，不管该待遇是由雇主给付，还是由保险人给付，皆采用"待遇"或"补偿"措辞，其待遇项目和标准皆由《条例》明确规定，并通过"工伤认定—待遇给付"之准行政程序实现。当事人若对工伤认定结论、待遇核定结果有异议，需通过行政复议或行政诉讼程序进行救济，其属社会保险争议（见《条例》第55条）。而对非法用工者的一次性赔偿则不然，其给付项目、标准不适用《条例》规定，相关争议按劳动争议有关规定处理，需由"劳动仲裁—民事诉讼"途径化解（见《条例》第66条）。

确其必须以过错责任为限，以保险剩余为度，且在诉讼中，雇员必须就雇主义务的具体内容、雇主违反义务之事实，由此所生之损害及其可预见性，以及二者之间的因果关系承担证明责任。此外，还可同时适用过失相抵。即需综合运用多重手段，来严格规划民法路径之"收口"，以免其越俎代庖，造成本末倒置。

是以，模式本身并无所谓好坏，而重在适合。以我国之经济社会发展水平，工伤保障只能达到中位程度，距离以高覆盖、高保障彻底了却民事赔偿需求仍相当遥远。此时，在工伤保险之外，仍有必要保留传统民法的部分功能，是为兜底、补充。并以恰当角度实现二者衔接，将保险给付之低门槛、高效率与民事赔偿之平等性、完全性结合一处，构建两大体系的理性联动。最终，在联动中实现对"剩余损害"的公平分配。

综合权衡诸般因素后，最适合我国国情的联动方式还属保守补充模式。其既可持守法律的平等原则，使因雇主过错而陷入工伤事故的受害者有机会获得与其他侵权受害者一样的赔（补）偿，充分保护劳动者的应有权益；也能有效保持工伤保险的固有优势，有利于分散事故风险，及时提供基本保障，并以保险待遇弱化诉讼效益，抑制诉讼动机，立足以保险之社会整体理念最大限度舒缓微观矛盾，助益企业内部和平；还可通过归责原则、举证责任等手段，合理控制"补充"维度，巧妙维系劳资之间的倾斜角度与利益平衡。

第六章　中观层面：以安全照顾义务为转承之违约型"补充"设定

第一节　在侵权与违约之间

一、侵权与违约之竞合

在补充性民事赔偿上，有侵权及违约两条进路，劳动者貌似可择一而诉。前者多需仰仗侵权行为的一般性规定而为之；而后者则更多涉及劳动合同之下所隐含的雇主对劳动者应有的安全保护之责（保护义务），以及对该义务之违反。就构成要件、诉讼难度、赔偿数额而言，二者固有差别本应不大①，在我国的特殊立法背景之下，却未必尽然。

毕竟，在侵权之路上，民事立法的消极与绕行已然形成惯例，

_____

① 在这一点上，中国法与日本法颇为相似。参见内田貴．民法Ⅲ［M］．東京：東京大学出版会，1996．但在德国法上，合同法救济的力度会比侵权法略胜一筹，二者在受保护客体的范围、归则原则、可归责性的证明、辅助人承担责任的要件以及诉讼时效上均存在明显差异。参见迟颖．我国合同法上附随义务之正本清源：以德国法上的保护义务为参照［J］．政治与法律，2011，194（7）：128-139．

若想在劳动关系中直接援用《民法典》中的侵权赔偿，自是阻力重重。根据《安全生产法》第57条、《职业病防治法》第58条，享有工伤保险的劳动者遭受工伤或职业病后，可以依据有关民事法律向用人单位请求损害赔偿，但是其中"有关民事法律"实际并无明确法律条文与之相衔接。反而在民事司法解释中，《人身损害赔偿司法解释》第3条第1款的现实阻碍令其寸步难行。

在实践中，法院虽多以雇主过错（特别是重大过错）作为其承担损害赔偿责任的构成要件，但在个案中过错认定标准模糊，并且举证不易，双重阻碍之下劳动者难以得到补充救济。即便有个别法院另辟蹊径，以违反安全保障义务认定雇主应承担侵权损害赔偿①，但依反对解释之法，"明列其一，即排斥其余"，安全保障义务主体颇似"法定"，仅《民法典》第1198条规定的经营场所、公共场所的经营者、管理者或者群众性活动的组织者，以及第1254条规定的建筑物管理人明确负有安全保障义务，并未覆盖劳动关系中的雇主方。是以，于此路上，劳动者之维权亦多举步艰辛，胜算渺茫。

二、中国式优选：以安全照顾义务为中心之违约进路

但若选择违约道路，劳动者则可颇具策略性地绕过前述困顿，通过对劳动合同中雇主之安全照顾义务（保护义务）的诠释②获得救济。此时，与其顶风而上，不如避其锋芒，改采用违约之法。侵

---

① 王乐乐与河南平宝煤业有限公司生命权、健康权、身体权纠纷一审民事判决书（2020）豫1025民初719号；陈桂英等诉李志民违反安全保障义务责任纠纷案（2015）兴民初字第00659号。

② 参见《劳动合同法》第29条、第88条及《民法典》第509条之规定。

权与违约两者虽殊途，却同归。

此路源于对债法原理的一种延伸适用。毕竟，劳动（雇佣）合同仍属广义的债之范畴，只是相较于一般的合同之债，它具有更强的人身约束性（劳动者对雇主的从属性以及雇主的指示权）。① 它仅存在于因一定契约关系而产生特别社会接触之当事人之间，是其中一方或双方对相对方所负担的一种义务，即对由该法律关系而对相对方产生损害之危险予以防范，确保相对方当事人生命、身体安全之义务。②

从评价角度观之，该义务根植于一种"特别关联"③，当事人之间的关联度越紧密，彼此间所产生的信赖程度越高、干涉可能性越大或行为的危险性越强，保护义务的要求也就越高。④ 当这种关联、干涉（从属）程度达到典型劳动合同（以上）的程度之时，这种保护义务可直接从劳动保护公法的强制性规定中析出，经诚实信用原则之转化，以"双重效力"输入契约语境。

各国民法典中，对这一义务亦多有规定，尤其是放置于雇佣契约领域，其表述更为详尽⑤，并可由雇佣关系自然延伸至劳动契约，成为雇主必须肩负的法定之责。但在我国这种延伸远不如想象中那

① NIPPERDEY H. Lehrbuch des Arbeitsrechts [J]. Franz steiner verlag, 1928, 21 (3): 480-482.

② 國井和郎.「安全配慮義務」についての覺書（下）[J]. 判例タイムズ, 1978, 364: 72, 74；高橋眞. 安全配慮義務の研究 [M]. 東京：成文堂, 1992.

③ 保护义务系于这种特别关联衍生而出的、对他人法益范围进行特别干涉的可能性，以及因这种特别关联而在当事人之间建立起来的信赖关系，即对由该法律关系而对相对方产生损害之危险予以防范、确保相对方当事人生命、身体安全之义务。

④ FIKENTSCHER W, HEINEMANN A. Schuldrecht[M] .10. Auflage.Boston: De Gruyter, 2006.

⑤ 比如《德国民法典》第618条、《瑞士民法典》第339条之规定，日本法上虽无成文规定，但判例积累相当丰富。

样容易。首先，雇佣契约一词，在我国民法系统中，仍然是一个地位待定的敏感词汇。虽然 1999 年《合同法》出台时，"雇佣合同"一章已然没了踪影，但这并不代表着雇佣合同这种合同类型缺乏典型性，或在宏阔的生活实践中无足轻重，更不代表着它可以不归民法调整。现实立法的缺漏出于部门之间的利益纠葛，以及立法机构的无奈回避。至少，劳动行政部门为了维持其在劳动立法层面的统治性地位，不愿让民法来插手雇佣关系的态度，在其中发挥了极大的影响力。但雇佣作为一种社会现象，或者说经济现象，仍然广泛地活跃于人们的日常生活之中，不管是在劳动法能够发挥积极效应的产业劳动范畴内，还是在超出此外的其他雇佣劳动层面。只是，法律没能对其进行具有权威性的提炼。相对地，雇佣概念的模糊、雇佣范围的不确定，以及相关法律调整的空白使这一领域成为一桩"悬案"，其与劳动契约、承揽契约、委托契约等典型契约之间的关系更是扯不断、理还乱。尤其是面对劳动契约，其间的关系与界分，更是让学者们"挠头"，甚至是长期深处论战之中。其中直接将二者并列放在对立面上，突出差异性的做法已然成为主流。^① 而这种区分的直接目的，是将劳动关系独立出来，表明二者在法律性质、宗旨、理念乃至具体适用上的巨大差异。但如此一来，又如何能在法定义务的设置上直接"拿来"，互通有无呢？又如何能将原属于雇佣契约的安全照顾概念引入劳动契约范畴，让劳动契约亦受其调整呢？

事实上，这种概念上的并列（对立），在成熟的立法例上本就极为罕见，尤其是在民法与劳动法皆相对完善的欧陆及日本立法中，

---

① 许建宇. 雇佣关系的定位及其法律调整模式［J］. 浙江大学学报（人文社会科学版），2002，32（2）：41-47；郑尚元. 劳动合同法的制度与理念［M］. 北京：中国政法大学出版社，2008.

更是闻所未闻，大抵可以看成我国学者的一种独创。当然，在这些法学发达的国家当中，前述问题也早已无法称为问题，而是早有定论之事——劳动契约本就是雇佣契约的下位概念，完全被包含在雇佣契约之中①，所有的劳动契约都必为雇佣契约②，在特别法尚无相反规定的情况下，可直接适用雇佣契约项下的民法规定。

诚然，正如我国学者所强调的，随着历史的嬗变，劳动契约的演化必然会产生一系列全新的个性化元素，尤其是在劳资双方实力日益悬殊的产业劳动背景下，公法因素的渗入不可避免——劳资团体的壮大、劳资协约的介入，以及劳动基准的设定，都在很大程度上限制了当事人在雇佣契约上的意思自治，驱使着劳动关系逐渐偏离出古典民法的固有轨迹，向着一个崭新的法域前行。但这种偏离无法全然抹杀劳动契约本身的私法（契约法）属性，毕竟团体协约与劳动基准所限定的仅仅是劳动条件、人事待遇的最低标准，在这个最低标准之上，当事人之间仍存留着相当广阔的交涉空间、契约自由，可予纳入契约法的调整构架，进而稳住其契约（私）法之本性。雇主和雇员之间的劳动契约，即是在这些（公法）规范或法令的框架内由两者之间的契约设立的。③ 此时，站在这一特有的视角之上，我们亦可以说劳动契约是公法（劳动法）与私法（民法）相互融合的特殊产物，这种融合正是当代私法社会化的一种典型趋势，

---

①　WEYERS H L, ESSER J. Schuldrecht, Band Ⅱ, Besonderer Teil. Teilband Ⅰ [M]. Berlin: C. F. Müller, 2000; 黄茂荣. 债法各论 [M]. 北京：中国政法大学出版社，2004；野川忍，山川隆一. 労働契約の理論と実務 [M]. 東京：中央経済社，2009.

②　LARENZ K. Lehrbuch des Schuldrechts, Band Ⅰ, Allgemeiner Teil[M]. 14. Auflage. Frankfurt: Verlag C. H. Beck, 1987. 参见梅迪库斯. 德国债法分论 [M]. 杜景林，卢谌，译. 北京：法律出版社，2007; MEDICUS D. Schuldrecht II Besonderer Teil [M]. München: Beck Juristish Verlag, 2002: 316.

③　我妻栄. 債権各論中巻二（民法講義Ⅴ3）[M]. 東京：岩波書店，1962.

放置于实力相差悬殊的契约主体之间，乃是为了确保法之实效性而被采用的一般手法①，并不会损害劳动契约法本身所特有的私法性质②，只是使它成为兼具劳动法理念与特色的民法特别法而已③。此时，以劳动法不含有特别规定为限，劳动契约亦受民法雇佣契约规定之约束④，且仍需遵循雇佣契约之一般理论。雇主之安全照顾义务当属之。本书即将目光集中于此，旨在以雇主安全照顾义务为切入点，从违约视角深入解析工伤保险与民事赔偿的协调、联动之路。

第二节　安全照顾义务之法理定位与保护维度

一、安全照顾义务之法理定位

学界对安全照顾义务的定性与定位一直争议颇多，有主张其为

---

① 这一手法在金融商品交易以及消费者权益保护等相关立法中皆有广泛应用。
② 土田道夫. 劳働契约法［M］. 東京：有斐閣，2008.
③ 荒木尚志，菅野和夫，山川隆一. 詳說劳働契约法［M］. 東京：弘文堂，2008；山田辉明. 債権各論 中巻［M］. 東京：成文堂，2001.
④ 梅迪库斯. 德国债法分论［M］. 杜景林，卢谌，译. 北京：法律出版社，2007；MEDICUS D.Schuldrecht II Besonderer Teil[M].München: Beck Juristish Verlag, 2002: 316; 平井宜雄. 民法 IV 债权各論［M］. 東京：青林書院，2002.

从给付义务的①，还有主张其为附随义务的②，也有将二者糅合一处的③，更有将其直接定位于劳动合同之本质义务④或干脆将其直接定位于主给付义务⑤的。其中，从给付义务与附随义务的争论，长期占据了焦点地位，当然，它们也恰恰是诸多观点之中最为接近的两个，二者皆处于契约责任的扩展线上，且皆承认安全照顾义务与劳务给付之对价并无关联，亦并不具有决定契约类型的主给付效应，分歧之处仅在于由此（以主给付义务为中心点）扩展开来的程度与维度。

相对于附随义务而言，从给付义务的扩展幅度较小，主张此种定性的学者，多数看重的乃是它作为给付义务的一支，而完整保留下来的履行请求权以及对待给付的拒绝权。他们认为，一旦认可劳

---

① 宫本健藏．雇傭、労働契約における安全配慮義務［M］//下森定．安全配慮義務法理の形成と展開．東京：日本評論社，1994：192-193. 宫本教授认为，雇主同时肩负着两项相关的义务，一项是作为从给付义务而存在的安全照顾义务，而另一项则是以附随义务形式存在的保护义务，两者同时并存，不相矛盾。

② 晚近几年，附随义务之说渐占上风，并已呈现主流之势。梅迪库斯教授、我妻荣教授、平井宜雄教授、高桥真教授等民法学者，以及土田道夫教授、野川忍教授、中窪裕也教授、和田肇教授等劳动法学者皆持该见解。另外，梅迪库斯将雇主安全照顾义务归入"保护义务"范畴，亦当属之。MEDICUS D.Schuldrecht II Besonderer Teil［M］.München: Beck Juristish Verlag, 2002: 335; 我妻栄．債権各論中卷二（民法講義Ⅴ3）［M］．東京：岩波書店，1962；平井宜雄．民法Ⅳ債権各論［M］．東京：青林書院，2002；高橋眞．安全配慮義務の研究［M］．東京：成文堂，1992；土田道夫．労働契約法［M］．東京：有斐閣，2008；野川忍，山川隆一．労働契約の理論と実務［M］．東京：中央経済社，2009；中窪裕也．労働契約の意義と構造［M］//日本労働法学会．講座21世紀の労働法（4）労働契約．東京：有斐閣，2000：14；和田肇．安全（健康）配慮義務論の今日的な課題［J］．日本労働研究雑誌，2010，52（8）：37-45.

③ 下森定．国の安全配慮義務［M］//下森定．安全配慮義務法理の形成と展開．東京：日本評論社，1994：240-241.

④ 该说长期被误认为是日本法学界的"通说"，曾受到桑原昌宏、冈村亲宜、林弘子学者的支持（参见刘士国．安全关照义务论［J］．法学研究，1999（5）：55-63），但近些年已很少见到相关论述。该说主要从保护劳动者生命、健康等重大价值出发，对使用人提出更高层次的义务要求，并借此将安全照顾义务定位于劳动合同上的本质性义务。

⑤ 奥田昌道．債権総論［M］.増補版．東京：悠々社，1992.

动者劳务给付之拒绝权的存在，那么就意味着"雇主安全照顾义务并非仅仅单纯地与损害赔偿相连接。当然，我们也不能简单地把它与保护义务（附随义务）相等同"①，并由此赋予其给付义务之构成，即便仍将它归入不同于主给付义务的债务，但如果有不履行这种债务之可能性存在的话（并非真正的不履行债务，有此种可能性就已足够），劳动者亦应有正当理由拒绝对待给付（劳务给付）。②然在笔者看来，与其说这种给付拒绝权是由从给付义务的定性衍生出来的，还不如说是由雇主所肩负的公法义务衍生而来的。当雇主违反这些义务之时（如强令劳动者危险作业），劳动者可因该公法规定而直接获得劳务给付之拒绝权③，这种给付拒绝权是以公法秩序为基础并围绕雇佣关系而形成的劳务受领权限之附随义务。④

与此同时，附随义务说的扩展做得比较彻底，直接冲破了给付义务的底线，甚至冲破了与给付义务的直接关联性，直接由诚实信用原则延伸而出。这里，它并不是拉伦茨教授笔下"虽超出债务人的给付义务之外，却仍与给付密切相关"，且服务于履行主给付义务的那种"其他行为义务"（Weitere Verhaltenspflicht），⑤而是超出给付领域之外，甚至与给付利益毫无关系，而仅仅涉及债权人维持利益（完整性利益）的法定义务，也是附随义务里的另外一支。

---

① 宫本健藏. 雇傭、労働契約における安全配慮義務［M］//下森定. 安全配慮義務法理の形成と展開. 東京：日本評論社，1994：192-193.

② 北川善太郎. 五一四条注釈［M］//注釈民法（10）. 東京：有斐閣.1987：366，368-369.

③ 史尚宽. 债法各论［M］. 北京：中国政法大学出版社，2000.

④ 高橋眞. 安全配慮義務の研究［M］. 東京：成文堂，1992.

⑤ LARENZ K.Lehrbuch des Schuldrechts，Band Ⅰ，Allgemeiner Teil［M］. 14. Auflage. Frankfurt: Verlag C. H. Beck，1987.转引自杜景林. 德国债法总则新论［M］. 北京：法律出版社，2010.

2002 年的《德国债法现代化法》将附随义务称为保护义务（第
241 条第 2 款），在体例上，它直接与给付义务（第 241 条第 1 款）
并列，二者共同构成债务人的义务体系（之总和）。其中给付义务通
常旨在改变债权人的利益状态，而保护义务则仅仅保护每一位参加
到债之关系中的人的现有利益状态。① 也就是说，保护义务并不指向
债务人负担给付的完成，而指向债权人当前法益状况的保护。

　　与此同时，亦有观点指出，安全照顾义务这一措辞，有混淆
"照顾义务"与"保护义务"之嫌，进而强调照顾义务乃是由传统
人格法中的共同体理论衍生而来的，与劳动者的忠实义务相对应，
是劳资双方基于诚实信用原则之一般价值，所应互负的一对基本义
务。详言之，一方面在他律（非自律）下基于劳动契约而执行职务
的劳动者，其所执行之职务不应侵害雇主的正当利益，并在可能的
范围内负有维护雇主利益之忠仆义务；与之相对应的另一方面，雇
主亦非仅仅负有支付工资之主义务，在此之外还承担各种各样的照
顾义务。这些照顾义务包揽了从保护劳动者生命健康到保护其实体
经济利益，再到保护其人格。出于劳动契约之上的维护劳动者作为
体面人所应具有的正当权益之考虑，在可能的范围内回避（排除）
不利益的义务亦应包含其中。近些年，人们对保护义务格外地寄予
厚望。② 因着照顾义务与保护义务这一对义务的存在关乎传统劳使关
系的根本，所以当雇主违反其中之一时，劳动者才得以有劳务的拒
绝给付权，同时也相对地具有一定的履行请求之可能。③

　　不管是保护义务也好，照顾义务也罢，它们显然都是独立于劳

① 朱岩.德国新债法条文及官方解释 [M].北京：法律出版社，2003.
② 三柴丈典.劳动安全卫生法论序说 [M].东京：信山社，1999.
③ 三柴丈典.劳动安全卫生法论序说 [M].东京：信山社，1999.

动契约主给付义务（工资与劳务之对待给付）的"边缘"范畴，即便是由人格法中衍生而出的照顾义务之说，最终也必须被还原到当代产业化劳动的大背景之中，经由诚实信用原则而进入劳动契约的附随义务行列。但从转化的结果来看，它们与保护债权人维持利益（包括权利、利益与法益）的保护义务并无二致。更何况，《德国民法典》第 241 条第 2 款中，在定位保护义务一词之时，本身所使用的即是"照顾"（顾及）一词，而非单纯的保护。

二、安全照顾义务之保护维度

当然，这种保护与照顾也必须是有限度的，这也是安全照顾义务与公法上的工伤保险理论之间最大的差别所在。雇主安全照顾义务设置的目的，是让劳动者安心提供劳务而无需担心自己的身心安全与健康，故以"雇主能够设置的一切足以实现义务目的的必要措施"为内容。①

于此，它所要求的只是一种"合理的注意"（reasonable care）②，即在所有环境中对其雇员的安全付诸合理注意的义务③，而不是在所有环境中保证每一位雇员的绝对安全。与此同时，劳动者也必须在一定范围内注意自我保护。此外，有些危险乃是伴随着劳务给付本身所必然存在的，依据劳务给付的性质，这些危险原本就无法彻底除去。此时，只要雇主已经尽到社会通念之注意即可，不应将完全

① 高橋眞. 安全配慮義務の研究［M］. 東京：成文堂，1992.

② Wilsons and Clyde Coal Co Ltd v English（1938）AC 57 at 84,（1937）3 All ER 628 at 644.

③ Paris v Stepney Borough Council（1951）AC 367 at 384,（1951）1 All ER 42 at 50.

除去这些危险的义务强加给雇主。尤其是在某些危险行业，比如深海捕捞工作当中，人身伤害的风险本身就无处不在，对风险的错误判断根本不需要由明显的过失所致，比如船长只是要求某个船员到甲板上做些简单的清洁工作，此时一个意想不到的大浪打来，击伤了该船员。[①] 在这一过程中，雇主（包括其辅助履行人）本就毫无过失，造成船员伤害的罪魁祸首乃是海浪——船员这一职业所无法回避的风险因素。安全照顾义务在这里显然是失灵了，至少船员不能以雇主怠行这一义务为由来获取任何赔偿。但是作为基本要求，在这样的情形之下，为缓和该危险，雇主亦必须在能力所及的范围内做好一切相应的保护措施。如果这种侵害健康的危险因素客观上是可以（可能）除去的，那么雇主不能以除去这种危险所需的费用高昂（即由此而给企业方所带来不便）为理由而不采取措施或不及时处理。同时，如果具有防止危险发生的必要，也有可能采取的保护措施，在此种情况之下，其他同种企业都没有采取措施也并非"逃避"义务的正当理由。并且，雇主在采取危险防护措施之时，甚至连劳动者可能出现的一定程度的"不注意"都应一并考虑进来，加以防范。

　　但是，无论"一切"抑或"必要"均近乎不确定法律概念，非经进一步界定，无法把握其内容。尤其是，如上文所及"合理节制的进阶式"制度联动提示的那样，不管是工伤保险还是继起的民事赔偿，都得在劳动者倾斜保护与营商环境保障、优化之间求得平衡，"一切""必要"很可能因此还须务实地柔化。这将从现行法运行的

---

① Saul v. Saint. Andrew's Steam Fishing Co Ltd, The St Chad (1965) 2 Lloy's Rep.107.

实践需求及比较法经验中获得双重印证。

而且，单独"雇主的义务大多是一种概括性的义务，需要采取一切合理措施使其雇员免受危险。方便起见，这一概括性义务经常被拆分成若干个不同的种类，比如有关劳动工具的义务、有关安全工作系统的义务等，但从根本上，它仍然只是一项概括性的义务"①，在不同的案件中，这一义务的不同分支经常会被法官们给予不同程度的重视。②

第三节　安全照顾义务在劳动契约中的具体适用

一、安全照顾义务之违反

违约责任起始于雇主对安全照顾义务的违反。劳资双方因契约关系而产生特别的社会接触，即应对由该法律关系而对相对方产生损害之危险予以防范，负有确保相对方生命、身体安全之义务。③ 此系对相对方固有利益（完整性利益）的保护。④ 该义务的内容、来源及属性颇为复杂。

就广义而言，安全照顾义务可能源自劳动合同之明确约定，且

---

① Wilson v Tyneside Window Cleaning Co (1958) 2 QB 110 at 116, (1958) 2 All ER 265.

② Wilsons and Clyde Coal Co Ltd v English (1938) AC 57 at 78, (1937) 3 All ER 628 at 640.

③ 國井和郎.「安全配慮義務」についての覺書（下）[J]. 判例タイムズ，1978，364：72，74；高橋眞. 安全配慮義務の研究 [M]. 東京：成文堂，1992.

④ 平野裕之. 完全性利益の侵害と契約責任論：請求權競合論および不完全履行論をめぐつて [J]. 法律論叢，1987，60（1）：98.

属《劳动合同法》第 17 条规定的合同必备条款，此时其地位足以与劳动报酬等给付义务相比肩，这也恰是由劳动合同之特殊属性——人身从属性所决定的。① 在劳动合同未及之处，集体合同亦可成为其补充性来源。此外，企业规章制度也可视为劳动合同之补充约定而产生类似效力。面对以上三种约定型义务，违约责任之适用通常并无问题。② 问题多在约定之外，其他广泛存在于劳动关系中的扩展型义务。

这些义务可能源于某种程度的"法定"，比如源自具有公法性质的劳动安全卫生立法，或各级政府、主管部门发布的指导性文件，或各类国家标准、行业标准，等等。但此种规范所涉者，通常并非雇主与雇员之间的权利义务，而系雇主与国家之间的权利义务关系③，雇员只是这些公权性规定之反射效力的受益人。④ 这时，需以诚实信用原则为中介，将其转化为雇主与雇员之间的契约义务，进而赋予其跨越公、私法两界之"双重效力"。⑤ 其中，具有法律强制

① 正因如此，有些学者直接将其定性为主给付义务（如奥田昌道）或劳动合同之本质义务（如桑原昌宏、冈村亲宜、林弘子）。参见刘士国．安全关照义务论［J］．法学研究，1999（5）：59.

② 但其中高于强行法规定的部分到底能否直接成为侵权责任之基础，则仍有疑虑。

③ 小畑史子．労働安全衛生法規の法的性質（3）［J］．法学協会．1995，112（5）：616-620.

④ 黄程贯．劳动基准法制公法性质与私法转化［M］//政治大学法学院劳动法与社会法中心．劳动、社会与法．台北：元照出版公司，2011：4.

⑤ 德国法通说认为，劳动保护公法所课予雇主的命令与禁止，可直接转化为（内容相同的）雇主对劳动者的强行法性质的契约义务。该通说影响了诸多德国立法，如《德国民法典》第 618 条，《德国青少年劳动保护法》第 6 条亦规定"雇主依本劳动保护法及该法所授权之命令所负之公法上义务，与其义务内容得为劳动契约之内容时，同时即构成劳动关系中，雇主对于雇员所负之义务"。

力的公法性规范，多可直接转化为相应的契约义务①；不具有法律强制力的指导性规范，则应依个案具体情况②斟酌其转化的范围及程度。如果劳动合同或集体合同的约定低于强制性公法标准，则依劳动法之规定，应以后者为准。

在前述约定与法定范围之外，劳资之间还可能在个案情形下，基于诚实信用原则产生诸般其他行为义务。即作为附随义务而存在的狭义的安全照顾义务③，其不能借合意来减轻或免除。④ 实践中，安全照顾义务最难判定，需斟酌个案情形具体分析，尤需谨慎考虑债务人控制危险的可能性、受威胁的法益的重要性、可能造成的损害的严重程度、采取危险控制措施所需付出的成本、受害人应自行采取的防护措施等一系列因素。⑤ 具体而言，它可包括：

（1）物的层面上的配备义务，即工作场所、设备，以及器具方面的安全保障义务；

---

① 如将其视为 "以公法秩序为基础并围绕雇佣关系而形成的劳务受领权限之附随义务"。参见高桥真 . 安全配慮義務の研究 [M]. 東京：成文堂，1992.

② 需考虑到执行之必要性、不予执行时可能给雇员人身安全、身心健康造成的潜在威胁或损害，以及执行之成本、费用等诸多因素。另参见和田肇 . 安全（健康）配慮義務論の今日的な課題 [J]. 日本労働研究雑誌，2010，52（8）：37-45.

③ 广义上，此种附随义务亦可包含从公法规定转化而来的 "法定" 部分，属契约效力之扩张。参见我妻栄 . 債権各論中巻二（民法講義Ｖ3）[M]. 東京：岩波書店，1962；平井宜雄 . 民法Ⅳ債権各論[M]. 東京：青林書院，2002；土田道夫 . 労働契約法 [M]. 東京：有斐閣，2008；野川忍，山川隆一 . 労働契約の理論と実務 [M]. 東京：中央経済社，2009；中窪裕也 . 労働契約の意義と構造 [M]// 日本労働法学会 . 講座21世紀の労働法（4）労働契約 . 東京：有斐閣，2000：14.

④ 它并非因双方合意而生，而系为防止契约双方因社会实力之差别使劳动者置身于有害劳动条件，为保护后者而被社会法理所承认之义务。因此，不可借约定免除。参见高橋真 . 民法改正と安全配慮義務 [J]. 社会科学研究年報，2008，39：76-85.

⑤ MEDICUS D, LORENZ S. Schudrecht Ⅱ, Besondere Teil [M]. 18. Auflage. München: C. H. Beck, 2018.

（2）人的层面上的配备义务，即选择适当的、谨慎的、技术过关的人员来从事、管理、监督具体业务；

（3）对劳务给付规律的尊重，如妥当安排劳动者的工作量及工作时间；

（4）设置适切工作系统之义务，如设置有效的风险监控系统，包括确立明确的作业基准、定期检查安全设施、配备安全监督人员、实施安全教育、履行适当的培训计划等。①

需要指出的是，在私法领域，雇主所负担的只是一种有限的、合理的注意（reasonable care）义务②，而非强求其在所有环境中保证每一位雇员的绝对安全。但若雇主未妥善履行前述防范义务，则将导向劳动合同之债的不完全履行。

广义安全照顾义务的范围③如 6-1 所示。

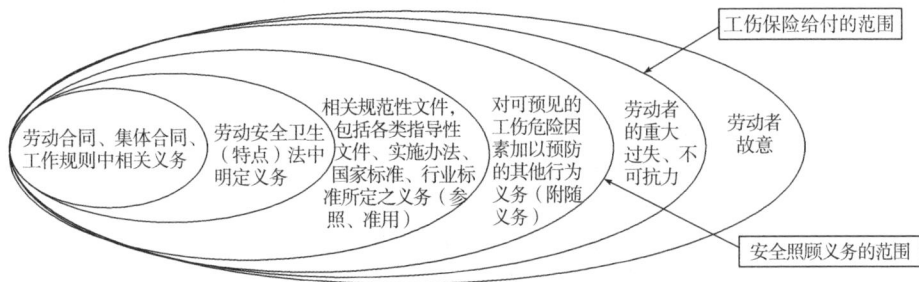

图 6-1　广义安全照顾义务的范围

---

① 中嶋士元也. 労働関係法の解釈基準（上）［M］. 東京：信山社，1991.

② Wilsons and Clyde Coal Co Ltd v English（1938）AC 57 at 84,（1937）3 All ER 628 at 644; Paris v Stepney Borough Council（1951）AC 367 at 384,（1951）1 All ER 42 at 50.

③ 部分内容借鉴安西愈. 裁判例にみる安全配慮義務の実務［M］. 東京：中央労働災害防止協会，2002.

二、归责原则与证明责任

在因工伤而提起的民事诉讼案件中，为平衡劳资双方之权益与负担，可围绕证明责任作如下分配。

首先，雇员需就安全照顾义务之存在且雇主并未妥善履行该义务承担证明责任。此时，若立法或合同对该义务内容设有明确规定，则依其而定；若未曾规定或仅规定笼统的保护目的，并未明确雇主到底需作出何种行为或达到何种标准，雇主则应于其法律可能之范围内，经妥当衡量而采取适当措施。此时，雇员必先依个案情形将概括的义务具体化、特定化，并证明雇主未遵循债之本旨妥善履行前述义务，因而从义务之性质观之，产生迥异于通常预想之外的不利结果。① 对于此种"预想"可能，雇员之证明②仅需达到"该状况可能引发事故"的概括的、规范的预见程度，并不需具体到对现实

① 村上博巳. 証明責任［M］//下森定. 安全配慮義務法理の形成と展開. 東京：日本評論社，1994：180. 或曰"面对可预见之危害因素，怠于履行足以防止该危害发生之注意义务"。参见末川博. 雇用契約発展の史的考察（ギールケ"雇用契約の起源"に就て）［J］. 法学論叢，1996，5（5）：75；露木美幸. 事業の発展に伴う責任法の変容：安全配慮義務の有用性に関する一考察［M］. 東京：専修大学出版局，2013.

② 关于可预见性之证明责任，日本学界存在较大分歧。最高裁判所坚持该证明责任应由雇员承担，即采用肯定说。该说支持者如高橋譲. 安全配慮義務［M］//牧野利秋他. 民事要件事実講座 3. 民法 I 債権総論. 契約. 東京：林青書院，2005：482；山川隆一. 労働災害訴訟における安全配慮義務をめぐる要件事実［J］. 慶應法学，2011（19）：267-290. 否定说支持者如長谷川珠子. 健康上の問題を抱える労働者への配慮：健康配慮義務と合理的配慮の比較［J］. 日本労働研究雑誌，2010，601：52；竹下守夫. 国の国家公務員に対する安全配慮義務違反を理由とする損害賠償請求と右義務違反の事実に関する主張. 立証責任（最判昭和56.2.16）［J］. 民商法雑誌，1982，86（4）：625；國井和郎. 第三人惹起事故と安全配慮義務［J］. 判例タイムズ，1984，35（20）：203-205；新美育文. 宿直勤務における安全配慮義務［J］. ジュリスト，1985，838：79.

发生之特定事故的预见可能。多数时候雇员只要能证明雇主在客观上对雇员之安全照顾需求具有认知的可能性，若无特殊情况，即可推定其损害发生具有可预见性。[①]

其次，雇员还需就自身所受之损害及其数额承担证明责任。其中，损害之内容不仅包括人身损害，还将包括财产损害，我国《民法典》第 996 条又进一步将精神损害纳入其中，使违约赔偿终于与侵权赔偿形成统一，结束了长久以来的偏颇与争议。相较于只"管"人身（身体）损害的工伤待遇，其赔偿项目与范围显然要宽泛、全面得多。

再次，雇员还需证明所受损害与前述义务违反之间具有因果关系。只是在工伤领域，该证明往往被直接简化为损害与工作之间的因果关系[②]，于工伤认定中完成。民事争议中常可借鉴其认定结论。但这种借鉴一般仅限于工作系导致伤害发生的法律上的唯一原因，若既存在工作原因，又存在非工作原因，有多方原因共同作用，便很难借用工伤认定结论。因为工伤给付通常仅需考虑工作原因之有无，而无需考虑其实际贡献度。但民事损害赔偿中，该贡献率非常重要，雇主赔偿之比例需根据该方因素对损害形成的贡献程度来加以确定，并通过过失相抵之类推适用，将损害在劳资双方间进行公平分配。这一分配方式在涉及过劳死及过劳自杀等混合原因型损害

---

① 此种推定方式，实则与否定说并无多少实质性差别。参见佐久间大輔．労災．過労死の裁判 [M]．東京：日本評論社，2010.

② 日本法院直接采用这种转换方式，且在职业性疾病的认定中体现尤为突出。参见システムユンサルタント事件：最二小决平 12.10.13，労判 791.6；JR 東日本東京総合病院事件：最小三决平 13.2.27，労判 804.98；仙台支店事件：名古屋地判昭 56.9.30，等等。

时，作用尤为明显。① 此时，就算相关个案因发病时间、死亡时间限制，无法被涵摄于《条例》第 15 条第 1 款而认定工伤，雇员仍可通过工作原因的贡献度来求得民事赔偿。② 同理，那些因工作因素的影响力无法达到工伤认定中的业务起因要求而被否决的个案，也可以通过这种方法来争取与工作因素（贡献度）相适应的赔偿比例。③

最后，雇主则需就归责事由之不存在承担证明责任。但在确定其归责事由及内容之前，我们必须先行立定其归责原则，绝不可简单归入严格责任。在我国，合同责任之所以常被笼统归入严格责任，多是因为合同义务在多数场合下是结果义务，此时，过错要件隐退，"义务的不履行"前突。④ 因为在结果义务中，法律所关注者仅是给付结果，它要求债务人必须完满地实现合同所约定的给付结果，同时将无法完满实现该结果的风险（除不可抗力等法定免责事由外）都直接分配予债务人承担。所以，在因未实现该给付结果而追究债务人的违约责任时，不需要考虑债务人是否具有过错。⑤ 但行为义务则不同，它更注重行为的过程，强调的乃系义务人是否诚实、勤勉地履行义务，而非具体给付结果。此时，只要债务人已勤勉且无过失地履行了行为义务，最终能否实现完满结果的普通风险不应由债

---

① 在这类案件中，导致损害（发病）的因素往往涉及劳动者自身因素（如个人体质、家族遗传、极端肥胖、性格因素等）、生活因素（如家庭变故）及工作因素（过度劳累）之共同作用，需考虑双方之利益平衡，减少雇主之赔偿数额，根据各方因素的贡献度合理分担损害，即素因减额。参见金丸義衡.安全配慮義務違反における"素因減額"[J].香川法学，2009，28（3）：55.典型判例为電通事件：最小二判平 12.3.24，労判 779.13.

② 马超.中国每年 60 万人"过劳死"维权无法律保护陷尴尬 [N].法制日报，2016-12-25（12）.

③ 東加古川幼稚園事件：最三小判平 12.6.27，大阪高裁平 10.8.27，労判 795.13。

④ 郗伟明.论合同保护义务的应然范围 [J].清华法学，2015，9（6）：79-94.

⑤ 王文胜.论合同法和侵权法在固有利益保护上的分工与协作 [J].中国法学，2015（4）：206-225.

务人承担，其合同责任不可能是严格责任。医疗合同与劳动合同即属此类，其中的安全照顾义务更是如此。

此时，雇主之证明责任当围绕以下几点展开：其一是其自身不存在过错。此项证明之所以被分配给雇主，多系基于对证据距离、举证难度的均衡性考量，避免专业、职场领域的过错证明给缺少技术、信息支持的雇员或雇员家属造成过重的举证负担。其理念实则与医疗纠纷极为相似。① 其二是该损害结果之发生并无预见或回避之可能。② 但雇主对预见可能性的证明，与之前所提及的雇员证明并不相同。雇员层面的证明，仅需达到一种概括的、规范的可预见性。作为雇主抗辩的"不可预见"却必须是具体化的，雇主需根据个案事实，证明具体损害（危险）之发生并不具备预见或回避之可能。③ 其三是其证明还可涉及雇员方的过错或共同过错，即过失相抵。除过错（如雇员怠于实施自我保护、自甘冒险等）外，其适用还可类推至其他可导致损害发生或扩大的雇员方因素，并以这些因素的作用效果（贡献度）为根据，来减免雇主责任，日本法称为素因减额。但该项减责条件仅能适用于有限领域，若劳动环境或指挥命令系事故发生的直接原因，或雇主存在重大过失（如强令雇员违章作业），则不宜以过失相抵减免其责。④

---

① 这也是日本法之通说，是违约路径区别于侵权路径的关键所在。参见饭原一乘. 不法行為責任と安全配慮義務違反に基づく損害賠償責任との関係［M］//下森定. 安全配慮義務法理の形成と展開. 東京：日本評論社，1994：96-97；村上博巳. 医療過誤訴訟における債務不履行構成の再検討［J］. 判例タイムズ，1980，31（17）：68.

② 请参见本书第224页注释否定说之详解。国井和郎、竹下守夫、长谷川珠子、新美育文等学者皆支持此观点。

③ 山川隆一. 労働災害訴訟における安全配慮義務をあぐる要件事実［J］. 慶應法学，2011（19）：267-290.

④ 保原喜志夫. 労働災害と過失相殺［M］//社会保障判例百選. 東京：有斐閣，1977：145.

第七章 微观层面："补充"背后之精确衔接与细节协调

第一节 工伤补偿与民事赔偿：内容上的比较与协调

一、两法在填补内容之上的高度重叠

在确定了违约赔偿"补足"的合理维度与可行进路之后，再进一步的纾困便是两法在填补项目及具体内容上的衔接与协调。于此，两者间原本就存在着很多共性的东西，尤其是在损害填补的意味之上。此时，这种"使被害人重新处于如同损害事故未曾发生之时"①的复原、弥补之效早已不再仅仅是民事责任的专属功能，工伤补偿里的很多内容也同样可以被覆盖在它的羽翼之下。这也恰恰是工伤制度本身所固有的劳动法因素之所在②，它由劳动法（劳动基准法）上的雇主责任演化而来，故仍残留"劳动契约上个别雇主义务"的部分色彩，着重于对"劳动力的损毁、灭失程度相对应的社会价值

---

① 曾世雄. 损害赔偿法原理 [M]. 北京：中国政法大学出版社，2001.
② 水野胜. 劳灾补偿制度の理论的课题 [J]. 日本労働法学会誌，1990，76：16-18.

进行填补”①，只是后来经由保险制度的引入，雇主责任走出了原本的个体领域而迈向集团化，责任范围也随之逐步扩大并彻底分散开来。② 但无论如何演变，在损害填补这样一个内核之上，补偿与赔偿的功用与追求仍是共通的。③ 也可以说，在这一功能之上，两法乃系高度重叠的。

二、两法在细节之处的实际偏差

可是，在具体的赔偿（补偿）项目的名称、计算标准以及计算方式上，两法却仍有出入，并不完全一致。毕竟，两法所要实现的具体价值，并不完全一致，存在偏差当属自然。当然，也正因如此，后续才会有可兹“补充”之处。因此，在具体实践中，我们仍需谨慎权衡两者，探寻其间的偏差之处，并以兹作为“填补”的起点，再为进阶协调。

从表7-1、表7-2、表7-3、表7-4之梳理，我们可以看出：

（一）项目设定与内容覆盖之上的偏差

在项目设定上，工伤覆盖与民事赔偿两者并不完全一致，且这种一致并非仅止于文字表述层面，而系深入可予填补的损害本身。

---

① 吾妻光俊. 労働法《続》［M］. 東京：青林書院，1956.

② 西村健一郎. 労災保険の「社会保障化」と労災補償・民事責任［J］. 日本労働法学会誌，1972（40）：43-65.

③ FAURE M, HARTIEF T. Social security versus tort law as instruments to compensate personal injuries: a dutch law and economics perspective［J］. Tort and insurance law, 2003, 13: 241.

（1）有些项目乃是工伤保险所专有的，民事赔偿并无设置，比如一次性工伤医疗补助金、一次性伤残就业补助金。

（2）另一些项目乃是民事赔偿项下所特有的，工伤保险并未触及，亦无力覆盖，比如营养费、整容费、精神损害抚慰金，以及七级以上伤残的残疾赔偿金，等等。除以上人身损害之外，与事故相关的所有财产损害亦属此类。

表 7-1　工伤补偿与民事赔偿项目对照分析表

项目	工伤保险待遇	民事赔偿
医疗费	职工治疗工伤应当在签订服务协议的医疗机构就医，情况紧急时可以先到就近的医疗机构急救 治疗工伤所需费用符合工伤保险诊疗项目目录、工伤保险药品目录、工伤保险住院服务标准的，从工伤保险基金支付	医疗费赔偿金额，按照一审法庭辩论终结前实际发生的数额确定。一般以医疗机构的诊断证明和医药费、治疗费、住院费的单据或病历、处方认定。必要时，可以委托司法鉴定机构进行鉴定
住院（治疗）伙食补助费	由统筹地区人民政府规定（详见表 7-3）	住院伙食补助费=当地国家机关一般工作人员出差伙食补助标准（元/天）×住院天数 住院期间，参照当地国家机关一般工作人员的出差伙食补助标准予以确定。受害人确有必要到外地治疗，因客观原因不能住院的，受害人本人及其陪护人员实际发生的住宿费和伙食费（合理部分），也应予补偿

（续上表）

项目	工伤保险待遇	民事赔偿
营养费	无	根据受害人伤残情况，参照医疗机构的意见确定。营养费的赔偿期限，可以委托司法鉴定机构进行计算，也可以在征求医疗机构的意见后酌定
交通、住宿费	到统筹地区以外就医产生，由统筹地区人民政府规定	凭正式发票 交通费根据受害人及其必要的陪护人员因就医或者转院治疗实际发生的费用计算。交通费应当以正式票据为凭；有关凭据应当与就医地点、时间、人数、次数相符合
康复治疗费	须到签订服务协议的医疗机构治疗，按工伤保险诊疗项目目录、工伤保险药品目录、工伤保险住院服务标准支付	器官功能恢复训练所必要的康复费以及其他后续治疗费，赔偿权利人可以待实际发生后另行起诉。但根据医疗证明或者鉴定结论确定必然发生的费用，可以与已经发生的医疗费一并予以赔偿
工伤医疗期工资/误工费	在停工留薪期内，原工资福利待遇不变，由所在单位按月支付。最长不超过24个月	误工费赔偿金额＝受害人工资（元/天）×误工时间（天） 误工时间的确定，一般以医院建议休息时间或者司法鉴定意见为准。如果受害人因伤致残持续误工的，误工时间可以计算至定残日前一天

（续上表）

项目	工伤保险待遇	民事赔偿
治疗（停工留薪）期护理费	停工留薪期需要护理的，由所在单位负责	护理人员有收入： 护理费赔偿金额＝护理人工资（元/天）×护理期限（天） 护理人员没有收入或雇佣护工： 护理费赔偿金额＝当地护工从事同等级别护理的劳务报酬标准（元/天）×护理期限（天）×护理人员人数（个） 护理人员原则上只一人，但医疗机构或者鉴定机构有明确意见的，可以参照确定护理人员人数。护理期限应计算至受害人恢复生活自理能力时止
定残后的生活护理费	工伤职工已经评定伤残等级并经劳动能力鉴定委员会确认需要生活护理的，从工伤保险基金按月支付生活护理费 生活护理费按照生活完全不能自理、生活大部分不能自理或者生活部分不能自理3个不同等级支付，其标准分别为统筹地区上年度职工月平均工资的50%、40%或者30%	受害人因残疾不能恢复生活自理能力的，可以根据其年龄、健康状况等因素确定合理的护理期限，但最长不超过二十年 定残后的护理，应当根据其护理依赖程度并结合配置残疾辅助器具的情况确定护理级别 各个地区具体支付标准并不一致。比如山西省即规定：受害人定残后的护理依赖程度可以根据司法鉴定机构作出的鉴定意见确定。护理依赖程度的赔偿系数一般为完全护理依赖100%、大部分护理依赖80%、部分护理依赖50%，可以根据受害人配置残疾辅助器具的情况适当调整上述比例。受害人伤残等级较高（七级以上，含七级）需要常年护理的，可以定期金方式给付护理费①

---

① 山西省高级人民法院关于印发《关于人身损害赔偿标准的办案指引》的通知，晋高法〔2020〕34号。

（续上表）

项目	工伤保险待遇	民事赔偿
辅助器具费	经劳动能力鉴定委员会确认，按照国家规定的标准从工伤保险基金支付	因残疾需要配置补偿功能的器具的，应当根据医疗机构的证明或司法鉴定意见，结合使用者的年龄、我国人口平均寿命、器具使用年限等因素，按照普及型器具的费用计算赔偿数额
伤残津贴/残疾赔偿金	一级伤残为本人工资的90% 二级伤残为本人工资的85% 三级伤残为本人工资的80% 四级伤残为本人工资的75% 五级、六级伤残，保留劳动关系，由用人单位安排适当工作 难以安排工作的，按月发放伤残津贴。五级伤残为本人工资的70%，六级伤残为本人工资的60% 伤残津贴实际金额低于当地最低工资标准的，补足差额 七级及以下伤残无此待遇	残疾赔偿金组成之一： 60周岁以下的受害人：残疾赔偿金＝受诉法院所在地上一年度城镇居民人均可支配收入×20年×丧失劳动能力程度系数 丧失劳动能力程度系数（伤残系数）计算方法并未统一，广东、浙江的折算方法是：一级伤残：100%；二级伤残：90%；三级伤残：80%；四级伤残：70%；五级伤残：60%；六级伤残：50%；七级伤残：40%；八级伤残：30%；九级伤残：20%；十级伤残：10%① 受害人有多处伤残的，伤残赔偿附加指数按照以下方式确定：以最高伤残等级的赔偿指数为基数，属二级至五级的，每增加一处，增加附加指数4%；属六级至十级的，每增加一处，增加附加指数2%。存在一级伤残时，其他等级被吸收，不再增加附加指数。附加指数合计不超过10%，伤残赔偿指数合计不超过100%②

---

① 广东省高级人民法院关于印发《广东省2022年度人身损害赔偿计算标准》的通知，粤高法〔2022〕53号。

② 浙江省高级人民法院印发《关于人身损害赔偿项目计算标准的指引》的通知，浙高法审〔2022〕2号。

（续上表）

项目	工伤保险待遇	民事赔偿
一次性伤残补助金/被扶养人生活费（计入残疾赔偿金）①	一级伤残为 27 个月的本人工资 二级伤残为 25 个月的本人工资 三级伤残为 23 个月的本人工资 四级伤残为 21 个月的本人工资 五级伤残为 18 个月的本人工资 六级伤残为 16 个月的本人工资 七级伤残为 13 个月的本人工资 八级伤残为 11 个月的本人工资 九级伤残为 9 个月的本人工资 十级伤残为 7 个月的本人工资	残疾赔偿金组成之二：被扶养人生活费计入残疾赔偿金 ①未成年人：被扶养人生活费＝丧失劳动能力程度系数×受诉法院所在地上一年度城镇居民人均消费支出×（18-实际年龄）年 ②被扶养人为 18 周岁至 60 周岁，无劳动能力又无其他生活来源的：被扶养人生活费＝丧失劳动能力程度系数×受诉法院所在地上一年度城镇居民人均消费支出×20 年 ③被扶养人为 60 周岁至 75 周岁，无劳动能力又无其他生活来源的：被扶养人生活费＝丧失劳动能力程度系数×受诉法院所在地上一年度城镇居民人均消费支出×〔20-（实际年龄-60）〕年 ④被扶养人为 75 周岁以上，无劳动能力又无其他生活来源的：被扶养人生活费＝丧失劳动能力程度系数×受诉法院所在地上一年度城镇居民人均消费支出×5 年 被扶养人有数人的，年赔偿总额累计不超过上一年度城镇居民人均消费支出额

① 见《广东省高级人民法院关于审理劳动争议案件疑难问题的解答》（粤高法〔2017〕147 号）第五条。该条直接将工伤给付项目跟与之同质的人身损害赔偿项目一一对应。比如：一次性伤残补助金、伤残津贴对应残疾赔偿金，供养亲属抚恤金对应被扶养人生活费，一次性工亡补助金与伤残津贴合并对应死亡赔偿金，停工留薪期工资对应误工费，等等。他省亦有同类判决，如山东省济南市中级人民法院（2018）鲁 01 民终 5899 号民事判决书；辽宁省法库县人民法院（2019）辽 0124 民初 2293 号民事判决书等。

（续上表）

项目	工伤保险待遇	民事赔偿
一次性工伤医疗补助金	由省、自治区、直辖市人民政府规定 广东省标准： 七级伤残为 6 个月的本人工资 八级伤残为 4 个月的本人工资 九级伤残为 2 个月的本人工资 十级伤残为 1 个月的本人工资	无
一次性伤残就业补助金	由省、自治区、直辖市人民政府规定 广东省标准： 七级伤残为 25 个月的本人工资 八级伤残为 15 个月的本人工资 九级伤残为 8 个月的本人工资 十级伤残为 4 个月的本人工资	无
丧葬补助金	6 个月的统筹地区上年度职工月平均工资	受诉法院所在地上一年度职工月平均工资（元/月）×6 个月
一次性工亡补助金/死亡赔偿金	上一年度全国城镇居民人均可支配收入的 20 倍	60 周岁以下的受害人：死亡赔偿金 = 受诉法院所在地上一年度城镇居民人均可支配收入×20 年

（续上表）

项目	工伤保险待遇	民事赔偿
（死亡）供养亲属抚恤金	供养亲属抚恤金按照职工本人工资的一定比例发给由因工死亡职工生前提供主要生活来源、无劳动能力的亲属。配偶每月40%，其他亲属每人每月30%，孤寡老人或者孤儿每人每月在上述标准的基础上增加10%。核定的各供养亲属的抚恤金之和不应高于因工死亡职工生前的工资	被扶养人生活费计入死亡赔偿金①未成年人：被扶养人生活费=受诉法院所在地上一年度城镇居民人均消费支出×（18-实际年龄）年②被扶养人为18周岁至60周岁，无劳动能力又无其他生活来源的：受诉法院所在地上一年度城镇居民人均消费支出×20年③被扶养人为60周岁至75周岁，无劳动能力又无其他生活来源的：受诉法院所在地上一年度城镇居民人均消费支出×［20-（实际年龄-60）］年④被扶养人为75周岁以上，无劳动能力又无其他生活来源的：被扶养人生活费=受诉法院所在地上一年度城镇居民人均消费支出×5年被扶养人有数人的，年赔偿总额累计不超过上一年度城镇居民人均消费支出额
精神损害抚慰金	无	精神损害的赔偿数额根据以下因素确定：（一）侵权人的过错程度，但是法律另有规定的除外；（二）侵权行为的目的、方式、场合等具体情节；（三）侵权行为所造成的后果；（四）侵权人的获利情况；（五）侵权人承担责任的经济能力；（六）受理诉讼法院所在地的平均生活水平具体参考标准多在各省具体规定之中

（续上表）

项目	工伤保险待遇	民事赔偿
整容费	无	适当的整容费以及其他后续治疗费，赔偿权利人可以待实际发生后另行起诉。但根据医疗证明或者鉴定结论确定必然发生的费用，可以与已经发生的医疗费一并予以赔偿

表 7-2　工伤补偿与人身损害赔偿项目逐项对照表（简化）①

工伤保险待遇项目	人身损害赔偿项目
住院治疗的伙食补助费	住院伙食补助费
停工留薪期工资	误工费
一次性伤残补助金、伤残津贴	残疾赔偿金
丧葬补助金	丧葬费
供养亲属抚恤金	被扶养人生活费
一次性工亡补助金	死亡赔偿金
安装假肢等辅助器具费	残疾辅助器具费

（二）计算基数、计算标准与计算方式上的偏差

即便是在相同的填补内容之上，两法所采用的赔偿基数、计算标准与计算方式亦常相去甚远，导致最终数额差别甚大。比如：

计算基数上，工伤保险多以工伤职工本人工资这等"参保人自

---

①　见《广东省高级人民法院关于审理劳动争议案件疑难问题的解答》（粤高法〔2017〕147号）第五条。

身的个性化数据"作为其保险待遇计算依据，以示保险制度的特殊价值——多缴费者多赔偿。而民事赔偿则更加青睐于将居民可支配收入及居民人均消费性支出等全社会平均型、通用型数据作为计算依据。其中最典型者便是伤残津贴及与之本质内容极为相似的残疾赔偿金。前者，采用本人工资标准，后者则以上一年度城镇居民人均可支配收入作为其定算标准。初看貌似相差不多，但算及具体数字，差距可能非常惊人。毕竟每个人的"本人工资"都是一个"活数"，有高亦有低。高的，可能年薪数十万元，甚至百万元；而低的，则可能只有三四万元。与之相适应的计算基数，自然也会相去甚远。

事实上，即便我们再退一步，仅采地区平均数据，"工资"均值与"居民可支配收入"的均值也绝非同一"物种"。前者通常会远远高于后者。在此，我们不妨就以表7-3、表7-4中广东省2022年相关数据为例。这时，即便我们仅以绝对值最低的"全省城镇私营单位就业人员年平均工资"为准，其计算基数也有73231元。而全省城镇居民人均可支配收入却只有54854元，两者相差33.5%。如果以"全省国有单位在岗职工年平均工资"151870元作为参考基数，则其实际差距将达176.9%，该实际数额已然接近前者之三倍，诚不可同日而语。

表 7-3　广东省 2021 年/2022 年度人身损害赔偿计算标准①

序号	项目			2022 年标准	2021 年标准
一	全省城镇居民人均可支配收入（元/年）	计划单列市	深圳	70847	64878
		经济特区	珠海	64234	58475
			汕头	35601	32922
		一般地区（全省平均水平）		54854	50257
二	全省农村居民人均可支配收入（元/年）			22306	20143
三	全省城镇居民人均生活消费支出（元/年）	计划单列市	深圳	46286	40581
		经济特区	珠海	43957	37778
			汕头	25268	24050
		一般地区（全省平均水平）		36621	33511
四	全省农村居民人均生活消费支出（元/年）			20012	17132
五	全省国有单位在岗职工年平均工资（元/年）	计划单列市	深圳	235268	213250
		经济特区	珠海	209679	190379
			汕头	106954	108458
		一般地区（全省平均水平）		151870	143622
	全省城镇私营单位就业人员年平均工资（元/年）			73231	67302
六	住宿费（元/天）	广州、深圳、珠海、佛山、东莞、中山、江门 7 个市及所辖县（市、区），省财政厅"粤财行〔2016〕54 号"文规定		450	未变动
		汕头、韶关、河源、梅州、惠州、汕尾、阳江、湛江、茂名、肇庆、清远、潮州、揭阳、云浮 14 个市	市	420	
			县（市）	400	
七	伙食补助费（元/天）省财政厅"粤财行〔2014〕67 号"文规定			100	未变动

---

① 广东省高级人民法院关于印发《广东省 2022 年度人身损害赔偿计算标准》的通知，粤高法〔2022〕53 号。

表 7-4　广东省同行业在岗职工年平均工资①

项目			2022 年数据	2021 年数据
		行　业	元/年	元/年
		全省合计	163492	152860
国有同行业在岗职工年平均工资	（一）	农、林、牧、渔业	69158	64942
	（二）	采矿业	138354	99937
	（三）	制造业	95552	82180
	（四）	电力、热力、燃气及水生产和供应业	132392	112977
	（五）	建筑业	93933	80012
	（六）	批发和零售业	140765	121886
	（七）	交通运输、仓储和邮政业	125629	117251
	（八）	住宿和餐饮业	75918	69700
	（九）	信息传输、软件和信息技术服务业	150938	127693
	（十）	金融业	249123	212700
	（十一）	房地产业	121746	101062
	（十二）	租赁和商务服务业	89954	86086
	（十三）	科学研究、技术服务业	203850	195343
	（十四）	水利、环境和公共设施管理业	103024	101678
	（十五）	居民服务、修理和其他服务业	111057	101006
	（十六）	教育	161205	157976
	（十七）	卫生和社会工作	189096	171943
	（十八）	文化、体育和娱乐业	163267	151649
	（十九）	公共管理、社会保障和社会组织	168373	156213

　　但若伤残职工存在其他依靠其供养的近亲属时，情况则很可能因此而不同。毕竟，工伤保险之中的供养亲属抚恤金，所针对者仅系工亡职工，若其未亡，则无此待遇。因此，在工伤保险中，可与

----

　　①　广东省高级人民法院关于印发《广东省 2022 年度人身损害赔偿计算标准》的通知，粤高法〔2022〕53 号。

残疾情形下"被扶养人生活费"一项勉强对应的，实则只有"一次性伤残补助金"。① 实践中，广东省高级人民法院亦有相关文件指明，将残疾赔偿金之两部，分别与一次性伤残补助金与伤残津贴相互对应。

但对应之余，我们还必须看到，两者从计算基数到计算方式，皆不尽相同。工伤语义下的一次性伤残补助金，乃是一个以"本人工资"作为核定基础的固定数值（一级伤残为 27 个月的本人工资，二级伤残为 25 个月的本人工资，三级伤残为 23 个月的本人工资……以此类推，为逐级递减的定数），并不会因工伤职工供养亲属的多少而发生任何变化。在民事赔偿中，被扶养人生活费却是一个"活数"，会因其供养亲属数量不同，而呈现出较大的波动，换言之，其系依"人数"而定的。若受害人没有需要扶养的亲属，则全无此项赔偿。仅当其存在需要扶养的近亲属时，该待遇才会被纳入核算。若其扶养人数过多，则按照每个人的具体情形，分别进行计算，具体为：

（1）未成年人：被扶养人生活费＝丧失劳动能力程度系数×受诉法院所在地上一年度城镇居民人均消费支出×（18-实际年龄）年；

（2）被扶养人为 18 周岁至 60 周岁，无劳动能力又无其他生活来源的：被扶养人生活费＝丧失劳动能力程度系数×受诉法院所在地上一年度城镇居民人均消费支出×20 年；

（3）被扶养人为 60 周岁至 75 周岁，无劳动能力又无其他生活

---

① 见《广东省高级人民法院关于审理劳动争议案件疑难问题的解答》（粤高法〔2017〕147 号）第五条。他省亦有同类判决，作出类似对应，如山东省济南市中级人民法院（2018）鲁 01 民终 5899 号民事判决书；辽宁省法库县人民法院（2019）辽 0124 民初 2293 号民事判决书，等等。

来源的：被扶养人生活费＝丧失劳动能力程度系数×受诉法院所在地上一年度城镇居民人均消费支出×［20-（实际年龄-60）］年；

（4）被扶养人为 75 周岁以上，无劳动能力又无其他生活来源的：被扶养人生活费＝丧失劳动能力程度系数×受诉法院所在地上一年度城镇居民人均消费支出×5 年。

被扶养人有数人的，年赔偿总额累计封顶值为上一年度城镇居民人均消费支出额（假设广东省为 36621 元）。也就是说，即便受害人伤残级别不高，比如仅为七至八级伤残，若其扶养人较多（3 人以上），也足以达到峰值，即直接以上一年度城镇居民人均消费支出额为基数，最长可能被计算至 20 年（36621×20）。相较于工伤保险下不足一年工资的八级伤残补助金，则通常要高出太多。是为，民法之"补充"空间。

从以上比较我们也可以看出，在工伤待遇与民事赔偿之间，我们其实很难直言哪一个数额高，哪一个数额低。就是放在具体的、目标一致的填补项目之上，两者数额也常常会因个案情形，特别是因个人工资数额之高低、被扶养人数量之多少，而呈现出较大差别。在具体个案中，只有民事赔偿实际数额高于工伤待遇之时，方有民法"补充"之可能。

（三）同类项目之上的填补系数偏差

即便在相同或相近的计算方式上，工伤保险与民事赔偿两者所采纳的填补系数也并不一致。比如在伤残津贴/残疾赔偿金上，工伤保险所采用的填补系数乃是一级伤残 90%，二级伤残 85%，三级伤残 80%，四级伤残 75%，五级伤残 70%（以上每级递减 5%），六级伤残 60%，七级及以下伤残则直接无此待遇。而在民事赔偿上，该系数却系以每级 10%的数率逐级递减，其起算点为一级伤残 100%，二级伤残 90%，三级伤残80%……十级伤残 10%。后者虽递减数率明显更大、节奏更快，但其每个级别都会根据伤残情形给予受害人适当赔偿。但工伤保险明显更侧重于重度伤残之填补，以实现全然（或大部分）丧失劳动能力者之生存保障。至于轻度伤残的劳动者，则更倾向于给予其更为充足的医疗待遇，同时鼓励其继续工作（由用人单位安排适当工作），以积极的工作、劳动来维持其工资收入，并以之替代消极的社会保障。是以，在重度伤残上，工伤保险待遇往往更高，保障效果更好；在中轻度伤残之上，民事赔偿大多更胜一筹。民事赔偿总额远高于工伤待遇之说，亦多源于后一情形，实因二者理念之异。

类似的情形，也存在于定残后的生活护理费的计算上。对此，工伤保险选择按照生活完全不能自理、生活大部分不能自理或者生活部分不能自理3个不同等级支付，其标准分别为统筹地区上年度职工月平均工资的50%、40%或者30%。而民事赔偿中，护理依赖程度的赔偿系数则采用完全护理依赖100%、大部分护理依赖80%、部分护理依赖50%之标准（山西省）。系数不同，计算总额自会有所差异。

（四）参照地域标准之偏差

即便在两法所采用之项目、算法、系数、定算依据皆同之时，也可能会因所选地域范围的不同，而呈现出较大差异。于此，工伤保险往往更加倾向于全国或统筹地区（一般为省级统筹）均数，而民事赔偿则更愿意以受诉法院所在地上一年度之均数为准。一次性工亡补助金与死亡赔偿金的差异即体现于此。工伤保险，以全国城镇居民人均可支配收入数据（2022年为49283元）为准，核算20年。而民事赔偿，则以地区数字为准，以广东省为例（2022年为

54854元），这一数字在深圳法院，当以 70847 元为准，核算 20 年；在珠海，当以 64234 元为准加以计算。两者皆远高于全国标准。但在广东汕头，该数字则为 35601 元，远低于全国标准。就连一省之内，都有如此偏差，更何况一国之情形？

（五）年金化给付方式之偏差

最后，也是最重要的一项便是，即便前述填补内容貌似全然一致，其背后给付方式的偏差，特别是工伤保险的年金式给付，亦会带来总额之上的巨大差距。

在形式上，因公致残和因公死亡的待遇给付大幅采用年金形式，按月发放。也许在很多民法学者眼中，这个"按月发放"无外乎一种变相的分期付款，不若一次性赔偿那么爽快，期限利益亦归属于社保基金，甚至隐含为保护基金安全而限制遗属权利的倾向。然而我们若将视野放长、放宽，则会发现"按月发放"背后真正的生存权保障之意：其一，社保基金在这里实则承担了经济发展、工伤家庭生活消费、护理支出随之提高的最终风险，它必须根据每个阶段的实际情况适度调整（实为提高）给付标准。但在侵权结构中，这个风险早已从侵权人处转移（转嫁）到了受害人处，行为人只要按最初侵权时的工资标准、生活标准和消费标准进行一次性填补，此后十几年甚至二十几年里，扶养成本、护理成本相继提高的可预知风险，必由受害人自己来扛。其二，按月发放实际上还代表着一种社会法面向的制度理性，以生存保障这一根本价值为核心，在一定程度上限制私法角度的个人理性、选择自由。比如在侵权制度下，也许受害人或其遗属一次性获得了几十万元甚至上百万元的民事赔偿，在当下堪称巨额。此时，他可能一股脑地拿这笔钱去做风险投资，奢侈消费，甚至巨资赌博，在短时间内将这笔钱挥霍殆尽，日后生活又将陷入窘迫，甚至无以维系，社会矛盾、社会问题难免重新浮现。而按月发放的年金设计，则通过补偿形式控制了这种个人盲目选择的现实风险，以制度理性保障受害劳动者及其遗属有生之年的基本生活。二者制度目的不尽相同，在面对同一损害之时，所采取的具体措施自会有所不同。其中任何一方，都无法也无力完全替代另外一方。

当然，以上差异之处虽多，但并不意味着工伤补偿就必然会在数额之上低于民事赔偿。事实上，在相当一部分重度伤残乃至工亡案件中，工伤补偿的实际给付数额远高于仅仅立足于当下的民事赔偿（轻度伤残则恰恰相反）。这种差距，恰恰就来自其年金化的支付及调整形式的计算上，伤残津贴、供养亲属抚恤金、生活护理费虽看似采用固定标准（以工资的一定比例计算），但若拉长视角观察，劳方实际所得的待遇并非"死"数，而是由统筹地区社会保险行政部门根据职工平均工资和生活费用的变化等情况适时进行调整的"活"数。而侵权法单纯强调填补，因而在计算上，必然以"今时今地"的所得损失、护理人员误工损失作为标准，并计若干年。这里就必然深藏着一个巨大的隐患。我们不妨以被扶养人生活费为例，假设受害人死亡于 1992 年，当年的城镇居民人均年消费性支出仅为 2356 元（农村居民人均年生活消费支出为 718 元)[1]，即便赔到上限，月均也不足 200 元。最长并计 20 年，总和亦不过 47120 元（农

---

[1] 中国统计年鉴 2012[R/OL]. http://www.stats.gov.cn/sj/ndsj/2012/indexch.htm.

村居民为 14360 元），显然远不够维持被扶养人从 1992 年到 2011 年的正常生活，甚至最低生活。而在工伤保险待遇中，供养亲属抚恤金的计算会随着经济发展而不断调整，为计算方便，我们不妨简单拟定工亡劳动者工资等于全国平均工资，那么这个在 1992 年仅为 2711 元/年（226 元/月）的标准，到 2011 年已经高涨到 42452 元/年（3538 元/月），至 2021 年则达 10.68 万元（8900 元/月），已达 1992 年数字的 39.4 倍。抚恤金自然也随之增长。这也是必须纳入考量的动态因素之一。

而且，在时间维度上，工伤保险待遇也并不若侵权赔偿般仅以 20 年为最长赔偿上限①，只要受害劳动者或其年长遗属仍然活着，工伤待遇就必须随着生命的延续一直保持给付状态，它可能是 25 年，也可能是 35 年，甚至更长，哪怕被扶养人活到 90 岁、100 岁，工伤待遇也会一直保持按月发放，保障其老有所养，这显然远超侵权赔偿所能及。是以，两种制度，本就各有其特殊价值，即便其所填补之内容大有重叠之处，也决不能粗略将一方定义为另一方的简单化的替代。事实上，其中任何一方都无法也无力完全替代另一方。

第二节　工伤补偿与民事赔偿：计算上的衔接与联动

综合权衡之下，笔者认为最佳的衔接路径应当是：工伤待遇先行，在确保劳动者利益优先和充分填补的前提之下，再行协调。就

---

① 参见《最高人民法院关于审理人身损害赔偿案件适用法律若干问题的解释》第 21 条、第 25 条、第 28 条。

是说，在面对因工作事由而引发的负伤、疾病、残疾和死亡，只要符合工伤的表面要件，都应率先统一由工伤保险先行补偿。[1] 该补偿既不需以雇主存在过错为前提，也不可因劳动者自身过失而主张"相抵"[2]，只要构成工伤，就必然全额给付。一方面，这种优先适用由劳动者的特殊地位与特殊身份所决定，是劳动法的天然属性使然；另一方面，它也发挥了社会法突破传统私法之外的特有优势——在程序上，它绕过了诉讼的缠累，迅速、公正地在第一时间给予受害人及其遗属更为全面的保护。[3] 在实体上，它不仅能充分填补劳动者已遭受的人身损害[4]，保障之效也更加彻底。再加之保险化的结构优势，它足以穿越侵权人自身的财力限制，和恶意隐匿财产拒绝赔偿的限制，以丰沛的基金作为受害人权益实现的后盾，解决民事侵权一直期冀却难于化解的痼疾。[5]

于此，衔接两种制度的关键乃在于补充的方式与维度，它既是"穿针引线"的缝补者，也是使裂痕愈合的灵魂，以保险制度的本色，承前并且启后。然而，工伤保险毕竟不是普通的保险，在理念

---

[1] 而不是像《社会保险法》第42条所规定的，要等到"第三人不支付工伤医疗费用或者无法确定第三人"时，才由工伤保险基金先行支付。

[2] DOBBS D B, HAYDEN P T, BUBLICK E M. Torts and compensation, personal accountability and social responsibility for injury [M]. 6th ed. Eagan, MN: West Academic Publishing, 2009.

[3] 菅野和夫. 労働法 [M]. 東京：弘文堂，2008. 这种保护不仅包括金钱上的基金给付，还包括对劳动者重返职场的扶助、对其遗属的经济援助与照护，以及对劳动安全的保障，等等。

[4] 相对于民法视角按照过错比例分割责任的做法，工伤保险拒绝过失相抵的补偿方式，最终给付的待遇在很多时候本就高于民事责任。

[5] STRAHL I. Tort liability and insurance[J]. Scandinavian studies in law, 1959(3)：200-226. Strahl 更强调保险的时代性，在这个时代里，人们更为普遍地利用保险制度，并以之为手段，解决那些先前以扩张侵权责任的方式期冀解决的问题。

和制度之上皆有诸多内容不同于"生"在传统私法框架下的保险。与之相适应的民法"补充"在移植与嫁接之时，也必须细细调整，以适应工伤制度独特的内在需求。

一、"补充"的范围与方法

确定"补充"的方向之后，接下来至关重要的一步便是明晰补充的范围与方法。到底是"一揽子"式地先加总，再"补充"加总之后的差额；还是针对每一个单列的计算项目，分别核算，分别"补充"。时下，所采用的计算与"补充"方法不同，所得到的"补充"数额也会不同，甚至有天壤之别。

于此，笔者坚持，"补充"之核算应当是分项为之，数额的协调只发生在"同一（损害）事由"之上。只有这样，才能排除不当抵消，充分保障工伤劳动者的应得权益。此时，在算数层面，民事赔偿的补充限度并不是就同一事故所得的全部损害赔偿以总额相减的方式来实现的，而是以每一对相同事由为"子项"，分别计算（可资其补充数额），各个"子项"之间并不交叉，亦不可相互填补、混同。比如工伤劳动者受伤部位在脸上，即便正常治疗，伤处也必然留下疤痕，影响日后生活。此时，民事赔偿中很可能会包含整形费用，而工伤补偿却不会涉及。因此，就医药费单项而言，民事赔偿很可能会高于工伤补偿，但所高出的这一部分，必先用来完全弥补、修复受害人已经遭受的损害。计算民事赔偿之时，不可将这里

"多"出的部分拿去抵扣其他项目上的"不足"。基金未曾填补的损失，如营养费、精神抚慰金以及七级以上伤残人员的残疾赔偿金等，则是民事赔偿的重点区域（其具体对应恰如表 7-1 所示，表 7-2 对其进行了进一步简化），务必要首先保障劳动者的损害得到完全填补。

二、必须直面年金给付对两法联动的挑战

侵权与工伤联动之中，最大挑战乃在于工伤保险按月给付的年金待遇。在外表，它突破了商业保险的既有实践，在内里，它又是生存保障的坚实"后盾"。二者之间的缝隙，一直是联动的至难之点。然而在国内学界的讨论中，我们迟迟看不到对此点的关注，即便偶有提到，也不过以一句"因存在一次性支付和定期支付的不同，两者之间的调整会显得非常复杂"，一笔带过。①

但在实践中，这是一个无法回避的难题，而且是两种制度衔接的要害所在。于此，正如前文我们所看到的，即便只是按人口平均寿命计算，一次金部分的总额也不够年金部分的零头。对于这样的要害，绝对不是一句"非常复杂"就可以模糊带过、蒙混过关的。否则，所谓的"出路"只能是一句空话。

从数字来看，年金与一次金的具体协调，的确比"医药费对医

① 周江洪．侵权赔偿与社会保险并行给付的困境与出路［J］．中国社会科学，2011，190（4）：166-178，223.

药费""交通费对交通费"这些分毫清晰的一一追偿要复杂得多。毕竟年金的未来给付水平与给付期限皆非定值，尤其是侵权之诉发起之时，这个待付金额几乎是一个"未知数"。侵权赔偿是即时的，而工伤待遇则是长期的。要想理性地衔接二者，我们就必须对后者有一个合理的预期。一部良法必须预计到这一点，并在合理预期的基础上，找到出路。

此时，工伤保险基金总可以找到一个合适的方法来估算出未来可能会负担的补偿数额：①对于身陷残疾的劳动者，可依年金受领人死亡年表初步估算伤残津贴、生活护理费的受领年限，一至四级伤残还需同时参考劳动者的法定退休年龄①；②对于未成年子女，可以18周岁为界限加以定算；③对于配偶，则可依平均再婚率表计算；④其他无生活来源、无劳动能力的被扶养人，则可依国家人口与计划生育委员会公布的平均寿命予以估算。且在估算之时，需同时考虑一定年限内（比如十年）城镇职工平均工资和生活费用（人均消费性支出）的变化情况，拟定参考系数（增长率），再予累加。若民事赔偿尚有剩余，则该剩余便是雇主所应"补充"之限度。

---

① 参见《工伤保险条例》第35条第3款，一至四级伤残职工达到退休年龄并办理退休手续后，停发伤残津贴。